처음 배우는
리액트 네이티브

지은이 김범준 alchemist85k@gmail.com

IT 기술을 이용해 뭔가를 만드는 것과 누군가에게 뭔가를 가르치는 것이 좋아서 꾸준히 여러 활동을 하고 있는 풀 스택 웹 개발자입니다. 여러 회사를 거쳐 SendBird(https://sendbird.com)라는 글로벌 B2B 회사에서 근무하다가 현재 새로운 도전을 위해 준비하고 있습니다.

처음 배우는 리액트 네이티브

크로스 플랫폼 앱 개발을 위한 실전 입문서

초판1쇄 발행 2021년 2월 01일
초판4쇄 발행 2024년 3월 20일

지은이 김범준 / **펴낸이** 전태호
펴낸곳 한빛미디어(주) / **주소** 서울시 서대문구 연희로2길 62 한빛미디어(주) IT출판2부
전화 02-325-5544 / **팩스** 02-336-7124
등록 1999년 6월 24일 제 25100-2017-000058호 / **ISBN** 979-11-6224-387-9 93000

총괄 송경석 / **책임편집** 홍성신 / **기획** 박지영 / **편집** 박민아 / **교정** 김희성 / **진행** 김대현
디자인 표지 이아란 내지 박정화 / **전산편집** 이소연
영업 김형진, 장경환, 조유미 / **마케팅** 박상용, 한종진, 이행은, 김선아, 고광일, 성화정, 김한솔 / **제작** 박성우, 김정우

이 책에 대한 의견이나 오탈자 및 잘못된 내용에 대한 수정 정보는 한빛미디어(주)의 홈페이지나 아래 이메일로
알려주십시오. 잘못된 책은 구입하신 서점에서 교환해드립니다. 책값은 뒤표지에 표시되어 있습니다.

한빛미디어 홈페이지 www.hanbit.co.kr / **이메일** ask@hanbit.co.kr

지금 하지 않으면 할 수 없는 일이 있습니다.
책으로 펴내고 싶은 아이디어나 원고를 메일(writer@hanbit.co.kr)로 보내주세요.
한빛미디어(주)는 여러분의 소중한 경험과 지식을 기다리고 있습니다.

크로스 플랫폼 앱 개발을 위한
실전 입문서

김범준 지음

처음 배우는
리액트 네이티브

한빛미디어
Hanbit Media, Inc.

베타리더의 말

처음 설치부터 개발, 배포까지 1대1 개인과외를 하듯이 알려주는 책입니다(맥과 윈도우 둘 다 알려줍니다!). 다양한 예제 사진과 코드가 있어서 처음이지만 한 스텝 한 스텝씩 어렵지 않게 따라서 구현해볼 수 있었습니다. 깊은 내용으로 채워져 있다기보다 굵직하고 정말 중요한 개념들이 잘 설명되어 있기 때문에 이 책을 통해 기본을 잡았다면, 그 이상의 부분은 스스로 학습할 수 있다고 생각합니다. 저처럼 리액트 네이티브가 처음이라면 큰 도움이 될 것입니다.

현진원 (개발자)

언어에 대한 기본적인 설명부터 채팅 애플리케이션 개발 및 배포까지 전체적인 커리큘럼이 잘 짜여 있어, 리액트 네이티브를 공부하는 많은 분들께 큰 도움이 될 것이라 생각합니다. 또 챕터별 마지막 마무리를 통해 리액트 네이티브를 공부할 때 어떤 부분에 집중을 하는 게 좋을지, 참고할 만한 사이트는 어디인지 등을 알 수 있어 개발 시 유용하게 참고할 수 있을 것 같습니다.

이민주 (학생)

지은이의 말

안녕하세요. 리액트 네이티브의 세계로 온 여러분, 반갑습니다.

저는 제 의지가 반쯤 섞인 회사의 업무로 2016년 1월에 처음 리액트 네이티브를 접하게 되었습니다. 그리고 '자바스크립트로 두 모바일 플랫폼을 한 번에 만들 수 있는 것은 훌륭하지만, 아직 성숙하지 않기 때문에 추천할 만한 상태는 아니다.'라는 결론을 내렸습니다.

그때는 리액트조차 국내 사용자가 적었기 때문에 한국어 자료도 많지 않았고, 리액트 네이티브는 자료가 없다고 말해도 될 정도로 정보가 부족했습니다. 그뿐 아니라 버전 업데이트도 잦고 특정 기능을 지원하지 않았으며 자잘한 버그도 있었습니다.

당시의 저는 리액트에 대한 사전 지식이 없었기 때문에 리액트 네이티브를 개발하면서 리액트를 중간중간 습득했고, 문제가 발생하면 리액트 네이티브 깃허브 코드를 보며 문제가 생기는 원인을 스스로 찾아내야 했습니다. 그렇게 리액트 네이티브를 경험하면서 조금 더 성숙해지면 자바스크립트를 할 수 있는 개발자들이 더 많은 것을 할 수 있을 것 같다는 기대감과 아쉬움을 함께 느꼈습니다.

시간이 꽤 흐르면서 많은 회사들이 리액트 네이티브를 선택했고, 리액트 네이티브가 주는 이점을 활용하는 모습을 볼 수 있었습니다. 아직은 개선해나가야 할 부분도 있지만 리액트 네이티브는 꾸준히 발전해왔으며, 많은 개발자로부터 사랑받는 크로스 플랫폼 개발 프레임워크가 되었습니다. 하지만 여전히 처음 시작하는 입문자를 위한 자료는 부족하며 또 오래되어 현재 버전과 맞지 않는 경우도 많습니다.

그래서 리액트 네이티브를 시작하고 싶은 개발자들에게 제 경험을 바탕으로 조금이라도 쉽게 시작할 수 있도록 도움을 주고자 책을 집필하게 되었습니다. 이 책을 읽는다고 해서 리액트 네이티브의 모든 것을 알 수 있게 되는 것은 아닙니다. 하지만 이 책을 통해 처음 시작하는 사람도 쉽게 시작할 수 있고, 리액트 네이티브에 재미를 붙일 수 있을 것이라고 생각합니다. 나아가 여러분의 멋진 애플리케이션을 리액트 네이티브로 제작할 수 있게 되기를 바랍니다.

 ## 감사의 말

이 책을 집필하는 동안 큰 힘이 되어준 많은 분들께 감사의 인사를 드리고 싶습니다.

먼저 책을 집필하는 동안 항상 저에게 힘이 되어준 와이프에게 감사의 인사를 드립니다. 또 항상 저를 믿어주는 부모님과 장인어른, 장모님, 처남에게도 감사의 인사를 드립니다. 그리고 멀리 떨어져 있지만 항상 걱정해주고 응원해주는 저의 오랜 친구들에게도 고맙다는 인사를 남깁니다.

책의 집필을 시작할 수 있도록 용기를 주고 많은 조언을 해준 유동환 님과 출판 과정에서 많은 노력을 기울여주신 한빛미디어 관계자 분들께 감사의 인사를 드립니다.

그 외에도 감사드려야 할 분들이 너무 많지만, 미처 언급하지 못한 점 죄송하고 감사하다는 인사를 드리고 싶습니다.

감사합니다.

2020년 12월 김범준

이 책에 대하여

리액트 네이티브는 출시 이후 계속해서 발전해왔고 많은 관심도 받고 있지만, 아직 한국어로 된 자료가 풍부하지 못한 상황입니다. 이 책이 여러분의 리액트 네이티브 개발의 첫 시작점이 되기를 바라는 마음에서 책을 집필하게 되었습니다.

이 책의 목표는 리액트 네이티브 완전 정복이 아닙니다. 리액트 네이티브를 쉽게 시작할 수 있 도록 돕고, 프로젝트를 통해 하나의 리액트 네이티브를 배포하는 것까지 경험하면서 재미를 붙이는 것을 목표로 합니다. 그리고 나아가 이 책을 통해 알게 된 리액트 네이티브로 여러분이 만들고 싶은 무언가를 직접 만들 수 있게 되는 것이 저의 바람입니다.

대상 독자

이 책은 자바스크립트의 기본 지식을 갖춘 독자를 대상으로 작성했습니다. 따라서 프로그래밍을 한 번도 한 적이 없거나 자바스크립트의 사용법을 모르는 분에게는 적합하지 않습니다. 최소한 자바스크립트 ES6 문법에 대해 이해하고 습득한 후 진행할 것을 권장합니다. 여러분이 자바스크립트 ES6 문법의 기본 지식을 갖추고 있고 사용할 수도 있다면 누구나 쉽게 따라할 수 있을 것입니다.

이 책의 구성

이 책은 총 10개의 장으로 구성되어 있으며 실습은 Expo 프로젝트로 진행합니다. 핵심 내용 위주로 설명되어 있고, 다음 과정을 통해 리액트 네이티브의 사용 방법을 익힌 후 직접 애플 앱 스토어와 구글 플레이 스토어에 배포까지 해볼 수 있도록 구성했습니다.

1장, 2장

- 1장에서는 리액트 네이티브란 무엇인지, 장단점은 무엇인지, 어떻게 동작하는지 알아봅니다.

- 2장에서는 리액트 네이티브를 개발하기 위한 개발 환경을 구성하고 리액트 네이티브 프로젝트를 생성하여 실행해봅니다. 리액트 네이티브 환경 설정은 운영체제의 종류와 상관없이 개

발을 진행할 수 있도록 맥과 윈도우 환경 모두 다루고 있습니다. 리액트 네이티브의 프로젝트를 생성하는 방법에 대해서는 Expo를 이용하는 방법과 리액트 네이티브 CLI를 이용하는 방법에 대해 알아봅니다.

3장, 4장

- 3장에서는 리액트 네이티브를 사용하기 위해 JSX의 특징과 사용법에 대해 알아보고 컴포넌트에 관해 살펴봅니다. 또 컴포넌트에서 중요한 상태와 속성에 대해서도 알아보고 많이 사용되는 이벤트를 다뤄봅니다.

- 4장에서는 컴포넌트에 스타일을 적용하는 방법에 대해 알아봅니다. 리액트 네이티브에서 사용되는 스타일의 특성에 대해 살펴보고, 리액트 네이티브 스타일의 단점을 보완하기 위해 스타일드 컴포넌트를 사용하는 방법을 익힙니다.

5장

- 5장에서는 3장과 4장에서 공부한 내용을 바탕으로 간단한 할 일 관리 애플리케이션을 만드는 프로젝트를 진행합니다. 프로젝트를 진행하며 StatusBar 컴포넌트, AsyncStorage 등의 사용법에 대해 다룹니다.

6장, 7장, 8장

- 6장에서는 리액트 Hooks에 대해 배웁니다. 함수형 컴포넌트에서 상태를 관리하고 그 외 다양한 작업을 위한 Hooks의 종류와 사용 방법에 대해 알아봅니다.

- 7장에서는 Context API에 대해 살펴봅니다. Context API를 통해 상태를 전역적으로 관리함으로써 여러 컴포넌트에서 동시에 접근하고 관리하는 방법을 익힙니다.

- 8장에서는 화면 전환과 구성을 위해 내비게이션을 사용하는 방법에 대해 알아봅니다. 이 책에서는 리액트 내비게이션 라이브러리의 스택 내비게이션과 탭 내비게이션에 대해 그 특징과 사용법에 대해 살펴봅니다.

9장, 10장

- 9장에서는 앞에서 공부한 모든 내용을 이용하여 채팅 애플리케이션을 만드는 프로젝트를 진행합니다. 프로젝트를 진행하는 과정에서 FlatList 컴포넌트, ActivityIndicator 컴포넌트 등의 리액트 네이티브 기능뿐 아니라, 다양한 라이브러리와 파이어베이스에 대해서도 함께 다룹니다.

- 10장에서는 9장에서 완성한 프로젝트를 직접 애플 앱 스토어와 구글 플레이 스토어에 배포하는 방법에 대해 알아봅니다.

그 외에도 리액트 네이티브 혹은 책과 관련해 여러분이 궁금해할 만한 내용을 각 장이 끝날 때마다 가볍게 읽을 수 있도록 수록했습니다.

개발 환경과 예제 코드

개발 환경

이 책을 집필하는 과정에서 코드를 작성하고 테스트를 진행한 환경은 다음과 같습니다.

OS	macOS Catalina 10.15.6
Device	iPhone 11 13.6 Pixel 3 API 23 (Android 9)
Node JS	12.18.3
Expo	Expo 38 (React Native 0.62) expo-cil 3.23.2
React Native	0.63.2

운영체제는 macOS Catalina를 사용했으며, 테스트 기기는 가상 기기로 아이폰11과 픽셀^{Pixel} 3을 이용했습니다. Node.js는 책을 집필하는 2020년 8월 LTS 버전인 12.18.3을 사용했습니다. 대부분의 예제는 Expo 프로젝트를 이용했지만, 최신 리액트 네이티브에서 추가된 Pressable 컴포넌트에 대한 설명을 진행할 때는 리액트 네이티브 CLI를 이용하여 0.63 버전으로 진행했습니다.

특별히 크게 차이가 나는 버전이 아니라면 문제되지 않지만, 환경이 다를 경우 결과에 차이가 있거나 버그가 발생할 수 있으므로 되도록 동일한 환경을 구성하기를 권장합니다. 만약 예제 코드에서 문제가 발생하면 저자 깃허브에 문의를 남겨주시기 바랍니다.

- **저자 깃허브:** http://bit.ly/my-first-react-native

예제 코드

책에 수록된 예제 코드는 너무 많은 지면을 차지하지 않도록 중복된 부분을 ... 으로 처리하고 변경된 부분을 쉽게 알아볼 수 있도록 굵은 글자로 처리했습니다. 생략된 코드가 아닌 전체 코드는 깃허브에서 확인 및 다운로드가 가능합니다.

• 저자 깃허브: http://bit.ly/my-first-react-native

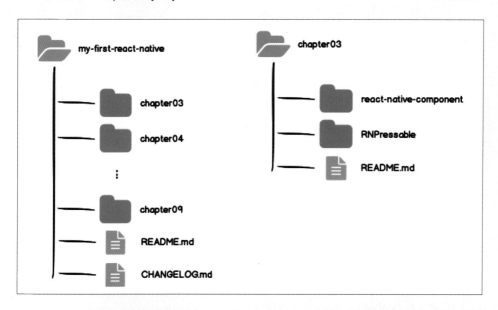

깃허브 리포지토리의 파일 구조는 각 챕터별로 구분되어 있고, README.md 파일에서 각 폴더의 간단한 설명을 확인할 수 있으며 CHANGELOG.md 파일에서 변경 내용을 확인할 수 있습니다.

각 폴더에는 챕터마다 실습에 사용된 프로젝트 폴더가 있습니다. 제공되는 소스 코드를 다운로드 받아 사용하는 분은 각 챕터마다 생성된 프로젝트 폴더에서 패키지들을 설치한 후 진행하시기 바랍니다.

```
cd my-first-react-native && cd chapter03
cd react-native-component
npm install
```

동영상 자료

책에서 사용된 실습을 기반으로 하는 동영상 자료는 저자의 유튜브 채널에 지속적으로 업로드될 예정입니다. 책으로 확인하기 어려운 화면의 동작 모습과 설명을 동영상에서 확인해보세요.

- **저자 유튜브 채널 – 코딩하는남편:** https://bit.ly/coding-husband

문의 사항

책을 보다가 소스코드가 실행되지 않는 등의 버그가 발생하거나 질문이 있다면 저자의 깃허브 이슈 탭을 활용해서 문의해주시기 바랍니다. 책을 읽다가 오타를 발견했을 때도 이슈 탭에 남겨주시면 감사하겠습니다.

- **저자 깃허브 이슈:** http://bit.ly/my-first-react-native-issue

이슈 탭에 문의를 남길 때는 현상 파악과 빠른 대응을 위해 상황에 맞는 템플릿을 이용하여 최대한 자세히 적어주시면 감사하겠습니다.

업데이트 대응

리액트 네이티브의 버전 변화로 인해 책에 나온 대로 동작하지 않거나 기타 다른 중요한 변화가 있을 경우 저자의 깃허브를 통해 확인이 가능합니다.

목차

목차

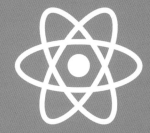

1장 리액트 네이티브란? I

리액트 네이티브^{React Native}는 2015년 3월 페이스북에 의해 공개된 오픈소스 프로젝트로, 사용자 인터페이스를 만드는 리액트^{React}에 기반을 두고 제작되었습니다. 하지만 리액트와 달리 웹 브라우저가 아닌, iOS와 안드로이드^{Android}에서 동작하는 네이티브 모바일^{Native Mobile} 애플리케이션을 만드는 자바스크립트 프레임워크입니다.

현재 페이스북, 인스타그램, 핀터레스트^{Pinterest}, 월마트^{Wallmart} 등이 리액트 네이티브를 이용해서 개발되었으며, 리액트 네이티브 쇼케이스에서 대표적인 애플리케이션들을 확인할 수 있습니다.

- **리액트 네이티브 쇼케이스:** `https://reactnative.dev/showcase.html`

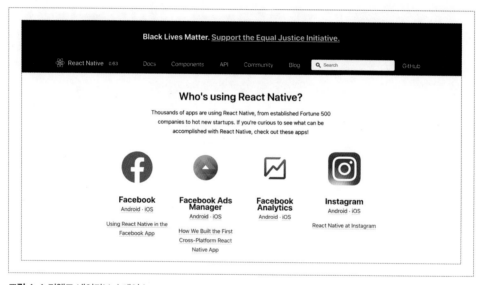

그림 1-1 리액트 네이티브 쇼케이스

1.1. 리액트 네이티브의 장점과 단점

리액트 네이티브가 출시되면서 오브젝티브-C^{Objective-C} 또는 자바^{Java}를 사용하여 개발하지 않아도 웹 개발자가 익숙한 기술을 이용하여 모바일 개발을 통해 애플리케이션을 출시할 수 있는 기회를 얻게 되었습니다. 특히 리액트에 익숙한 개발자라면 조금 더 수월하게 리액트 네이티브를 익힐 수 있습니다. 물론 리액트를 모르는 개발자라고 해도 너무 걱정할 필요는 없습니다. 실제로 저도 처음 리액트 네이티브를 접했던 2016년 1월에는 리액트를 사용해보지 않은 상태였습니다.

1.1.1 장점

리액트 네이티브의 가장 큰 장점은 작성된 코드 대부분 플랫폼 간 공유가 가능해서 두 플랫폼 (iOS, 안드로이드)을 동시에 개발할 수 있다는 것입니다. 특히 모바일 개발에 대한 지식이 없어도 자바스크립트만 알고 있으면 쉽게 시작할 수 있으며, 작성된 구성 요소들이 재사용 가능하다는 것은 리액트 네이티브가 갖고 있는 큰 장점입니다.

또한 리액트 네이티브는 변경된 코드를 저장하기만 해도 자동으로 변경된 내용이 적용된 화면을 확인할 수 있는 패스트 리프레쉬$^{Fast\ Refresh}$ 기능을 제공하고 있습니다. 이 기능 덕분에 매번 "수정 ▶ 새로 고침" 혹은 "수정 ▶ 컴파일 ▶ 새로 고침"이라는 번거로운 작업이 생략되고 즉각적인 수정 내용 확인이 가능하다는 장점이 있습니다.

리액트 네이티브는 특히 코도바^{Cordova}나 앵귤러^{AngularJS} 프레임워크를 기반으로 제작된 아이오닉^{Ionic} 같은 크로스 플랫폼 개발 방법에 비해 큰 장점을 갖고 있습니다.

- **코도바**: https://cordova.apache.org/
- **아이오닉**: https://ionicframework.com/

코도바나 아이오닉은 웹뷰^{WebView}를 이용하여 렌더링하는 방식이므로 성능이 떨어진다는 단점이 있습니다. 하지만 리액트 네이티브는 작성된 코드에 따라 각 플랫폼에서 그에 알맞은 네이티브 엘리먼트^{element}로 전환되기 때문에 큰 성능 저하 없이 개발이 가능하다는 장점이 있습니다.

> **NOTE_**
> 코도바와 아이오닉 외에도 다양한 크로스 플랫폼 개발 프레임워크들이 있습니다.
> - **타이타늄(Titanium)**: https://www.appcelerator.com/Titanium/
> - **네이티브스크립트(NativeScript)**: https://www.nativescript.org/
> - **뷰네이티브(Vue Native)**: https://vue-native.io/
> - **플러터(Flutter)**: https://flutter.dev/

1.1.2 단점

리액트 네이티브에도 단점은 존재합니다.

리액트 네이티브가 네이티브 코드로 전환된다는 장점은 있지만, 네이티브의 새로운 기능을 사용하는 데 오래 걸린다는 단점도 있습니다. 안드로이드나 iOS에서 업데이트를 통해 새로운 API를 제공하더라도 리액트 네이티브가 이를 지원하기까지는 시간이 걸립니다.

또 다른 리액트 네이티브의 단점은 유지보수의 어려움입니다. 개발 단계에서 문제가 생겼을 때 문제의 종류에 따라 원인을 찾고 문제를 해결하는 데 많은 시간이 걸립니다.

마지막으로 한두 달 사이에 버전이 하나씩 올라가는 잦은 업데이트도 단점입니다. 잦은 업데이트를 통해 버그를 수정하고 기능을 추가해주는 부분은 긍정적이지만, 너무 잦은 업데이트는 오히려 개발에 방해가 됩니다. 또한 리액트를 사용하는 리액트 네이티브의 특성상 리액트의 버전 변화에 따라 리액트 네이티브에도 많은 변화가 생길 수 있습니다.

예를 들어, 리액트 네이티브 0.53 버전에서 0.54 버전으로 올라가면서 사용하는 리액트 버전이 16.2 버전에서 16.3 버전으로 변경되었습니다. 리액트 16.3 버전에서 라이프사이클이 변경되는 변화가 있었습니다. 기존에 리액트 네이티브로 제작된 프로젝트에서 0.54 버전을 사용하도록 변경하기 위해서는 많은 수정을 해야 하는 상황이 발생합니다.

1.2 리액트 네이티브의 동작 방식

이번에는 리액트 네이티브의 동작 방식에 대해 알아볼까요?

1.2.1 브릿지

리액트 네이티브는 어떻게 자바스크립트 코드를 이용해서 네이티브 코드로 변경할 수 있을까요? 리액트 네이티브에는 자바스크립트 코드를 이용해 네이티브 계층과 통신할 수 있도록 연결하는 역할을 하는 브릿지bridge가 있습니다.

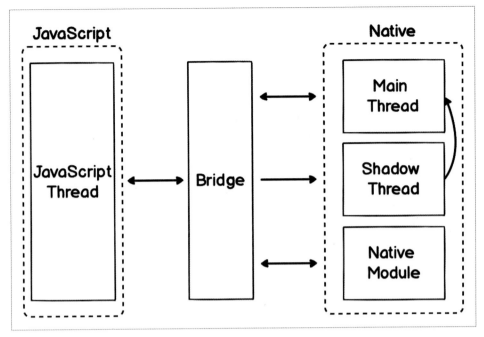

그림 1-2 리액트 네이티브 브릿지

브릿지는 자바스크립트 스레드[thread]에서 정보를 받아 네이티브로 전달합니다. 자바스크립트 스레드는 자바스크립트 코드가 실행되는 장소이며 보통 리액트 코드로 구성되어 있습니다. 네이티브 영역에는 UI를 담당하는 메인 스레드가 있고, 레이아웃을 계산하는 데 사용하는 백그라운드 스레드인 섀도[shadow] 스레드가 있습니다. 네이티브 모듈도 있는데, 각 모듈에는 자체 스레드가 있습니다. 단, 안드로이드의 경우 스레드 폴[thread pool]을 공유합니다. 리액트 네이티브에서는 이렇게 기기와 통신하는 모든 자바스크립트의 기능을 분리된 스레드로 처리하면서 성능 향상을 가져올 수 있었습니다.

1.2.2 가상 DOM

리액트 네이티브의 동작 방식을 이해하려면 데이터가 변할 경우 자동으로 화면을 다시 그리는 리액트의 가상[virtual] DOM에 대해 이해해야 합니다.

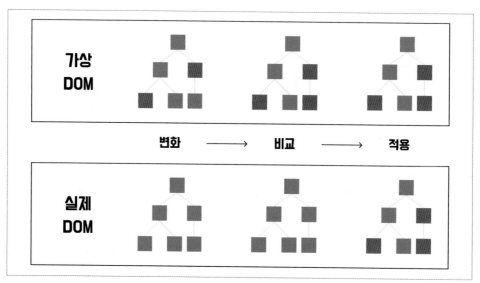

그림 1-3 가상 DOM

데이터가 변했을 때 화면이 다시 그려지는 과정은 다음과 같습니다.

1 데이터에 변화가 있습니다.
2 변화된 데이터를 이용하여 가상 DOM을 그립니다.
3 가상 DOM과 실제 DOM을 비교하여 차이점을 확인합니다.
4 차이점이 있는 부분만 실제 DOM에 적용하여 그립니다.

여기서 실제 DOM은 우리가 보는 화면에 나타나는 DOM이고, 가상 DOM은 화면에 보이지 않지만 비교를 위해 존재하는 DOM이라고 생각하면 편하게 이해할 수 있습니다.

리액트를 접하지 않아서 아직 동작하는 모습이 머릿속에 그려지지 않아도 너무 걱정하지 마세요. 뒤에서 실습을 통해 실제로 동작하는 모습을 보면 쉽게 이해할 수 있습니다.

1.2.3 JSX

JSX^{JavaScript XML} 자바스크립트 확장 문법으로 XML과 매우 유사합니다. 자바스크립트 코드 안에 UI 작업을 할 때 가독성에 도움을 주는 등 여러 가지 장점이 있으며 리액트에서 많이 사용되고 있습니다.

JSX가 어떤 모습인지 간단하게 살펴볼까요?

```
function formatName(user) {
  return user.firstName + ' ' + user.lastName;
}

const user = {
  firstName: 'Beomjun',
  lastName: 'Kim',
};

const element = <h1>Hello, {formatName(user)}!</h1>;
```

JSX로 작성된 이 코드는 나중에 바벨^{Babel}을 사용하여 자바스크립트로 변환합니다. 이 코드를 변환하면 다음과 같은 자바스크립트 코드로 변경할 수 있습니다.

```
'use strict';

function formatName(user) {
  return user.firstName + ' ' + user.lastName;
}

const user = {
  firstName: 'Beomjun',
  lastName: 'Kim',
};
const element = /*#__PURE__*/ React.createElement(
  'h1',
  null,
  'Hello, ',
  formatName(user),
  '!'
);
```

앞의 두 코드를 비교해보면 자바스크립트 코드보다 JSX로 작성된 코드의 가독성이 더 뛰어난 것을 확인할 수 있습니다. JSX는 가독성뿐만 아니라 오류 검사에도 장점이 있습니다. 예를 들어 앞의 코드에서 〈h1〉 태그를 닫지 않을 경우 바벨이 코드를 변환하는 과정에서 이 부분을 감지하고 알려줍니다.

JSX는 3장 컴포넌트에서 조금 더 자세하게 그 사용법과 특징에 대해 알아보겠습니다.

1.3 마치며

이번 장에서는 리액트 네이티브의 장단점과 동작 방식에 대해 알아봤습니다. 리액트 네이티브의 장점은 단점을 잊게 만들 만큼 확실한 강점을 갖고 있지만, 여러분이 만들고 싶은 애플리케이션의 특성이나 함께하는 팀의 상황을 보고 결정하는 것을 추천합니다.

리액트 네이티브의 동작 방식이 잘 이해되지 않는다고 해도 너무 걱정하지 마세요. 우리는 이제 리액트 네이티브에 대해 처음 시작하는 단계이고 앞으로 계속 알아나가면 됩니다. 혹시 너무 어렵게 느껴진다면 '브릿지라는 것이 중간에 저런 역할을 하는구나.'라고 그냥 가볍게 넘어가도 크게 문제되지 않습니다. 브릿지나 가상 DOM과 같은 복잡한 동작은 리액트 네이티브에게 모두 맡기고 우리는 개발에만 집중하면 됩니다. 그러다 보면 어느 순간 이해하고 있는 자기 자신을 발견할 수 있습니다.

이제 여러분은 리액트 네이티브에 첫 발을 내디뎠습니다. 앞으로 이 책을 통해 차근차근 리액트 네이티브에 대해 이해하고 활용하는 방법을 익혀 나가기 바랍니다.

리액트를 공부한 후 시작해야 하나요?

리액트 네이티브가 리액트를 기반으로 한 모바일 플랫폼 개발 프레임워크라는 부분 때문에 리액트 네이티브를 시작하기에 앞서 리액트를 공부해야 하는지 궁금해하는 분이 많습니다. 답부터 말하자면 "알아야 하지만, 반드시 선행될 필요는 없습니다."라고 할 수 있습니다.

저도 리액트 네이티브를 처음 시작했을 때 리액트에 대해 잘 모르는 상태였습니다. 단지 리액트라는 것이 무엇인지, 어떤 특징이 있는지, 왜 사람들에게 많은 관심을 받는지 정도만 다양한 글과 발표 영상을 통해 알고 있는 상태였습니다.

리액트를 한 번도 사용해본 적 없는 상태에서 리액트 네이티브를 시작했기 때문에 계속해서 문제에 부딪혔습니다. 시작은 어렵지 않았지만, 동작하는 방식을 이해하기 어려웠고 리액트와 관련된 문제가 있을 때마다 관련 내용을 찾아봐야 했습니다. 그렇게 필요할 때마다 리액트에 대한 내용을 찾아 습득하는 방법으로 리액트 네이티브를 시작할 수 있었습니다.

리액트의 모든 것을 다 알아야만 리액트 네이티브를 시작할 수 있는 것은 아니므로, 만약 리액트 네이티브에 관심이 있다면 리액트는 필요에 따라 학습해가는 방식으로 충분히 진행할 수 있습니다. 물론 리액트에 대한 지식이 있다면 조금 더 수월하게 시작할 수 있지만 모른다고 해도 크게 문제되지는 않습니다.

비슷한 맥락으로 iOS나 안드로이드에 대한 선행 지식 부분도 걱정될 수 있지만, 이 또한 반드시 알아야 시작할 수 있는 것은 아닙니다. 여러분이 리액트 네이티브를 시작하고 싶을 때, 반드시 필요한 사전 지식은 자바스크립트 하나뿐입니다.

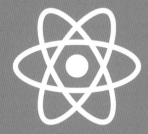

2장 리액트 네이티브 시작하기 I

이번 장에서는 리액트 네이티브를 사용하여 개발하는 데 필요한 환경 설정에 대해 알아보고, 리액트 네이티브 프로젝트를 생성하는 방법에 대해 살펴보겠습니다.

리액트 네이티브는 맥^{macOS}, 윈도우^{Windows}, 리눅스^{Linux} 환경에서 개발이 가능합니다. 맥 환경에서는 iOS, 안드로이드 개발이 모두 가능하지만, 윈도우와 리눅스 환경에서는 안드로이드 개발만 가능합니다. 이 책에서는 맥과 윈도우 환경에서의 개발 환경 설정만 다루도록 하겠습니다.

> **NOTE**
>
> 앞으로 설명하는 설치 내용과 버전 및 화면들은 책이 작성되는 2020년 7월을 기준으로 작성되었습니다. 이후 개발 환경 준비 방법에 변경사항이 있거나 설치하는 버전에 변경사항이 있을 수 있습니다.

2.1 개발 환경 준비하기

리액트 네이티브를 개발하기 위해 공통적으로 Node.js, JDK, 안드로이드 스튜디오^{Android Studio}를 설치해야 합니다. 그 외에 맥에서는 왓치맨^{watchman}과 Xcode의 추가 설치가 필요하며, 윈도우에서는 파이썬^{Python} 설치가 필요합니다.

2.1.1 왓치맨 설치

왓치맨은 페이스북에서 제작한 파일 시스템 변경 감지 도구로, 파일의 변화를 감지하고 파일의 변화가 조건을 만족시키면 특정 동작을 실행시킵니다. 리액트 네이티브에서 왓치맨은 소스코드의 변화를 감지하고 자동으로 빌드하여 화면에 업로드하는 역할을 담당합니다.

맥 환경

왓치맨은 홈브류^{Homebrew}를 이용하여 설치합니다. 홈브류는 맥스 호웰^{Max Howell}이 만든 맥용 패키지 매니저^{package manager}이며 홈브류를 이용하여 맥에 필요한 패키지를 쉽고 간단하게 설치하고 관리할 수 있습니다.

- **홈브류:** https://brew.sh

홈브류 웹사이트로 이동하면 [그림 2-1]과 같이 'Homebrew 설치하기'에서 홈브류를 이용하기 위한 설치 명령어를 확인할 수 있습니다.

그림 2-1 홈브류 웹사이트

확인된 홈브류 설치 명령어를 맥의 터미널^{terminal}에서 실행하여 홈브류를 설치하도록 하겠습니다.

```
/bin/bash -c "$(curl -fsSL
https://raw.githubusercontent.com/Homebrew/install/master/install.sh)"
```

설치가 완료되면 다음 명령어를 통해 홈브류가 정상적으로 설치되었는지 확인해보세요.

```
brew --version
```

설치된 홈브류의 버전이 나타나면 정상적으로 설치가 완료된 것입니다. 홈브류 설치 확인이 완료되면 홈브류를 이용해서 왓치맨을 설치하겠습니다.

```
brew install watchman
```

왓치맨 설치가 완료되면 다음 명령어를 이용해서 왓치맨이 잘 설치되었는지 확인해보세요.

```
watchman --version
```

윈도우 환경

홈브류와 왓치맨은 맥 환경에서만 설치됩니다.

2.1.2 Node.js 설치

이번에는 Node.js 설치를 진행하겠습니다.

• **Node.js:** https://nodejs.org/ko

Node.js를 설치하면 노드 패키지 매니저인 npm $^{Node\ Package\ Manager}$도 함께 설치됩니다. 우리는 npm을 통해 전 세계 수많은 개발자들이 만든 패키지를 설치하고 사용할 수 있습니다.

그림 2-2 Node.js 웹사이트

맥 환경

Node.js를 설치하는 방법에는 여러 가지가 있습니다. 만약 여러분이 맥 환경에서 개발을 진행한다면, 저는 nvm^{Node Version Manager} 이용을 추천합니다.

- **nvm:** https://bit.ly/nodejs-nvm

nvm은 맥 환경에서 여러 버전의 Node.js를 설치하고 관리할 수 있도록 도와주는 도구로, 다양한 버전의 Node.js를 사용해야 할 때 유용하게 활용할 수 있습니다. 향후 Node.js의 LTS 버전이 업데이트되었을 때 이에 대응하기 위해서도 nvm 사용을 권장합니다.

> **NOTE_**
>
> Node.js는 장기적으로 안정적인 지원을 제공하는 LTS(Long Term Support) 버전을 매년 10월경에 변경하고 있습니다. 이 책을 작성한 2020년 7월의 LTS 버전은 12지만, 2020년 10월이면 14가 됩니다.
>
> - **Node.js LTS 일정:** https://nodejs.org/ko/about/releases/

터미널에서 nvm 깃허브^{GitHub} 페이지에 있는 설치 명령어를 실행하겠습니다.

```
curl -o- https://raw.githubusercontent.com/nvm-sh/nvm/v0.35.3/install.sh | bash
```

설치가 완료되면 .zshrc 파일을 열고 다음 코드를 추가합니다. 코드는 nvm 깃허브 페이지에서 복사 – 붙여넣기로 추가하면 오타 없이 쉽게 추가할 수 있습니다.

```
export NVM_DIR="$([ -z "${XDG_CONFIG_HOME-}" ] && printf %s "${HOME}/.nvm" ||
printf %s "${XDG_CONFIG_HOME}/nvm")"
[ -s "$NVM_DIR/nvm.sh" ] && \. "$NVM_DIR/nvm.sh" # This loads nvm
```

> **NOTE_**
>
> macOS Catalina(version 10.15) 부터 zsh이 기본 터미널로 지정되었습니다. 여러분이 zsh을 사용한다면 "~/.zshrc" 파일에, bash를 사용한다면 "~/.bash_profile" 파일에 작성해야 합니다.

nvm설치와 설정이 완료되면 터미널을 재시작하고 다음 명령어를 이용해서 nvm이 잘 설치되었는지 확인해보세요.

```
nvm --version
```

nvm이 정상적으로 설치되었다면 nvm을 이용해서 Node.js를 설치하도록 하겠습니다.

```
nvm install --lts
```

설치가 완료되면 다음 명령어를 이용해서 설치된 Node.js의 버전을 확인해보세요.

```
node --version
```

윈도우 환경

윈도우 환경에서는 Node.js 웹사이트에서 LTS 버전을 다운로드받아 설치를 진행하겠습니다. Node.js 웹사이트의 홈 화면에서 LTS버전을 선택해 다운로드받거나 다운로드 페이지에서 여러분의 환경에 알맞은 파일을 다운로드받아서 파일을 실행합니다.

- **Node.js 다운로드:** https://nodejs.org/ko/download/

그림 2-3 Node.js 다운로드 페이지

설치가 완료되면 명령 프롬프트 창을 열고 다음 명령어를 이용해서 Node.js가 잘 설치되었는지 확인해보세요.

```
node --version
```

2.1.3 파이썬 설치

리액트 네이티브는 빌드할 때 파이썬이 필요합니다. 파이썬은 현재 3 버전이 제공되고 있지만, 리액트 네이티브에서는 파이썬 2 버전을 사용하므로 파이썬 2 버전을 설치해야 합니다.

- **파이썬:** https://www.python.org/

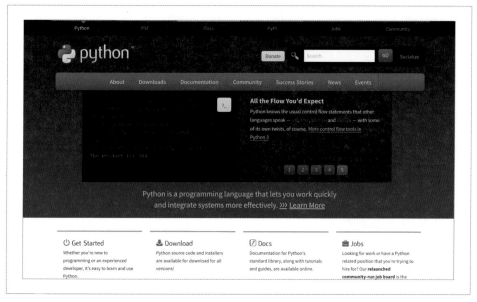

그림 2-4 파이썬 웹사이트

맥 환경

맥 환경에서는 기본적으로 파이썬 2 버전이 설치되어 있기 때문에 따로 설치하지 않아도 괜찮습니다.

윈도우 환경

파이썬 다운로드 페이지로 이동한 후 파이썬 2 버전의 윈도우용 설치 파일 중 여러분의 환경에 맞는 파일을 다운로드받아 설치를 진행하세요.

- **파이썬 2 다운로드:** `https://bit.ly/python-2-download`

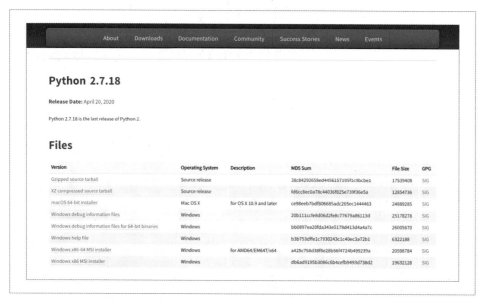

그림 2-5 파이썬 2 설치 파일 다운로드

2.1.4 iOS 개발 환경

iOS 개발 환경은 맥 환경에서만 진행 가능합니다.

Xcode 설치

Xcode는 iOS를 개발하는 데 반드시 필요한 개발 도구입니다. 애플 앱 스토어^{App Store}를 실행한 후 Xcode를 검색해서 설치하겠습니다. Xcode를 설치하면 iOS 시뮬레이터^{simulator} 및 iOS 앱을 빌드하는 데 필요한 모든 도구가 함께 설치됩니다.

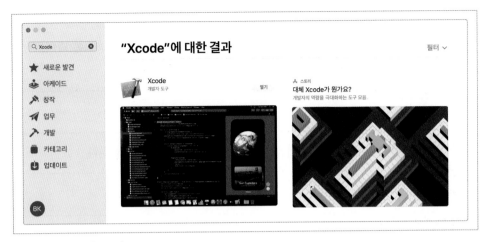

그림 2-6 Xcode 앱 스토어

설치가 완료되면 Xcode Command Line Tools를 설정해야 합니다. Xcode를 실행한 후 Preferences 메뉴의 Locations 탭에서 다음 그림과 같이 Command Line Tools의 가장 최신 버전을 선택합니다.

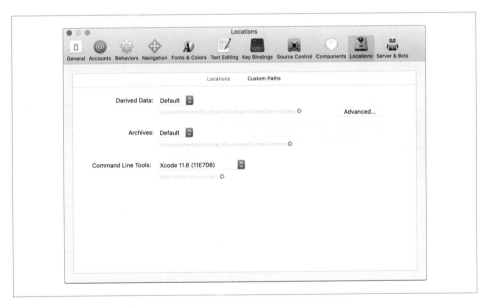

그림 2-7 Command Line Tools

코코아팟 설치

Xcode 설치가 완료되면 다음 명령어를 이용해서 맥이나 iOS 개발에 사용되는 라이브러리 library를 관리해주는 도구인 코코아팟CocoaPods 설치를 진행하겠습니다.

```
sudo gem install cocoapods
```

설치가 완료되면 다음 명령어를 이용해서 정상적으로 설치되었는지 확인합니다.

```
pod --version
```

시뮬레이터

이번에는 가상 기기에서 테스트를 진행하기 위한 iOS 시뮬레이터simulator를 실행해보겠습니다. iOS 시뮬레이터를 실행하는 방법은 Xcode 메뉴의 Open Developer Tool 메뉴에서 Simulator를 실행하는 방법과, 맥의 Spotlight 검색 기능에서 Simulator.app을 실행하는 방법이 있습니다.

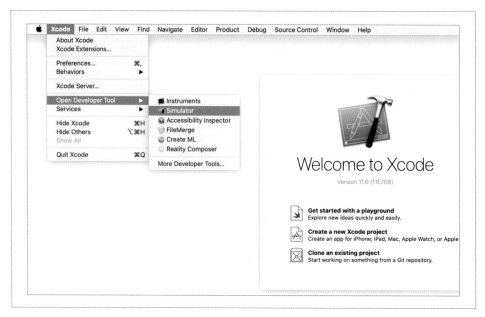

그림 2-8 iOS 시뮬레이터

시뮬레이터가 실행되면 File 메뉴의 Open Device 메뉴에서 원하는 기기를 실행할 수 있습니다. 저는 아이폰^{iPhone} 11을 선택했으며 앞으로 iOS 테스트는 아이폰 11을 기준으로 진행하겠습니다.

그림 2-9 iOS 시뮬레이터 아이폰 11

2.1.5 JDK 설치

안드로이드 개발을 위한 안드로이드 개발 언어인 자바 개발 도구 JDK$^{Java\ Development\ Kit}$를 설치하겠습니다.

맥 환경

맥 환경에서는 다음 명령어를 이용해서 홈브류로 JDK를 설치하겠습니다.

```
brew cask install adoptopenjdk/openjdk/adoptopenjdk8
```

설치가 완료되면 다음 두 명령어를 이용해서 정상적으로 설치되었는지 확인합니다.

```
java -version
javac -version
```

윈도우 환경

윈도우 환경에서는 JDK를 다운로드받아 설치를 진행하겠습니다.

- **JDK 다운로드:** https://bit.ly/jdk-14-download

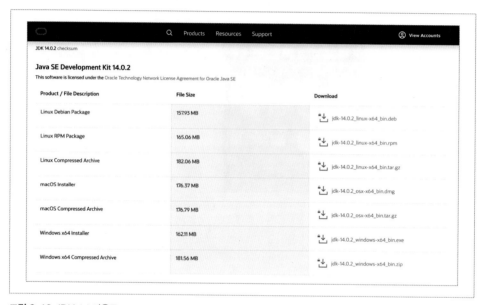

그림 2-10 JDK 14 다운로드

다운로드받은 파일을 실행해서 JDK 설치가 완료되면 환경 변수를 설정합니다. 먼저 "시스템 ▶ 고급 시스템 설정 ▶ 환경 변수 ▶ 시스템 변수 ▶ 새로 만들기"를 통해 JAVA_HOME이라는 이름의 시스템 변수를 추가하고 그 값으로 앞에서 설치한 JDK의 경로를 지정합니다.

- **변수 이름:** JAVA_HOME
- **변수 값:** C:\Program Files\Java\jdk-14.0.2

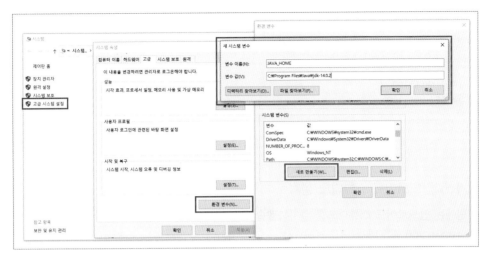

그림 2-11 JAVA_HOME 시스템 변수 추가

JAVA_HOME 추가가 완료되면 시스템 변수에서 Path를 선택하고 편집을 통해 다음과 같이 수정합니다.

- **환경 변수 편집:** %JAVA_HOME%\bin

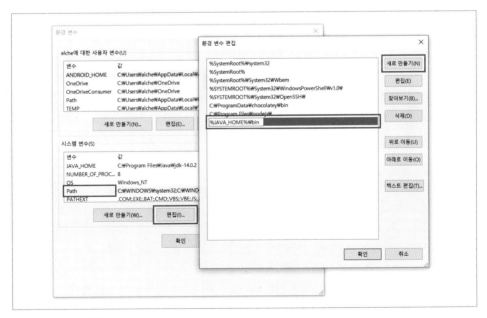

그림 2-12 Path 편집

환경 변수 설정이 완료되면 확인 버튼을 이용해서 저장하고 명령 프롬프트 창을 열어 다음 두 명령어로 설치가 잘 되었는지 확인해보세요.

```
java -version
javac -version
```

2.1.6 안드로이드 스튜디오 설치

이번에는 안드로이드 스튜디오를 설치하겠습니다. 안드로이드 스튜디오는 안드로이드를 개발하기 위한 공식 IDE^Integrated Development Environment 입니다. iOS의 Xcode와 같은 역할을 한다고 생각하면 됩니다. 다음 주소에서 안드로이드 스튜디오를 다운로드받을 수 있습니다.

- **안드로이드 스튜디오:** https://bit.ly/android-ide-download

그림 2-13 안드로이드 스튜디오 다운로드

> NOTE_
>
> 안드로이드 스튜디오 다운로드 페이지로 이동하면 현재 접속한 운영 체제에 알맞은 스튜디오가 다운로드되도록 나타납니다. 만약 여러분의 환경과 맞지 않거나 다른 파일을 확인하고 싶은 경우, DOWNLOAD OPTIONS를 클릭해 다른 플랫폼에서 사용 가능한 안드로이드 스튜디오를 확인해보세요.

안드로이드 스튜디오 설치가 완료되면 안드로이드 스튜디오를 실행한 후 안드로이드 스튜디오의 설정을 진행하겠습니다.

우선 다음 [그림 2-14]와 같이 Install Type을 선택하는 화면에서 Custom을 선택하고 진행합니다.

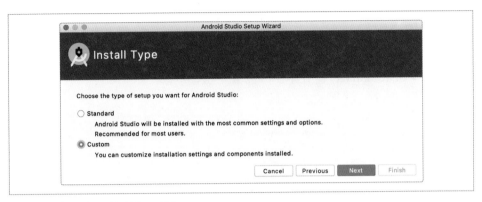

그림 2-14 안드로이드 스튜디오 Install Type

Install Type을 선택하고 진행하다 보면 SDK Components Setup 화면이 나타납니다. 이 화면에서는 다음 목록들을 선택하고 계속 진행합니다.

- Android SDK
- Android SDK Platform
- Performance (Intel ® HAXM)
- Android Virtual Device

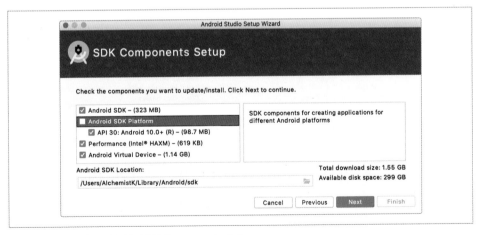

그림 2-15 안드로이드 스튜디오 SDK Components Setup

나머지 설정은 기본 설정을 유지한 채로 진행하겠습니다. 계속 진행하면 지금까지 설정한 값들을 확인할 수 있는 화면이 나타나고 안드로이드 스튜디오 설정이 완료됩니다.

설정이 완료되면 SDK Manager 메뉴로 이동해서 추가 설치를 진행합니다. SDK Manager는 안드로이드 스튜디오의 메뉴를 통해 Preferences ▶ Appearance & Behavior ▶ System Settings ▶ Android SDK로 이동하거나 다음 그림처럼 안드로이드 스튜디오 시작 화면에서 Configure ▶ SDK Manager를 클릭해서 이동할 수 있습니다.

그림 2-16 안드로이드 스튜디오 시작 화면

SDK Manager 메뉴에서 SDK–Platforms 탭의 오른쪽 하단에 있는 Show Package Details를 클릭하고 필요한 항목들을 선택해서 설치하도록 하겠습니다.

- Android SDK Platform 29
- Intel x86 Atom_64 System Image 또는 Google APIs Intel x86 Atom System Image

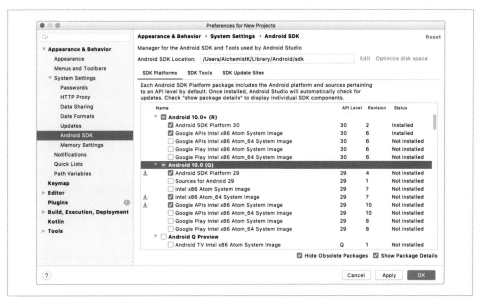

그림 2-17 SDK Platforms

그리고 SDK Tools 탭에서도 Show Package Details를 클릭해서 Android SDK Build-
Tools 29.0.2를 선택하고 설치를 진행합니다.

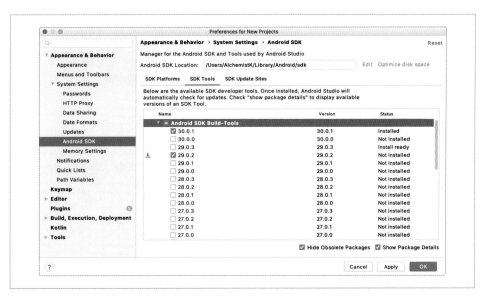

그림 2-18 SDK Tools

맥 환경

설치가 완료되면 .zshrc 파일을 열고 다음 내용을 추가합니다.

```
export ANDROID_HOME=$HOME/Library/Android/sdk
export PATH=$PATH:$ANDROID_HOME/emulator
export PATH=$PATH:$ANDROID_HOME/tools
export PATH=$PATH:$ANDROID_HOME/tools/bin
export PATH=$PATH:$ANDROID_HOME/platform-tools
```

여기서 첫 줄이 가리키는 위치는 설치된 안드로이드 SDK의 위치와 동일해야 합니다. 안드로이드의 SDK 위치는 SDK Manager 메뉴의 Android SDK Location에서 확인할 수 있고, 첫 줄의 내용은 다음 명령어로 확인할 수 있습니다.

```
echo $HOME/Library/Android/sdk
```

두 경로가 동일하다면 다음 명령어를 이용해 설치가 정상적으로 진행되었는지 확인해봅니다.

```
adb --version
```

윈도우 환경

윈도우 환경에서는 "시스템 ▶ 고급 시스템 설정 ▶ 환경 변수"에서 환경 변수 설정을 진행하겠습니다. 먼저, 사용자 변수에서 새로 만들기를 통해 다음과 같이 추가합니다.

- **변수 이름:** ANDROID_HOME
- **변수 값:** %LOCALAPPDATA%\Android\Sdk

값에는 여러분의 안드로이드 SDK 위치를 정확하게 지정해야 하며, 정확한 값은 SDK Manager 메뉴의 Android SDK Locations에서 확인할 수 있습니다.

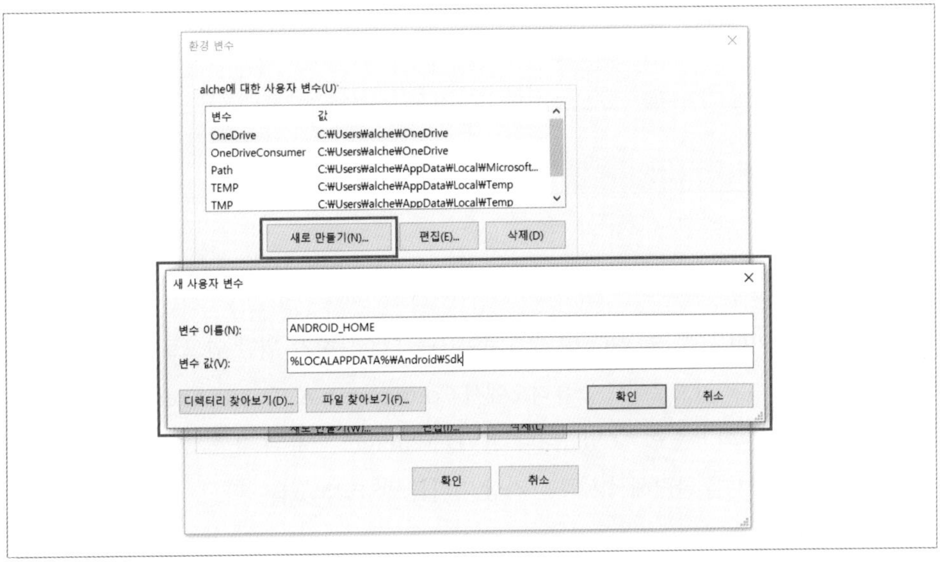

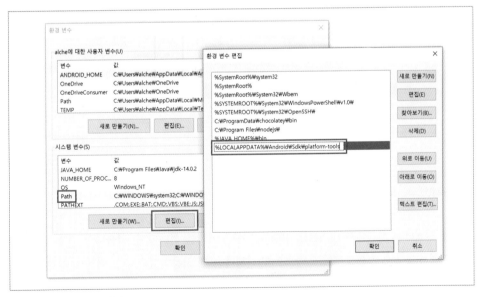

그림 2-19 사용자 변수 생성

ANDROID_HOME 사용자 변수 추가가 완료되면 시스템 변수에 있는 Path를 편집하겠습니다.

- **환경 변수 편집:** %LOCALAPPDATA%\Android\Sdk\platform-tools

그림 2-20 시스템 변수 편집

환경 변수 설정이 완료되면 명령 프롬프트 창에서 다음 명령어를 이용해 잘 설치되었는지 확인합니다.

```
adb --version
```

에뮬레이터

이번에는 에뮬레이터^{emulator}를 이용해 안드로이드를 테스트하기 위한 안드로이드 가상 기기를 만들어보겠습니다. 안드로이드 스튜디오에서 Configure ▶ AVD Manager로 이동하면 가상 기기를 관리하는 화면을 볼 수 있습니다. AVD Manager 메뉴의 좌측 하단에 있는 Create Virtual Device 버튼을 클릭해서 새로운 가상 기기를 만들어보겠습니다.

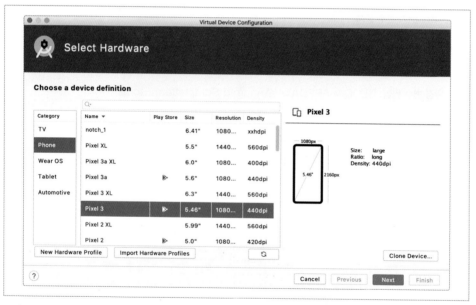

그림 2-21 안드로이드 기기 선택

기기를 선택하는 화면에서 테스트를 진행하고 싶은 기기를 선택할 수 있습니다. 저는 픽셀^{Pixel} 3를 선택하고 앞으로 안드로이드 테스트를 진행하는 데 사용하겠습니다. 다음 단계인 안드로이드 이미지 선택 화면에서는 x86 Images 탭을 선택하고 앞에서 설치한 이미지를 선택한 후 진행합니다.

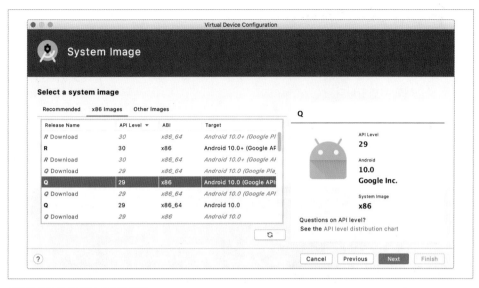

그림 2-22 안드로이드 이미지 선택

모든 선택이 완료되면 AVD Manager 화면에서 방금 추가한 이미지가 목록에 추가된 것을 확인 할 수 있습니다. 항목을 더블클릭 하거나 항목의 오른쪽 끝 Actions에 있는 녹색 시작 버튼을 클릭해서 에뮬레이터를 실행해보겠습니다.

그림 2-23 픽셀 3

2.1.7 에디터 설치

이번에는 리액트 네이티브의 코드를 작성할 코드 에디터를 설치하겠습니다. 이 책에서는 VS Code$^{\text{Visual Studio Code}}$를 사용해서 진행합니다. 만약, 이미 사용 중인 에디터가 있다면 해당 에디터를 사용해도 무방합니다.

- **VS Code:** https://code.visualstudio.com/

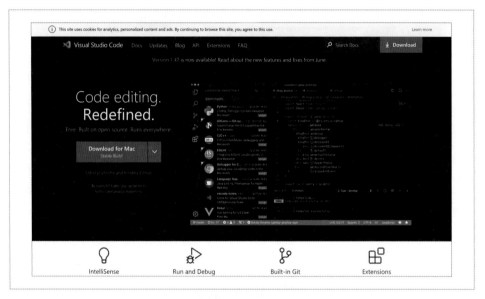

그림 2-24 VS Code 웹사이트

VS Code는 마이크로소프트에서 일렉트론^{Electron}을 기반으로 제작 및 관리하는 오픈소스 코드 편집기로, 다양한 프로그래밍 언어를 지원하며 다른 편집기에 비해 가볍고 빠른 것이 큰 장점입니다. 특히 확장 프로그램^{extensions}에서 다양한 프로그램을 추가 설치함으로써 보다 풍부한 기능을 사용할 수 있습니다. 확장 프로그램은 마켓 플레이스^{marketplace}에서 검색할 수 있으며 VS Code 애플리케이션 내에서도 검색 및 설치가 가능합니다.

- **확장 프로그램 마켓 플레이스:** https://marketplace.visualstudio.com/vscode

VS Code 외에 깃허브에서 만든 오픈소스 편집기인 아톰^{Atom}과 젯브레인^{Jetbrains}에서 만든 자바스크립트 IDE로 프런트엔드 개발에 최적화된 웹스톰^{WebStorm} 또한 추천할 만한 에디터입니다. 웹스톰은 유료이지만 학생이라면 학생 인증을 통해 무료로 이용할 수 있고 그 외에도 다양한 할인 프로그램을 진행하고 있습니다. 할인 프로그램에 해당되지 않더라도 30일 무료 평가판을 한 번 사용해보면 좋은 경험이 될 것입니다.

2.2 리액트 네이티브 프로젝트 만들기

이제 리액트 네이티브를 시작하기 위한 준비가 완료되었습니다. 이번에는 리액트 네이티브 프로젝트를 생성하고 동작하는 모습을 확인해보겠습니다. 리액트 네이티브 프로젝트를 생성하는 방법은 두 가지로, Expo를 이용하는 방법과 리액트 네이티브 CLI를 이용하는 방법이 있습니다.

2.2.1 Expo

먼저 Expo를 이용해 리액트 네이티브 프로젝트를 생성하고 실행해보겠습니다. Expo는 리액트 네이티브를 편하게 사용할 수 있도록 미리 여러 가지 설정이 되어 있는 툴이라고 생각하면 됩니다. Expo 웹사이트에서 회원가입한 후 Expo 프로젝트를 진행합니다.

- **Expo:** https://expo.io

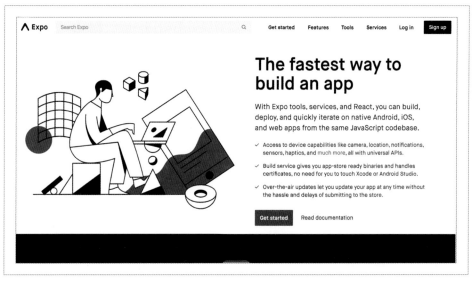

그림 2-25 Expo 웹사이트

Expo 설치와 프로젝트 생성

Expo는 리액트 네이티브를 처음 시작하는 사람도 접근하기 편하게 되어 있으며 최종적으로 완성된 프로젝트를 쉽게 배포 및 관리할 수 있도록 다양한 기능을 제공합니다. 그리고 아이폰과 안드로이드 폰이 있으면 Xcode, 안드로이드 스튜디오 없이도 해당 플랫폼의 테스트를 진행하며 개발할 수 있습니다. 리액트 네이티브 웹을 지원하며 iOS, 안드로이드뿐만 아니라 웹도 함께 개발할 수 있습니다.

하지만 몇 가지 단점들도 있습니다. 대표적으로 Expo에서 제공하는 API만 사용할 수 있으며 필요한 기능이 제공되지 않을 경우 네이티브 모듈을 추가로 만들어서 사용하는 것이 불가능하다는 점입니다. 그리고 리액트 네이티브 CLI를 이용했을 때 빌드 파일의 크기가 크다는 것도 단점입니다.

이제 Expo를 이용하여 리액트 네이티브 프로젝트를 생성해보겠습니다. Expo를 이용하려면 npm을 이용해서 expo-cli를 설치해야 합니다. 터미널 혹은 명령 프롬프트에서 다음 명령어로 expo-cli를 설치하겠습니다.

```
npm install --global expo-cli
```

설치가 완료되면 다음 명령어로 Expo 프로젝트를 생성합니다.

```
expo init my-first-expo
```

Expo 프로젝트를 생성하는 명령어를 입력하면 다음과 같은 화면이 나타나면서 어떤 프로젝트를 생성할지 선택지를 제공합니다. 이 책에서는 항상 첫 번째 선택지인 blank를 선택하겠습니다.

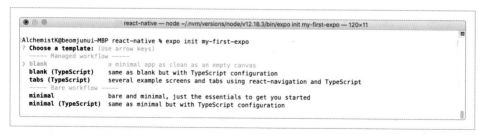

그림 2-26 Expo 프로젝트 생성

Expo 프로젝트 실행

프로젝트 생성이 완료되면 생성된 프로젝트 폴더로 이동해서 프로젝트를 실행합니다.

```
cd my-first-expo
npm start
```

실행이 완료되면 [그림 2-27]과 같은 화면을 볼 수 있습니다.

그림 2-27 Expo 프로젝트 실행

그리고 웹 브라우저에서 Expo 개발자 도구^{developer tools} 페이지가 열린 것을 확인할 수 있습니다. 개발자 도구 페이지가 열리지 않을 경우, [그림 2-27]에 나타난 주소를 클릭하거나 직접 입력하면 개발자 도구 페이지를 볼 수 있습니다.

```
Expo DevTools is running at http://localhost:19002
```

그림 2-28 Expo 개발자 도구

실제 안드로이드폰과 아이폰에서 Expo를 실행해보겠습니다. 우선 구글 플레이 스토어^{Google} ^{Play Store}와 애플 앱 스토어에서 Expo 애플리케이션을 다운받아 설치합니다. 설치 완료 후 Expo 프로젝트를 실행한 터미널이나 명령 프롬프트 또는 Expo 개발자 도구에 있는 QR코드를 촬영하면 실제 기기에서 Expo 프로젝트를 실행할 수 있습니다. 안드로이드폰은 Expo 애플리케이션의 Scan QR Code를 이용하고, 아이폰은 기본 카메라 애플리케이션을 이용해서 QR코드를 촬영해야 합니다.

이번에는 안드로이드 에뮬레이터와 iOS 시뮬레이터를 이용해서 화면을 확인해보겠습니다. 에뮬레이터와 시뮬레이터에서 Expo를 실행하는 방법은 각각 두 가지인데, 안드로이드의 경우 터미널 혹은 명령 프롬프트에서 a를 입력하거나 Expo 개발자 도구에서 왼쪽의 Run on Android device/emulator를 클릭하면 됩니다. iOS는 터미널 혹은 명령 프롬프트에서 i를 입력하거나 Expo 개발자 도구에서 Run on iOS simulator를 클릭하면 됩니다.

그림 2-29 Expo 프로젝트 실행

어떤가요? 여러분도 Expo 프로젝트가 잘 실행되고 있나요?

실제 기기를 이용하는 경우 기기를 흔들면 [그림 2-29]에서 보이는 Expo 프로젝트의 메뉴가 열립니다. 가상 기기로 진행하는 경우 iOS와 안드로이드 환경에서 각각 ⎡Command⎤+⎡Control⎤+⎡Z⎤와 ⎡Command⎤+⎡M⎤(윈도우의 경우 ⎡Control⎤+⎡M⎤)을 이용해서 메뉴를 열 수 있습니다.

로그 확인하기

Expo 개발자 도구에서는 현재 Expo 프로젝트를 실행하고 있는 기기의 목록을 확인할 수 있습니다. 또한 기기 목록을 선택하면 오른쪽 화면에서 해당 기기의 로그를 확인할 수 있습니다. 생성된 프로젝트의 App.js 파일을 다음과 같이 변경해보겠습니다.

App.js

```
...
export default function App() {
  console.log('Expo DevTools Log Test');
  return (...);
}
...
```

리액트 네이티브가 실행될 때 console.log를 이용해서 "Expo DevTools Log Test"라는 문자열을 출력했습니다.

그림 2-30 Expo 개발자 도구 기기 목록

결과를 보면 [그림 2-30]처럼 Expo 개발자 도구와 Expo 프로젝트를 실행시킨 터미널 혹은 명령 프롬프트에서 로그 확인이 가능하다는 것을 알 수 있습니다.

내보내기

Expo 프로젝트의 장점을 수용하기 위해 Expo 프로젝트로 시작했지만, 프로젝트의 상황에 따라 네이티브 모듈을 건드리거나 기타 다른 이유 때문에 CLI 프로젝트로 변경해야 하는 상황이 발생할 수 있습니다. 이 경우 eject 명령어를 이용하면 해결할 수 있습니다. eject 명령어를 실행하면 Expo 프로젝트가 감추고 있던 것들이 드러나며, 리액트 네이티브 CLI 프로젝트로 시작한 것처럼 프로젝트가 변경되고 Expo 프로젝트에 있던 제약들도 없어집니다. 하지만 다시 Expo 프로젝트로 돌아올 수 없다는 점에 주의해야 합니다.

2.2.2 리액트 네이티브 CLI

이번에는 리액트 네이티브 CLI를 이용해 리액트 네이티브 프로젝트를 생성해보겠습니다. 리액트 네이티브 CLI의 장점은 Expo의 단점입니다. 즉 Expo와 반대로 리액트 네이티브 CLI에서는 필요한 기능이 있을 경우 모듈을 직접 만들어 사용할 수 있습니다. 하지만 Expo에 비해 배포가 불편하고 리액트 네이티브를 처음 다루는 이용자에게 좀 더 어렵게 느껴진다는 단점이 있습니다.

프로젝트 생성

다음 명령어를 이용해서 리액트 네이티브 CLI 프로젝트를 생성하겠습니다.

```
npx react-native init MyFirstCLI
```

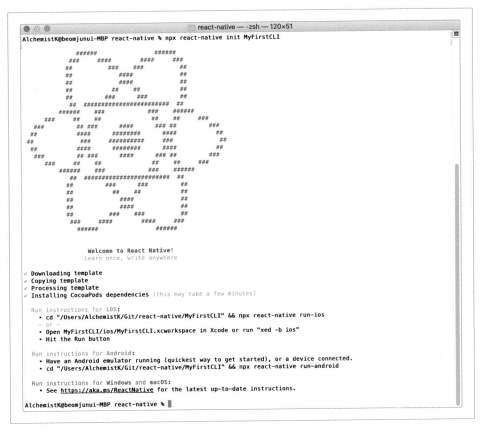

그림 2-31 리액트 네이티브 CLI 프로젝트 생성

프로젝트 실행

프로젝트 생성이 완료되면 프로젝트 폴더로 이동해서 프로젝트를 실행해봅니다.

```
cd MyFirstCLI
npm run ios
npm run android
```

리액트 네이티브가 실행되면서 터미널 혹은 명령 프롬프트 창 하나가 추가로 열리고 Metro가 실행되는 것을 볼 수 있습니다.

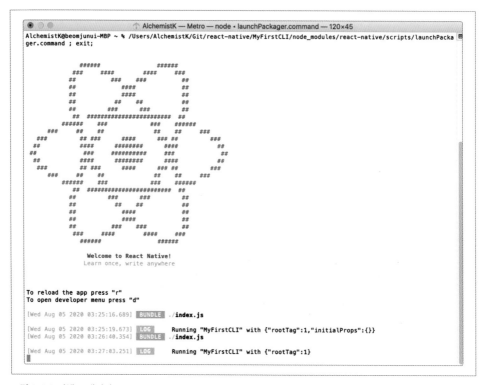

그림 2-32 리액트 네이티브 Metro

Metro는 리액트 네이티브를 위한 자바스크립트 번들러bundler로서 리액트 네이티브가 실행될 때마다 자바스크립트 파일들을 단일 파일로 컴파일하는 역할을 합니다. Expo 프로젝트에서는 Expo 개발자 도구에서 확인할 수 있습니다.

어떤가요? 여러분도 모든 처리가 완료된 후 정상적으로 화면이 나타났나요?

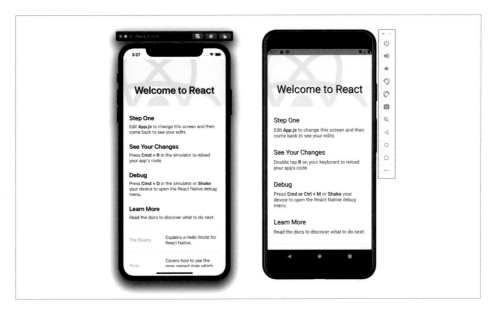

그림 2-33 리액트 네이티브 CLI

2.2.3 메인 파일 변경

Expo 프로젝트와 리액트 네이티브 CLI 프로젝트의 화면에 보이는 내용은 모두 App.js 파일에 있는 내용입니다. 이번에는 첫 화면을 구성하는 메인 파일을 변경해보겠습니다.

먼저 프로젝트에 src 폴더를 생성하고 src 폴더 밑에 App.js 파일을 만들어 다음과 같이 작성합니다. 코드의 의미를 몰라도 걱정하지 마세요. 앞으로 이 책을 통해 하나씩 설명하겠습니다.

src/App.js

```
import React from 'react';
import {View, StyleSheet, Text} from 'react-native';
```

```
const App = () => {
  return (
    <View style={styles.container}>
      <Text style={styles.title}>My First React Native</Text>
    </View>
  );
};

const styles = StyleSheet.create({
  container: {
    flex: 1,
    justifyContent: 'center',
    alignItems: 'center',
    backgroundColor: '#ffffff',
  },
  title: {
    fontSize: 30,
  },
});

export default App;
```

src 폴더의 App.js 파일 작성이 완료되면 이제 첫 화면 파일을 변경해보겠습니다. Expo 프로젝트의 경우 프로젝트 루트 폴더에 있는 App.js 파일을 다음과 같이 수정합니다.

App.js

```
import App from './src/App';

export default App;
```

리액트 네이티브 CLI 프로젝트에서는 프로젝트 루트 폴더에 있는 index.js 파일을 다음과 같이 변경합니다.

index.js

```
import {AppRegistry} from 'react-native';
import App from './src/App';
import {name as appName} from './app.json';

AppRegistry.registerComponent(appName, () => App);
```

이제 리액트 네이티브 CLI와 Expo 프로젝트의 첫 화면이 변경되었습니다.

그림 2-34 프로젝트 첫 화면 파일 변경

실제 시작 파일을 변경하는 방법도 있지만, 그 방법보다는 첫 화면을 구성하는 파일만 변경하고 리액트 네이티브에서 사용되는 파일을 모두 src 폴더에서 관리하는 방법을 추천합니다. 앞으로 이 책에서 진행하는 실습 파일은 지금처럼 src 폴더에서 파일을 관리하고 App.js 파일을 첫 화면 파일로 이용하겠습니다.

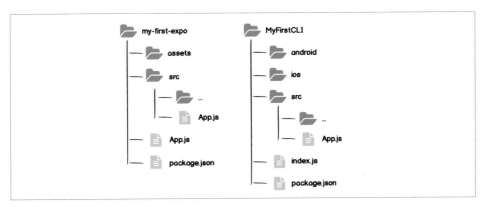

그림 2-35 프로젝트 파일 구조

2.3 마치며

이번 장에서는 리액트 네이티브를 개발하기 위한 환경 설정 및 Expo 프로젝트와 리액트 네이티브 CLI 프로젝트를 각각 생성하고 실행하는 방법에 대해 알아봤습니다. 개발 환경을 준비하는 과정이 이 책의 내용과 다르더라도 리액트 네이티브를 사용하기 위한 조건만 만족한다면 문제되지 않습니다. 여러분이 선호하는 방법이 있거나 이미 환경이 조건에 부합한다면 여러분의 환경을 그대로 이용해도 됩니다.

Expo를 이용하는 방법과 리액트 네이티브 CLI를 이용하는 방법 중 어느 쪽이 더 마음에 드시나요? 각각 장단점이 있지만, 처음 접하는 분들에게는 Expo로 시작하는 것을 추천합니다. Expo 프로젝트로 진행하다가 이후 필요에 따라 eject 명령어를 사용하는 것이 리액트 네이티브를 쉽게 시작하는 방법이라고 생각합니다. 만약 프로젝트에 따라 처음부터 네이티브 모듈을 직접 건드려야 한다면 리액트 네이티브 CLI 프로젝트로 시작하면 됩니다. 정해진 정답은 없습니다. 여러분의 상황과 팀의 상황에 맞게 선택하면 됩니다.

이 책에서는 리액트 네이티브에 쉽게 다가가기 위해 Expo를 이용하며 맥 환경을 기준으로 설명을 진행합니다. 하지만 앞으로는 추가적인 환경 설정이 없고 작성되는 모든 코드가 맥과 윈도우에서 동일하게 동작하는 코드이므로, 여러분의 환경과 관계 없이 책의 내용을 따라갈 수 있을 것입니다.

리액트 네이티브 멀티 플랫폼 개발

리액트 네이티브에서 리액트 네이티브 웹[React Native for web]을 발표하면서 리액트 네이티브로 웹 개발까지 가능해졌습니다. 우리가 책에서 사용하는 Expo도 33버전부터 Expo Web을 발표하며 이를 지원하기 시작했습니다. Expo Web은 리액트 네이티브로 웹 개발을 가능하게 해주며 PWA까지 지원합니다.

- **리액트 네이티브 웹:** https://bit.ly/react-native-for-web
- **Expo Web:** https://bit.ly/expo-doc-web

> **NOTE_**
>
> PWA는 Progressive Web Apps의 약어입니다. 구글 크롬 엔지니어인 알렉스 러셀이 2015년에 고안한 개념으로, 앱과 같은 사용자 경험을 웹에서 제공하는 것이 목적입니다. 웹을 앱처럼 보이게 하며 웹과 앱의 장점을 섞어놨다고 생각하면 이해하기 편합니다.

자바스크립트를 사용할 수 있는 대부분의 웹 개발자들에게 모바일 개발 기회를 주었던 리액트 네이티브가, 이제는 반대로 리액트 네이티브를 이용해 웹을 개발할 수 있도록 지원하고 있습니다.

여러분도 프로젝트를 진행할 때 코드 재사용을 통한 생산성 향상을 위해 리액트 네이티브로 모바일 플랫폼과 웹까지 한번에 개발해보세요.

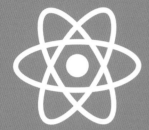

3장 컴포넌트 I

그림 3-1 할 일 관리 프로그램 와이어프레임

컴포넌트^{component}는 재사용할 수 있는 조립 블록으로 화면에 나타나는 UI 요소라고 생각하면 이해하기 편합니다. [그림 3-1]은 5장에서 함께 만들어볼 할 일 관리 프로그램의 와이어프레임^{wireframes}입니다. 이 그림의 UI 요소는 제목, 입력 창, 할 일 목록 정도로 볼 수 있습니다. 이를 간단하게 그림으로 표현해보면 [그림 3-2]와 같이 나타낼 수 있습니다.

> **NOTE_**
>
> 와이어프레임이란 최종 화면에 구성될 콘텐츠를 간단히 요약해서 보여주는 것입니다. 경우에 따라 색상, 이미지 등을 생략할 때도 있습니다.

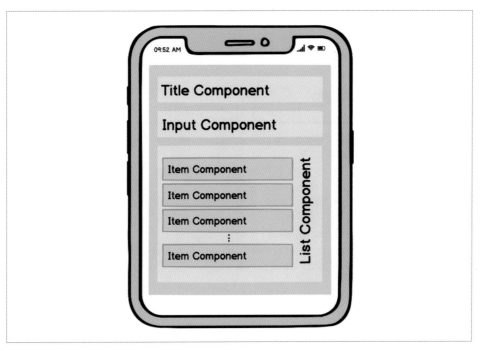

그림 3-2 할 일 관리 프로그램 컴포넌트

이번 장에서는 컴포넌트란 무엇이고 어떻게 사용하는지 알아보겠습니다. 실습을 위해 다음 명령어를 이용하여 react-native-component라는 이름의 프로젝트를 생성합니다. 이번 장에서는 생성된 react-native-component 프로젝트를 이용해서 진행하겠습니다.

```
expo init react-native-component
```

NOTE_
책에 보이는 코드 중 ...로 표현된 곳은 특별히 변화가 없어서 생략된 코드 부분이고, 굵게 작성된 곳은 코드가 변경 혹은 추가된 부분입니다.

3.1 JSX

생성한 react-native-component 프로젝트의 App.js 파일을 확인해보면 다음과 같은 코드를 확인할 수 있습니다.

App.js

```
import { StatusBar } from 'expo-status-bar';
import React from 'react';
import { StyleSheet, Text, View } from 'react-native';

export default function App() {
  return (
    <View style={styles.container}>
      <Text>Open up App.js to start working on your app!</Text>
      <StatusBar style="auto" />
    </View>
  );
}

const styles = StyleSheet.create({
  container: {
    flex: 1,
    backgroundColor: '#fff',
    alignItems: 'center',
    justifyContent: 'center',
  },
});
```

분명 자바스크립트 파일인데 익숙하지 않은 코드가 확인됩니다. 마치 HTML을 작성한 것 같은 코드들이 보이는데, 이런 코드들을 JSX라고 부릅니다.

JSX는 객체 생성과 함수 호출을 위한 문법적 편의를 제공하기 위해 만들어진 확장 기능으로 리액트 프로젝트에서 사용됩니다. JSX는 가독성이 높고 작성하기도 쉬울 뿐만 아니라, XML과 유사하다는 점에서 중첩된 구조를 잘 나타낼 수 있다는 장점이 있습니다. 리액트 네이티브는 JSX 문법을 사용하여 코드가 작성되므로 꼭 필요한 JSX 문법에 대해 간단하게 알아보겠습니다.

3.1.1 하나의 부모

JSX에서는 여러 개의 요소를 표현할 경우 반드시 하나의 부모로 감싸야 합니다. App.js 파일을 다음과 같이 변경해보겠습니다.

App.js

```
...
export default function App() {
  return (
      <Text>Open up App.js to start working on your app!</Text>
      <StatusBar style="auto" />
  );
}
...
```

코드를 작동시켜보면 다음과 같은 오류 메시지가 나타나는 것을 확인할 수 있습니다.

```
SyntaxError: /프로젝트 경로/react-native-component/App.js: Adjacent JSX
elements must be wrapped in an enclosing tag. Did you want a JSX fragment
<>...</>? (8:6)
```

이 오류는 반환되는 요소가 하나가 아닌 경우 발생합니다. JSX에서는 앞의 코드처럼 여러 개의 요소를 반환하는 경우에도 반드시 하나의 부모로 나머지 요소들을 감싸서 반환해야 합니다.

App.js

```
...
export default function App() {
  return (
    <View style={styles.container}>
      <Text>Open up App.js to start working on your app!</Text>
      <StatusBar style="auto" />
    </View>
  );
}
...
```

앞의 코드에서 사용되는 View는 UI를 구성하는 가장 기본적인 요소로 웹 프로그래밍에서
〈div〉와 비슷한 역할을 하는 컴포넌트입니다. 컴포넌트를 반환할 때 View 컴포넌트처럼 특정
역할을 하는 컴포넌트로 감싸지 않고 여러 개의 컴포넌트를 반환하고 싶은 경우 Fragment 컴
포넌트를 사용합니다. App.js 코드를 다음과 같이 변경해보겠습니다.

App.js

```
import { StatusBar } from 'expo-status-bar';
import React, { Fragment } from 'react';
import { Text } from 'react-native';

export default function App() {
  return (
    <Fragment>
      <Text>Open up App.js to start working on your app!</Text>
      <StatusBar style="auto" />
    </Fragment>
  );
}
```

Fragment 컴포넌트를 사용하기 위해 import를 이용하여 불러오고 View 컴포넌트 대신
Fragment 컴포넌트를 사용하도록 했습니다. 결과를 보면, 기존의 View 컴포넌트에 적용된
스타일이 없어졌기 때문에 모습은 조금 바뀌었지만 오류 없이 정상적으로 동작하는 것을 확인
할 수 있습니다.

Fragment 컴포넌트는 단축 문법을 제공하는데 그 모습은 다음과 같습니다.

App.js

```
import { StatusBar } from 'expo-status-bar';
import React from 'react';
import { Text } from 'react-native';

export default function App() {
  return (
    <>
      <Text>Open up App.js to start working on your app!</Text>
      <StatusBar style="auto" />
    </>
  );
}
```

어떤가요? Fragment 컴포넌트를 추가하는 코드도 필요 없고 조금 더 간단해 보이지 않나요?

3.1.2 자바스크립트 변수

JSX는 내부에서 자바스크립트의 변수를 전달하여 이용할 수 있습니다. App.js 파일의 코드를 다음과 같이 수정해보겠습니다.

App.js

```
import { StatusBar } from 'expo-status-bar';
import React from 'react';
import { StyleSheet, Text, View } from 'react-native';

export default function App() {
  const name = 'Beomjun';
  return (
    <View style={styles.container}>
      <Text style={styles.text}>My name is {name}</Text>
      <StatusBar style="auto" />
    </View>
  );
}

const styles = StyleSheet.create({
  container: {
    flex: 1,
    backgroundColor: '#fff',
    alignItems: 'center',
    justifyContent: 'center',
  },
  text: {
    fontSize: 30,
  },
});
```

여러분도 name 변수에 여러분의 이름을 적어서 테스트해보세요. 결과를 확인하면 여러분이 설정한 name 변수의 값이 화면에 나타나는 것을 볼 수 있습니다.

그림 3-3 JSX와 자바스크립트 변수

3.1.3 자바스크립트 조건문

개발을 하다 보면 자바스크립트의 변수를 이용해서 화면을 나타내는 것뿐만 아니라, 특정 조건에 따라 나타나는 요소를 다르게 하고 싶은 경우가 있습니다. JSX에서도 자바스크립트의 조건문을 이용하여 상황에 따라 다른 요소를 출력할 수 있습니다. 다만 제약이 약간 있으므로 복잡한 조건인 경우 JSX 밖에서 조건에 따른 값을 설정하고 JSX 내에서 사용하는 조건문에서는 최대한 간단하게 작성하는 것이 코드를 조금 더 깔끔하게 작성할 수 있는 방법입니다.

if 조건문

JSX는 내부에서 if문을 사용할 수 있습니다만, if문을 즉시실행함수 형태로 작성해야 합니다. App.js 파일을 다음과 같이 수정해보겠습니다.

App.js

```
...
export default function App() {
```

```
      const name = 'Beomjun';
      return (
        <View style={styles.container}>
          <Text style={styles.text}>
            {(() => {
              if (name === 'Hanbit') return 'My name is Hanbit';
              else if (name === 'Beomjun') return 'My name is Beomjun';
              else return 'My name is React Native';
            })()}
          </Text>
          <StatusBar style="auto" />
        </View>
      );
    }
    ...
```

어떤가요? 여러분도 name 변수의 값에 따라 출력되는 내용이 달라졌나요?

삼항 연산자

JSX는 내부에서 if 조건문 외에도 삼항 연산자를 사용할 수 있습니다. App.js 파일을 다음과 같이 수정해보겠습니다.

App.js

```
    ...
    export default function App() {
      const name = 'Beomjun';
      return (
        <View style={styles.container}>
          <Text style={styles.text}>
            My name is {name === 'Beomjun' ? 'Beomjun Kim' : 'React Native'}
          </Text>
          <StatusBar style="auto" />
        </View>
      );
    }
    ...
```

name 변수의 값을 변경하면서 결과를 확인해보세요. 여러분도 삼항 연산자가 잘 동작하나요?

AND 연산자와 OR 연산자

이번에는 JSX에서 AND 연산자와 OR 연산자를 이용하는 방법에 대해 알아보겠습니다. AND 연산자와 OR 연산자를 잘 이용하면 특정 조건에 따라 컴포넌트의 렌더링 여부를 결정하도록 코드를 구성할 수 있습니다.

App.js

```
...
export default function App() {
  const name = 'Beomjun';
  return (
    <View style={styles.container}>
      {name === 'Beomjun' && (
        <Text style={styles.text}>My name is Beomjun</Text>
      )}
      {name !== 'Beomjun' && (
        <Text style={styles.text}>My name is not Beomjun</Text>
      )}
      <StatusBar style="auto" />
    </View>
  );
}
...
```

결과를 보면 name의 값에 따라 첫 번째 내용과 두 번째 내용 중 한 가지만 나타나는 것을 확인할 수 있습니다. JSX에서 false는 렌더링되지 않기 때문에 AND 연산자 앞의 조건이 참일 때 뒤의 내용이 나타나고, 거짓인 경우 나타나지 않습니다.

OR 연산자는 AND 연산자와 반대로 앞의 조건이 거짓인 경우 내용이 나타나고, 조건이 참인 경우 나타나지 않습니다.

3.1.4 null과 undefined

조건에 따라 출력하는 값을 변경하다 보면 컴포넌트가 null이나 undefined를 반환하는 경우가 있습니다. JSX의 경우 null은 허용하지만 undefined는 오류가 발생한다는 데 주의해야 합니다. App.js 파일을 다음과 같이 수정하면 정상적으로 동작은 하지만 화면에는 아무것도 나타나지 않습니다.

App.js

```
...
export default function App() {
  return null;
}
...
```

하지만 undefined를 반환하는 다음 코드는 정상적으로 동작하지 않고 오류 메시지가 나타납니다.

App.js

```
...
export default function App() {
  return undefined;
}
...
```

```
Error: App(...): Nothing was returned from render. This usually means a return
statement is missing. Or, to render nothing, return null.
```

undefined가 반환되는 상황에서는 화면이 나타나지 않는 것이 아니라 오류가 발생하기 때문에 코드 작성 시 신경 써야 합니다.

3.1.5 주석

JSX에서의 주석은 자바스크립트에서의 주석과 약간 차이가 있습니다. JSX의 주석은 {/* */}를 이용하여 작성해야 합니다. 단, 태그 안에서 주석을 사용할 때는 자바스크립트처럼 //나 /* */ 주석을 사용할 수 있습니다. 다음 코드처럼 다양한 상황에서 주석을 작성하면서 테스트해보기 바랍니다.

App.js

```
...
export default function App() {
  const name = 'Beomjun';
  return (
```

```
    <View style={styles.container}>
      {/* <Text>Comment</Text> */}
      <Text /* Comment */>Comment</Text>
      <Text
      // Comment
      >
        Comment
      </Text>
    </View>
  );
}
...
```

3.1.6 스타일링

JSX에서 각 요소에 스타일을 적용하는 방법은 다양합니다. 자세한 내용은 4장에서 알아보고, 이번에는 간단히 인라인^{inline} 스타일링에 대해 살펴보겠습니다.

JSX에서는 HTML과 달리 style에 문자열로 입력하는 것이 아니라 객체 형태로 입력해야 합니다. 그리고 background-color처럼 하이픈(-)으로 연결된 이름은 하이픈을 제거하고 카멜 표기법^{camel case}으로 backgroundColor처럼 작성해야 합니다.

App.js

```
import React from 'react';
import { Text, View } from 'react-native';

export default function App() {
  return (
    <View
      style={{
        flex: 1,
        backgroundColor: '#fff',
        alignItems: 'center',
        justifyContent: 'center',
      }}
    >
      <Text>Open up App.js to start working on your app!</Text>
    </View>
  );
}
```

지금까지 JSX 문법에 대해 간단히 살펴봤습니다. JSX는 앞으로 이 책에서 계속 사용되니 문법적 차이를 잘 기억해두기 바랍니다.

3.2 컴포넌트

컴포넌트란 재사용이 가능한 조립 블록으로 화면에 나타나는 UI 요소입니다. 우리가 지금까지 봤던 App.js 파일도 App이라는 컴포넌트입니다. 컴포넌트는 단순히 UI 역할만 하는 것이 아니라 부모로부터 받은 속성^{props}이나 자신의 상태^{state}에 따라 표현이 달라지고 다양한 기능을 수행합니다. 리액트 네이티브는 데이터와 UI 요소의 집합체라고 할 수 있는 컴포넌트를 이용하여 화면을 구성하게 됩니다.

3.2.1 내장 컴포넌트

리액트 네이티브에서는 다양한 내장 컴포넌트$^{Core\ Components}$들이 제공됩니다.

- **리액트 네이티브 컴포넌트**: https://reactnative.dev/docs/components-and-apis

react-native-component 프로젝트의 App 컴포넌트에 있는 View 컴포넌트와 Text 컴포넌트는 대표적인 내장 컴포넌트 중 하나입니다.

우리는 이번 장에서 Button 컴포넌트를 사용해 실습을 진행하겠습니다.

- **Button 컴포넌트**: https://reactnative.dev/docs/button

Button 컴포넌트의 문서를 확인해보면 설명과 사용 예제가 있습니다. 그리고 설정할 수 있는 속성들의 목록과 각 속성들의 설명을 볼 수 있습니다. 다른 컴포넌트들에도 이와 같이 자세한 예제와 설정 가능한 속성에 대한 설명이 있으므로 컴포넌트 사용 시 참고하면 많은 도움이 됩니다.

우리는 Button 컴포넌트를 사용하고 title과 onPress 속성을 지정해보겠습니다. title 속성은 버튼 내부에 출력되는 텍스트이며, onPress 속성에는 버튼이 눌렸을 때 호출되는 함수를 지정할 수 있습니다. onPress 속성은 뒤에 나오는 이벤트에서 조금 더 자세히 알아보겠습니다.

먼저 프로젝트에 src 폴더를 생성하고 그 안에 App 컴포넌트를 작성할 App.js 파일을 생성합니다. 그리고 Button 컴포넌트를 사용하여 App 컴포넌트를 다음과 같이 작성합니다.

src/App.js

```
import React from 'react';
import { Text, View, Button } from 'react-native';

const App = () => {
  return (
    <View
      style={{
        flex: 1,
        backgroundColor: '#fff',
        alignItems: 'center',
        justifyContent: 'center',
      }}
    >
      <Text style={{ fontSize: 30, marginBottom: 10 }}>Button Component</Text>
      <Button title="Button" onPress={() => alert('Click !!!')} />
    </View>
  );
};

export default App;
```

버튼에 출력될 텍스트는 title 속성을 이용해서 Button이라고 지정하고, 버튼을 클릭했을 때 Click !!!이라는 확인 창이 나타나도록 onPress 속성에 함수를 지정했습니다.

작성이 완료되면 프로젝트 루트 디렉터리에 있는 App.js 파일을 수정해 앞에서 작성한 App 컴포넌트를 사용하도록 수정합니다.

App.js

```
import App from './src/App';

export default App;
```

어떤가요? 여러분도 잘 동작하나요?

그림 3-4 Button 컴포넌트

그런데 안드로이드에서 결과를 확인하면 Button 컴포넌트의 모습이 iOS와 조금 다른 것을 볼 수 있습니다.

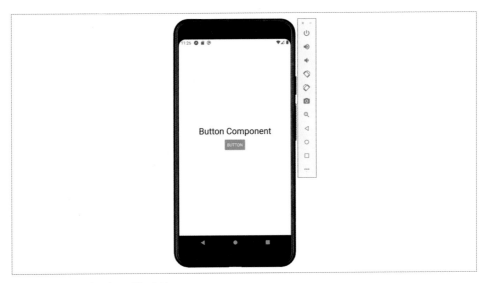

그림 3-5 Button 컴포넌트 – 안드로이드

Button 컴포넌트 문서에서 color 속성을 확인해보면 원인을 알 수 있습니다.

- **Button 컴포넌트 color 속성:** https://reactnative.dev/docs/button#color

Button 컴포넌트의 color 속성은, iOS에서는 텍스트 색을 나타내는 값이지만 안드로이드에서는 버튼의 바탕색을 나타내는 값입니다. 이렇게 iOS와 안드로이드가 약간씩 다르게 표현되거나 특정 플랫폼에만 적용되는 속성이 있습니다. 이런 부분은 문서로 확인할 수 있지만 모든 컴포넌트의 속성을 외우고 사용할 수는 없으며, 컴포넌트를 사용할 때 미처 확인하지 못하고 지나칠 수도 있는 부분입니다. 따라서 한 플랫폼만 테스트하는 것이 아니라 iOS와 안드로이드 모두 확인하면서 개발하는 습관을 들이는 것이 중요합니다.

3.2.2 커스텀 컴포넌트 만들기

리액트 네이티브에서 다양한 컴포넌트들을 제공하고 있지만, 프로젝트를 진행하다 보면 여러 컴포넌트를 조합해서 새로운 컴포넌트를 제작하여 사용하게 됩니다. 이번에는 리액트 네이티브에서 제공하는 컴포넌트를 이용하여 커스텀 컴포넌트^{Custom Component}를 만드는 방법에 대해 알아보겠습니다.

앞에서 사용해본 Button 컴포넌트는 iOS와 안드로이드에서 다른 모습으로 렌더링된다는 단점이 있었습니다. 그 단점을 보완하기 위해 TouchableOpacity 컴포넌트와 Text 컴포넌트를 이용해서 Button 컴포넌트를 대체할 MyButton 컴포넌트를 만들어보겠습니다.

> **NOTE_**
>
> 리액트 네이티브 0.63버전에서 Pressable 컴포넌트가 추가되었습니다. Pressable 컴포넌트는 TouchableOpacity 컴포넌트를 대체하도록 설계되었으므로, 리액트 네이티브 0.63버전 이상을 사용하거나 Pressable 컴포넌트를 제공하는 리액트 네이티브 버전을 사용하는 Expo의 경우 TouchableOpacity대신 Pressable을 사용하기 바랍니다.

제작된 컴포넌트를 관리할 components 폴더를 src 폴더 밑에 만듭니다. 폴더 생성이 완료되면 components 폴더 밑에 우리가 만들 MyButton 컴포넌트를 작성할 MyButton.js 파일을 생성하고 다음과 같이 작성합니다.

src/components/MyButton.js

```
import React from 'react';
import { TouchableOpacity, Text } from 'react-native';

const MyButton = () => {
  return (
    <TouchableOpacity>
      <Text style={{ fontSize: 24 }}>My Button</Text>
    </TouchableOpacity>
  );
};

export default MyButton;
```

이 코드에 대해 하나씩 알아보겠습니다.

```
import React from 'react';
```

이 코드는 리액트를 불러와서 사용할 수 있게 해줍니다. JSX는 React.createElement를 호출하는 코드로 컴파일되므로 컴포넌트를 작성할 때 반드시 작성해야 하는 코드입니다.

```
import { TouchableOpacity, Text } from 'react-native';
```

리액트 네이티브에서 제공하는 TouchableOpacity 컴포넌트와 Text 컴포넌트를 추가했습니다.

```
const MyButton = () => {
  return (
    <TouchableOpacity>
      <Text style={{ fontSize: 24 }}>My Button</Text>
    </TouchableOpacity>
  );
};

export default MyButton;
```

TouchableOpacity 컴포넌트를 사용해서 클릭에 대해 상호 작용할 수 있도록 하고, 버튼에 내용을 표시하기 위해 Text 컴포넌트를 이용했습니다. 이제 App 컴포넌트에서 MyButton 컴포넌트를 이용하도록 수정하겠습니다.

src/App.js

```
import React from 'react';
import { Text, View } from 'react-native';
import MyButton from './components/MyButton';

const App = () => {
  return (
    <View
      style={{
        flex: 1,
        backgroundColor: '#fff',
        alignItems: 'center',
        justifyContent: 'center',
      }}
    >
      <Text
        style={{
          fontSize: 30,
          marginBottom: 10,
        }}
      >
        My Button Component
      </Text>
      <MyButton />
    </View>
  );
};

export default App;
```

그림 3-6 MyButton 컴포넌트

My Button이라는 텍스트가 잘 출력되며 클릭에 대한 반응도 있습니다. 이제 조금 더 버튼처럼 보이도록 스타일을 수정하고 클릭에 대한 행동을 설정해보겠습니다.

리액트 네이티브 문서에서 TouchableOpacity 컴포넌트에 지정 가능한 속성을 찾아보면 onPress가 없습니다. 하지만 TouchableOpacity 컴포넌트는 onPress 속성을 제공하는 TouchableWithoutFeedback 컴포넌트를 상속받았기 때문에 onPress 속성을 지정하고 사용할 수 있습니다.

- **TouchableOpacity 컴포넌트:** https://reactnative.dev/docs/touchableopacity
- **TouchableWithoutFeedback 컴포넌트:** https://reactnative.dev/docs/touchable withoutfeedback

src/components/MyButton.js

```
...
const MyButton = () => {
  return (
    <TouchableOpacity
      style={{
        backgroundColor: '#3498db',
        padding: 16,
```

```
      margin: 10,
      borderRadius: 8,
    }}
    onPress={() => alert('Click !!!')}
  >
      <Text style={{ color: 'white', fontSize: 24 }}>My Button</Text>
    </TouchableOpacity>
  );
};
...
```

어떤가요? 여러분도 iOS와 안드로이드에서 동일한 버튼이 나타나고 기능도 잘 동작하나요?

그림 3-7 MyButton 컴포넌트 수정

3.3 props와 state

props와 state는 컴포넌트가 UI뿐만 아니라 다양한 기능을 담당할 수 있도록 하여 더욱 다양한 역할을 수행할 수 있도록 해줍니다. 이제부터 props와 state를 어떻게 사용하는지 알아보겠습니다.

3.3.1 props

props란 properties를 줄인 표현으로, 부모 컴포넌트로부터 전달된 속성값 혹은 상속받은 속성값을 말합니다. 부모 컴포넌트가 자식 컴포넌트의 props를 설정하면 자식 컴포넌트에서는 해당 props를 사용할 수 있지만 변경하는 것은 불가능합니다. props의 변경이 필요할 경우 props를 설정 및 전달한 부모 컴포넌트에서 변경해야 합니다.

props 전달하고 사용하기

먼저 부모 컴포넌트에서 props를 자식 컴포넌트로 전달하는 방법에 대해 알아보겠습니다. 우리는 앞에서 Button 컴포넌트를 사용하면서 Button 컴포넌트의 title 속성을 지정했습니다.

예시 코드

```
<Button title="Button" />
```

이 코드처럼 Button 컴포넌트에 title 속성을 지정하면, Button 컴포넌트의 props로 title이 전달됩니다.

이번에는 우리가 만든 MyButton 컴포넌트를 이용해서 props에 전달되는 값을 확인해보겠습니다. 먼저 App 컴포넌트에서 MyButton 컴포넌트에 title이라는 속성을 입력해 사용합니다.

src/App.js

```
...
const App = () => {
  return (
    <View
      style={{
        flex: 1,
        backgroundColor: '#fff',
        alignItems: 'center',
        justifyContent: 'center',
      }}
    >
      <Text style={{ fontSize: 30, marginBottom: 10 }}>Props</Text>
      <MyButton title="Button" />
    </View>
  );
```

```
  };
  ...
```

App 컴포넌트에서 MyButton 컴포넌트를 호출할 때 title 속성에 Button이라는 문자열을 전달했습니다. 자식 컴포넌트에서는 부모로부터 전달된 props를 함수의 파라미터^{parameter}로 받아서 사용할 수 있습니다. MyButton 컴포넌트에서 props를 받아 전달된 값들을 확인해보겠습니다.

src/components/MyButton.js

```
  ...
  const MyButton = props => {
    console.log(props);
    return (...);
  };
  ...
```

터미널에 출력되는 값을 보면 App 컴포넌트에서 MyButton 컴포넌트의 속성으로 지정한 title이 전달되는 것을 확인할 수 있습니다.

```
  Object {
    "title": "Button",
  }
```

이번에는 props로 전달된 title을 이용해서 버튼에 출력되는 문자열을 변경해보겠습니다.

src/components/MyButton.js

```
  ...
  const MyButton = props => {
    return (
      <TouchableOpacity
        ...
      >
        <Text style={{ color: 'white', fontSize: 24 }}>{props.title}</Text>
      </TouchableOpacity>
    );
  };
  ...
```

어떤가요? 여러분도 title로 전달된 내용이 버튼에 잘 나타났나요?

그림 3-8 컴포넌트 props 전달

부모 컴포넌트에서 자식 컴포넌트를 사용하면서 속성으로 props를 전달하는 방법 외에 컴포넌트의 태그 사이에 값을 입력해서 전달하는 방법도 있습니다. App 컴포넌트를 다음과 같이 수정해보겠습니다.

src/App.js

```
...
const App = () => {
  return (
    <View
      ...
    >
      <Text style={{ fontSize: 30, marginBottom: 10 }}>Props</Text>
      <MyButton title="Button" />
      <MyButton title="Button">Children Props</MyButton>
    </View>
  );
};
...
```

컴포넌트의 태그 사이에 전달된 값은 자식 컴포넌트의 props에 children으로 전달됩니다. 이제 MyButton 컴포넌트에서 children을 이용하여 태그 사이에 있는 값을 출력하도록 수정하겠습니다.

src/components/MyButton.js

```
...
const MyButton = props => {
  return (
    <TouchableOpacity
      ...
    >
      <Text style={{ color: 'white', fontSize: 24 }}>
        {props.children || props.title}
      </Text>
    </TouchableOpacity>
  );
};
...
```

props에 children이 있다면 title보다 우선시되도록 작성했습니다. 어떤가요? 여러분도 태그 사이에 입력한 값이 잘 나타났나요?

그림 3-9 컴포넌트 children props

defaultProps

만약 사용해야 하는 값이 props로 전달되지 않으면 어떻게 될까요? App 컴포넌트에서 아무 값도 전달하지 않으면서 MyButton 컴포넌트를 사용해보겠습니다.

src/App.js

```
...
const App = () => {
  return (
    <View
      ...
    >
      <Text style={{ fontSize: 30, marginBottom: 10 }}>Props</Text>
      <MyButton title="Button" />
      <MyButton title="Button">Children Props</MyButton>
      <MyButton />
    </View>
  );
};
...
```

MyButton 컴포넌트에서 Text 컴포넌트에 title 혹은 children을 렌더링하도록 했지만, 어떤 값도 전달되지 않았기 때문에 [그림 3-10]처럼 빈 버튼이 나타납니다.

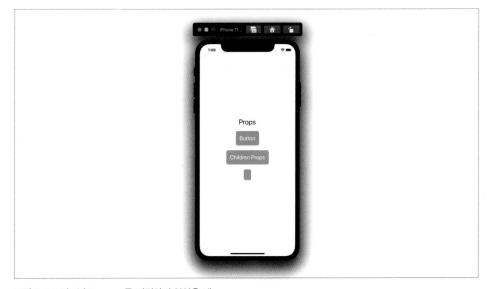

그림 3-10 컴포넌트 props를 지정하지 않았을 때

여러 사람과 함께 개발하다 보면 내가 만든 컴포넌트를 다른 사람이 사용하는 경우가 많습니다. 이런 상황에서 컴포넌트를 잘못 파악해 반드시 전달되어야 하는 중요한 값이 전달되지 않았을 때 사용할 기본값을 defaultProps로 지정하면 만약의 사태에 빈 값이 나타나는 상황을 방지할 수 있습니다.

src/components/MyButton.js

```
...
const MyButton = props => {...};

MyButton.defaultProps = {
  title: 'Button',
};

export default MyButton;
```

App 컴포넌트는 수정하지 않았지만, MyButton 컴포넌트의 defaultProps 덕분에 빈 값으로 나타나던 버튼에 기본값으로 지정한 텍스트가 나타나는 것을 확인할 수 있습니다.

그림 3-11 컴포넌트 defaultProps

propTypes

프로젝트의 크기가 커지면서 컴포넌트에 props를 전달할 때 잘못된 타입을 전달하거나, 필수로 전달해야 하는 값을 전달하지 않아서 문제가 생길 수 있습니다. 혹은 협업하는 다른 개발자가 잘못 전달할 수도 있습니다. 이런 상황에서 잘못된 props가 전달되었다는 것을 경고 메시지를 통해 알리는 방법으로 PropTypes를 사용하는 방법이 있습니다.

PropTypes를 사용하려면 prop-types 라이브러리를 추가로 설치해야 합니다. 다음 명령어를 이용해서 라이브러리를 설치합니다.

- **prop-types:** https://github.com/facebook/prop-types

```
npm install prop-types
```

PropTypes를 이용하면 컴포넌트에서 전달받아야 하는 props의 타입과 필수 여부를 지정할 수 있습니다. 설치가 완료되면 MyButton 컴포넌트에서 PropTypes를 이용해 다음과 같이 수정합니다.

src/components/MyButton.js

```
...
import PropTypes from 'prop-types';

const MyButton = props => {...};

...

MyButton.propTypes = {
  title: PropTypes.number,
};

export default MyButton;
```

title에는 문자열^{string}이 넘어오지만, PropTypes를 이용해 title에 전달되어야 하는 값의 타입이 숫자^{number}여야 한다고 지정했습니다. 결과를 보면 다음과 같은 경고 메시지를 확인할 수 있습니다.

```
Warning: Failed prop type: Invalid prop `title` of type `string` supplied to
`MyButton`, expected `number`.
```

이렇게 전달받을 props의 타입을 지정해서 잘못된 타입이 전달될 경우 경고 메시지를 출력할수 있습니다. title의 타입을 문자열로 변경하면 앞의 경고 메시지가 더 이상 나타나지 않는다는 것을 알 수 있습니다.

src/components/MyButton.js

```
...

MyButton.propTypes = {
  title: PropTypes.string,
};

export default MyButton;
```

이번에는 필수 전달 여부를 설정해보겠습니다. PropTypes를 이용해 필수 여부를 지정하는방법은 매우 간단합니다. 선언된 타입 뒤에 isRequired만 붙여주면 됩니다. MyButton 컴포넌트의 PropTypes를 다음과 같이 변경해보겠습니다.

src/components/MyButton.js

```
...

MyButton.propTypes = {
  title: PropTypes.string.isRequired,
  name: PropTypes.string.isRequired,
};

export default MyButton;
```

결과를 확인하면 다음과 같은 경고 메시지를 볼 수 있습니다.

```
Warning: Failed prop type: The prop `name` is marked as required in `MyButton`,
but its value is `undefined`.
```

name은 필수로 전달되어야 하는데 전달되지 않았기 때문에 나타나는 경고 메시지입니다.

App 컴포넌트에서 사용된 MyButton 컴포넌트를 보면 필수로 지정된 title도 전달되지 않았습니다. 그런데 어째서 title에 대한 경고 메시지가 보이지 않을까요? 그 이유는 defaultProps에 있습니다. defaultProps에서 title의 기본값을 설정했기 때문에 title이 전달되지 않아도 경고 메시지가 나타나지 않는 것입니다. MyButton 컴포넌트에서 defaultProps를 삭제한 후 확인해보면 title에 대한 경고 메시지가 나타나는 것을 볼 수 있습니다.

PropTypes에는 문자열이나 숫자 외에도 함수(func), 객체(object), 배열(array) 등의 다양한 타입을 지정할 수 있습니다. MyButton 컴포넌트로 함수를 전달해서 버튼 클릭 시 전달된 함수가 호출되도록 수정해보겠습니다.

src/components/MyButton.js

```
...

const MyButton = props => {
  return (
    <TouchableOpacity
      style={{...}}
      onPress={() => props.onPress()}
    >
      ...
    </TouchableOpacity>
  );
};

...

MyButton.propTypes = {
  title: PropTypes.string.isRequired,
  onPress: PropTypes.func.isRequired,
};
...
```

onPress가 필수로 설정되었으므로 App 컴포넌트에서 MyButton 컴포넌트를 사용할 때 onPress를 전달하도록 수정하겠습니다.

```
...
const App = () => {
  return (
    <View
      ...
    >
      <Text style={{ fontSize: 30, marginBottom: 10 }}>Props</Text>
      <MyButton title="Button" onPress={() => alert('props')} />
      <MyButton title="Button" onPress={() => alert('children')}>
        Children Props
      </MyButton>
      <MyButton onPress={() => alert('default')} />
    </View>
  );
};
...
```

어떤가요? 여러분도 전달된 onPress가 잘 동작하나요?

3.3.2 state

props는 부모 컴포넌트에서 받은 값으로 변경할 수 없는 반면, state는 컴포넌트 내부에서 생성되고 값을 변경할 수 있으며 이를 이용해 컴포넌트 상태를 관리합니다. 상태^{state}란 컴포넌트에서 변화할 수 있는 값을 나타내며, 상태가 변하면 컴포넌트는 리렌더링$^{re-rendering}$ 됩니다.

과거 리액트 네이티브의 경우 함수형 컴포넌트$^{function\ components}$에서 상태를 관리할 수 없었기 때문에, 상태를 관리해야 하는 컴포넌트는 반드시 클래스형 컴포넌트$^{class\ components}$를 사용해야 했습니다. 하지만 리액트 16.8버전 이후 버전을 사용하는 리액트 네이티브 0.59버전부터는 Hooks라는 것을 사용해 함수형 컴포넌트에서도 상태를 관리할 수 있게 되었습니다.

리액트 개발 팀은 클래스형 컴포넌트를 삭제할 계획이 없다고 했지만, 장기적으로 함수형 컴포넌트를 이용하여 Hooks를 사용하는 것이 주된 개발 방법으로 활용될 것이라고 했기 때문에 여기서는 함수형 컴포넌트를 이용하여 상태를 관리하는 방법에 대해 알아보겠습니다.

- **리액트 Hooks FAQ:** https://bit.ly/hooks-faq

useState 사용하기

리액트 Hooks 중 useState는 함수형 컴포넌트에서 상태를 관리할 수 있도록 해줍니다. Hooks에 대한 자세한 내용은 6장에서 다루도록 하고, 이번 장에서는 useState에 대해 알아 보겠습니다.

예시 코드

```
const [state, setState] = useState(initialState);
```

useState는 상태를 관리하는 변수와 그 변수를 변경할 수 있는 세터^{setter} 함수를 배열로 반환합 니다. 상태 변수는 직접 변경하는 것이 아니라 useState 함수에서 반환한 세터 함수를 이용해 야 합니다. useState 함수를 호출할 때 파라미터에 생성되는 상태의 초깃값을 전달할 수 있고, 초깃값을 전달하지 않으면 undefined로 설정되어 에러가 발생할 수 있으므로 항상 초깃값을 설정하는 것이 좋습니다.

components 폴더 밑에 Counter.js를 생성하고 useState를 이용해서 Counter 컴포넌트를 만들어보겠습니다.

src/components/Counter.js

```
import React, { useState } from 'react';
import { View, Text } from 'react-native';
import MyButton from './MyButton';

const Counter = () => {
  const [count, setCount] = useState(0);
  return (
    <View style={{ alignItems: 'center' }}>
      <Text style={{ fontSize: 30, margin: 10 }}>{count}</Text>
      <MyButton title="+1" onPress={() => setCount(count + 1)} />
      <MyButton title="-1" onPress={() => setCount(count - 1)} />
    </View>
  );
};

export default Counter;
```

useState 함수를 이용해서 숫자의 상태를 관리할 count 변수와 상태를 변경할 수 있는

setCount 세터 함수를 만들고, count의 초깃값은 0으로 설정했습니다. 그리고 앞에서 만든 MyButton 컴포넌트를 이용하여 현재 count 값에서 1씩 증가하는 +1 버튼과 1씩 감소하는 −1 버튼을 만들고, Text 컴포넌트를 이용해서 현재 count 값을 볼 수 있도록 작성했습니다.

이제 App 컴포넌트에서 새로 생성한 Counter 컴포넌트를 사용해보겠습니다.

src/App.js

```javascript
import React from 'react';
import { View } from 'react-native';
import Counter from './components/Counter';

const App = () => {
  return (
    <View
      ...
    >
      <Counter />
    </View>
  );
};
...
```

어떤가요? 여러분도 버튼을 클릭할 때마다 값이 잘 변경되나요?

그림 3-12 컴포넌트와 useState

여러 개의 useState

컴포넌트에서 관리해야 하는 상태가 여러 개일 수 있는데, 이런 상황에서는 useState를 여러 번 사용하는 것도 가능합니다. 관리해야 하는 상태의 수만큼 useState를 사용하면 됩니다.

src/components/Counter.js

```
...
const Counter = () => {
  const [count, setCount] = useState(0);
  const [double, setDouble] = useState(0);

  return (
    <View style={{ alignItems: 'center' }}>
      <Text style={{ fontSize: 30, margin: 10 }}>count: {count}</Text>
      <Text style={{ fontSize: 30, margin: 10 }}>double: {double}</Text>
      <MyButton
        title="+"
        onPress={() => {
          setCount(count + 1);
          setDouble(double + 2);
        }}
      />
      <MyButton
        title="-"
        onPress={() => {
          setCount(count - 1);
          setDouble(double - 2);
        }}
      />
    </View>
  );
};
...
```

useState를 두 번 이용하여 1씩 증가/감소하는 count와 2씩 증가/감소하는 double을 만들고, 버튼을 클릭할 때마다 각 상태가 변경되도록 작성했습니다.

그림 3-13 여러 개의 useState

3.4 이벤트

리액트 네이티브는 사용자의 행동에 따라 상호 작용하는 이벤트를 다양하게 제공합니다. 정말 많은 이벤트가 있으며 컴포넌트가 하는 역할에 따라 제공되는 이벤트도 약간씩 차이가 있습니다. 아쉽지만 지면 관계상 모든 이벤트를 다룰 수는 없으므로, 많이 사용되는 이벤트 몇 가지만 실습과 함께 살펴보겠습니다.

3.4.1 press 이벤트

웹 프로그래밍에서 가장 많이 사용하는 이벤트 중 하나는 사용자가 특정 DOM을 클릭했을 때 호출되는 onClick 이벤트일 것입니다. 리액트 네이티브에서 onClick 이벤트와 가장 비슷한 이벤트는 press 이벤트입니다. 이번에는 press 이벤트에 대해 알아보겠습니다.

버튼을 만들 때 사용하는 TouchableOpacity 컴포넌트에서 설정할 수 있는 Press 이벤트의 종류는 총 4가지입니다.

- **onPressIn**: 터치가 시작될 때 항상 호출
- **onPressOut**: 터치가 해제될 때 항상 호출
- **onPress**: 터치가 해제될 때 onPressOut 이후 호출
- **onLongPress**: 터치가 일정 시간 이상 지속되면 호출

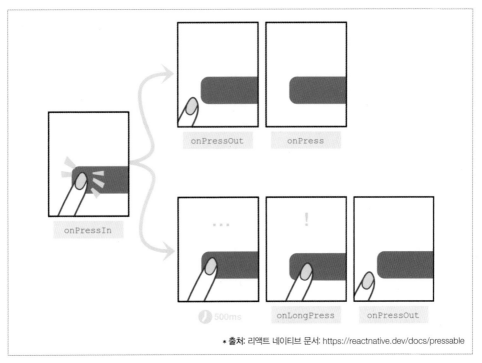

* 출처: 리액트 네이티브 문서: https://reactnative.dev/docs/pressable

그림 3-14 Press 이벤트

테스트를 위해 components 폴더에 EventButton.js 파일을 생성하고 다음과 같이 작성합니다.

src/components/EventButton.js

```
import React from 'react';
import { TouchableOpacity, Text } from 'react-native';

const EventButton = () => {
  const _onPressIn = () => console.log('Press In !!!\n');
  const _onPressOut = () => console.log('Press Out !!!\n');
  const _onPress = () => console.log('Press !!!\n');
  const _onLongPress = () => console.log('Long Press !!!\n');
```

```
    return (
      <TouchableOpacity
        style={{
          backgroundColor: '#f1c40f',
          padding: 16,
          margin: 10,
          borderRadius: 8,
        }}
        onPressIn={_onPressIn}
        onLongPress={_onLongPress}
        onPressOut={_onPressOut}
        onPress={_onPress}
      >
        <Text style={{ color: 'white', fontSize: 24 }}>Press</Text>
      </TouchableOpacity>
    );
  };

  export default EventButton;
```

이제 작성된 EventButton 컴포넌트를 App 컴포넌트에서 사용해보겠습니다.

src/App.js

```
  ...
  import EventButton from './components/EventButton';

  const App = () => {
    return (
      <View
        ...
      >
        <EventButton />
      </View>
    );
  };
  ...
```

화면에서 버튼을 클릭하면 onPressIn ▶ onPressOut ▶ onPress 혹은 onPressIn ▶ onLong
Press ▶ onPressOut 순으로 호출되는 것을 확인할 수 있습니다. onPressIn과 onPressOut
은 항상 호출되지만, onPress와 onLongPress는 사용자가 클릭하는 시간에 따라 둘 중 하나만 호출된다는 데 주의하기 바랍니다. 만약 onLongPress가 호출되는 시간을 조절하고 싶다면, delayLongPress의 값을 조절해서 원하는 시간으로 설정할 수 있습니다.

src/components/EventButton.js

```
...
const EventButton = () => {
  ...
  return (
    <TouchableOpacity
      ...
      delayLongPress={3000}
    >
      <Text style={{ color: 'white', fontSize: 24 }}>Press</Text>
    </TouchableOpacity>
  );
};
...
```

이 코드처럼 delayLongPress의 값을 3000으로 변경하면 3초 동안 클릭하고 있어야 onLongPress가 호출된다는 것을 확인할 수 있습니다.

어떤가요? 여러분도 이벤트 호출에 따라 메시지가 잘 나타나나요?

3.4.2 change 이벤트

변화를 감지하는 change 이벤트는 값을 입력하는 TextInput 컴포넌트에서 많이 사용됩니다. 이번에는 TextInput 컴포넌트를 이용하여 변화하는 텍스트를 출력해보겠습니다. components 폴더 밑에 EventInput.js 파일을 생성하고 다음과 같이 작성합니다.

src/components/EventInput.js

```
import React, { useState } from 'react';
import { View, Text, TextInput } from 'react-native';

const EventInput = () => {
  const [text, setText] = useState('');
  const _onChange = event => setText(event.nativeEvent.text);

  return (
```

```
    <View>
      <Text style={{ margin: 10, fontSize: 30 }}>text: {text}</Text>
      <TextInput
        style={{ borderWidth: 1, padding: 10, fontSize: 20 }}
        placeholder="Enter a text..."
        onChange={_onChange}
      />
    </View>
  );
};

export default EventInput;
```

TextInput 컴포넌트에 있는 onChange 속성은 TextInput 컴포넌트에 입력된 텍스트가 변경될 때 호출됩니다. 그리고 호출되는 함수에 다음과 같은 형태로 인자를 전달합니다.

```
{
  ...,
  "nativeEvent": {
    "eventCount": ...,
    "target": ...,
    "text": ...,
  },
  ...
}
```

우리는 변화된 텍스트를 출력해야 하므로, 앞의 코드처럼 event.nativeEvent.text를 setText 함수에 전달해야 우리가 원하는 변화된 텍스트를 text 상태에 저장할 수 있습니다. 이제 EventInput 컴포넌트를 사용하도록 App 컴포넌트를 수정합니다.

src/App.js

```
...
import EventInput from './components/EventInput';

const App = () => {
  return (
    <View
      ...
    >
      <EventButton />
```

```
        <EventInput />
      </View>
    );
  };
  ...
```

어떤가요? 여러분도 TextInput의 값이 변경될 때마다 화면에 잘 나타나나요?

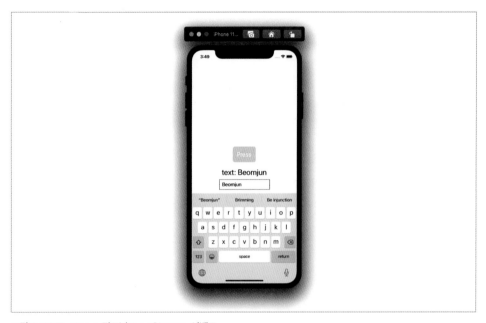

그림 3-15 TextInput 컴포넌트 onChange 이벤트

onChange를 통해 전달되는 내용 중 우리에게 필요한 것은 변화된 텍스트뿐입니다. onChangeText는 이런 상황에서 조금 더 간편하게 사용할 수 있습니다. onChangeText는 컴포넌트의 텍스트가 변경되었을 때 변경된 텍스트의 문자열만 인수로 전달하며 호출됩니다.

App.js

```
  ...

  const EventInput = () => {
    ...
    const _onChangeText = text => setText(text);
```

```
    return (
      <View>
        <Text style={{ margin: 10, fontSize: 30 }}>text: {text}</Text>
        <TextInput
          style={{ borderWidth: 1, padding: 10, fontSize: 20 }}
          placeholder="Enter a text..."
          onChangeText={_onChangeText}
        />
      </View>
    );
  };
  ...
```

어떤가요? 여러분도 onChange 이벤트를 이용했을 때처럼 동일하게 동작하나요?

3.4.3 Pressable 컴포넌트

리액트 네이티브 0.63 버전부터 기존의 TouchableOpacity 컴포넌트를 대체하는 Pressable 컴포넌트가 추가되었습니다. 기존의 컴포넌트보다 더 다양한 기능을 제공하므로 리액트 네이티브 0.63 버전 이상을 사용해서 Pressable 컴포넌트를 사용할 수 있는 분은 TouchableOpacity 컴포넌트 대신 Pressable 컴포넌트 사용을 권장합니다.

> **NOTE_**
> 이 책을 집필하는 시점에는 아직 Expo에서 리액트 네이티브 0.62 버전을 사용하므로 Pressable 컴포넌트를 사용할 수 없습니다. 하지만 2020년 9월에 Expo 39 버전이 배포될 예정이며 Expo 39에서는 리액트 네이티브 0.63 버전을 사용할 예정입니다.

이번에는 리액트 네이티브 CLI를 이용해서 Pressable 컴포넌트에 대해 알아보겠습니다.

Pressable 컴포넌트는 TouchableOpacity 컴포넌트처럼 사용자의 터치에 상호 작용하는 컴포넌트입니다. press 이벤트도 동일하게 존재하고 동작 방식도 같습니다. Pressable 컴포넌트에서 지원하는 기능 중 기존의 컴포넌트들과 다른 특징은 HitRect와 PressRect입니다.

우리는 모바일이라는 작은 화면에서 버튼을 포함하여 다양한 요소들을 보여줍니다. 화면이 작은 만큼 버튼도 작아지는데, 사람마다 손의 크기나 두께가 모두 다르기 때문에 누군가는 버튼을 정확하게 클릭하는 것이 어려울 수 있습니다. 이 경우 의도하지 않은 버튼을 클릭하거나 버튼을 클릭하는 것 자체가 어려울 수 있습니다. 이런 상황을 해결하기 위해 많은 개발자들이 버튼 모양보다 약간 떨어진 부분까지 이벤트가 발생할 수 있도록 조치하고 있습니다. Pressable 컴포넌트에서는 HitRect를 이용해 이 설정을 쉽게 할 수 있습니다.

누구나 한 번쯤 버튼을 클릭했을 때 해당 버튼이 동작하지 않게 하기 위해 버튼을 누른 상태에서 손가락을 이동시킨 경험이 있을 것입니다. 그렇다면 얼마나 멀어져야 버튼을 누른 상태에서 벗어났다고 판단할 수 있을까요? Pressable 컴포넌트에서는 이 부분도 개발자가 조절하기 편하도록 PressRect기능을 지원합니다.

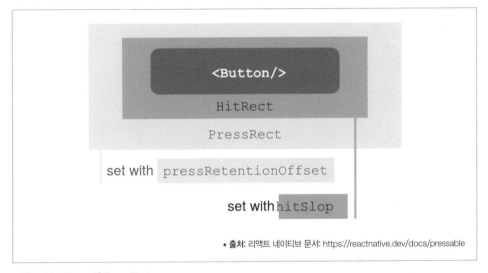

그림 3-16 HitRect와 PressRect

Pressable 컴포넌트를 테스트하기 위해 다음 명령어를 이용하여 새로운 프로젝트를 생성합니다.

```
npx react-native init RNPressable
```

프로젝트가 완성되면 App.js 파일을 다음과 같이 수정합니다.

```javascript
import React from 'react';
import {View, Text, Pressable} from 'react-native';

const Button = (props) => {
  return (
    <Pressable
      style={{padding: 10, backgroundColor: '#1abc9c'}}
      onPressIn={() => console.log('Press In')}
      onPressOut={() => console.log('Press Out')}
      onPress={() => console.log('Press')}
      onLongPress={() => console.log('Long Press')}
      delayLongPress={3000}
      pressRetentionOffset={{bottom: 50, left: 50, right: 50, top: 50}}
      hitSlop={50}>
      <Text style={{padding: 10, fontSize: 30}}>{props.title}</Text>
    </Pressable>
  );
};

const App = () => {
  return (
    <View
      style={{
        flex: 1,
        justifyContent: 'center',
        backgroundColor: '#fff',
        alignItems: 'center',
      }}>
      <Button title="Pressable" />
    </View>
  );
};

export default App;
```

버튼에서 조금 떨어져 있어도 클릭되고, 버튼을 누른 상태에서 이동했을 때 항상 같은 위치에서 onPressOut이 호출되는 것을 확인할 수 있습니다. PressRect의 범위는 HitRect의 범위 끝에서부터 시작되므로 hitSlop의 값에 따라 PressRect의 범위가 달라진다는 것을 기억하기 바랍니다.

어떤가요? 새로 추가된 Pressable 컴포넌트가 매력적이지 않나요?

그림 3-17 Pressable 컴포넌트

3.5 마치며

이번 장에서는 JSX 문법과 컴포넌트에 대해 알아봤습니다.

JSX 문법은 HTML과 비슷하기 때문에 낯설지 않게 다가오지만, 약간씩 다른 문법을 보면 당황스럽기도 합니다. 하지만 JSX는 직관적이고 사용하기 편한 만큼 이 책의 내용을 따라가다 보면 금방 익숙해질 것입니다.

리액트 네이티브는 컴포넌트들의 조합으로 만들어지므로 컴포넌트가 굉장히 중요합니다. 리액트 네이티브에서 다양한 내장 컴포넌트를 제공하고는 있지만, 커스텀 컴포넌트를 만들어서 사용하는 경우가 생각보다 많으니 필요한 컴포넌트를 만드는 연습을 많이 하는 것이 좋습니다.

컴포넌트들을 조합하다 보면 자연스럽게 부모 컴포넌트의 state를 자식 컴포넌트의 props로 전달하고, 자식 컴포넌트에서 부모 컴포넌트의 state 변경을 요청하게 됩니다. props와 state를 다루는 것은 컴포넌트에서 굉장히 중요한 부분이므로 꼭 기억해두기 바랍니다.

타입 확인

타입을 지정해서 문제를 찾아내는 방법으로 PropTypes 외에 타입스크립트^{TypeScript}나 플로우^{Flow}를 사용하는 방법이 있습니다. 플로우는 페이스북에서 만든 자바스크립트 정적 타입 분석기로 리액트와 리액트 네이티브에서 타입을 지정하는 데 사용되고, 타입스크립트는 마이크로소프트가 개발한 프로그래밍 언어로, 자바스크립트의 슈퍼셋^{superset}이며 자체 컴파일러를 갖고 있습니다.

- **플로우:** https://flow.org/
- **타입스크립트:** https://www.typescriptlang.org/
- **타입스크립트 한글 문서 프로젝트:** https://typescript-kr.github.io/

만약 플로우와 타입스크립트 중 한 가지를 선택한다면 타입스크립트를 추천하고 싶습니다. 플로우는 페이스북에서 특정 목적을 위해 만들어졌기 때문에 그 외의 용도로 사용되기가 어렵지만, 타입스크립트는 좀 더 일반적인 목적으로 만들어졌고 많은 라이브러리에서 타입스크립트를 지원하고 있습니다. 또한 타입스크립트를 대부분의 IDE에서 지원한다는 점도 장점입니다.

많은 자바스크립트 개발자의 선택을 받고 있다는 것도 타입스크립트를 선택하는 이유입니다. 타입스크립트 사용자가 많은 만큼 커뮤니티의 크기도 상당하고, 커뮤니티의 크기만큼 우리가 타입스크립트를 사용하면서 참고할 수 있는 자료가 많다는 장점이 있습니다. 스택오버플로우^{Stack Overflow}에서 매년 실시하는 자료와 깃허브에서 조사하는 자료를 확인해도 타입스크립트에 대한 관심이 계속해서 높아지는 것을 확인할 수 있습니다.

- **스택오버플로우 연간 조사:** https://bit.ly/stackoverflow-insights
- **깃허브 Octoverse:** https://bit.ly/github-octoverse

그러나 타입스크립트에도 장점만 있는 것은 아닙니다. 어쨌든 타입스크립트를 사용하기 위한 학습이 필요합니다. 프로젝트에서 초기 세팅이 필요하고 추가적인 코드도 필요하기 때문에 상황에 따라 오히려 생산성이 떨어지는 경우도 있습니다.

결국 타입스크립트의 도입도 현재 자신의 상황과 팀 상황을 보고 결정해야 합니다. 지금 잘 만들어진 자바스크립트 코드를 반드시 타입스크립트로 변경할 필요는 없으며, 새로운 프로젝트를 시작할 때 반드시 타입스크립트를 사용해야 하는 이유도 없습니다. 하지만 타입스크립트의 장점이 프로젝트와 팀에 필요하고 잘 어울린다고 생각한다면 타입스크립트 사용을 권장하고 싶습니다.

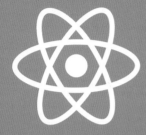

4장 스타일링 I

리액트 네이티브에서의 스타일링은 웹 프로그래밍에서 사용하는 CSS와 약간 차이가 있습니다. 3장에서 JSX의 문법에 대해 알아보면서 간단하게 살펴봤듯이 background-color처럼 하이픈으로 된 CSS와 달리 backgroundColor처럼 카멜 표기법으로 작성해야 합니다. 그 외에도 리액트 네이티브에서 알아둬야 할 스타일링 방법에 대해 살펴보겠습니다.

실습을 위해 프로젝트를 생성합니다.

```
expo init react-native-style
```

프로젝트 생성이 완료되면 src 폴더를 생성하고 src 폴더 밑에 App 컴포넌트를 다음과 같이 작성합니다.

src/App.js

```
import React from 'react';
import { View, Text } from 'react-native';

const App = () => {
  return (
    <View>
      <Text>React Native Style</Text>
    </View>
  );
};

export default App;
```

App 컴포넌트 작성이 완료되면 루트 디렉터리에 있는 App.js 파일을 다음과 같이 변경합니다.

App.js

```
import App from './src/App';

export default App;
```

이제 리액트 네이티브의 스타일링에 대해 알아볼까요?

4.1 스타일링

리액트 네이티브에서는 자바스크립트를 이용해 스타일링할 수 있습니다. 컴포넌트에는 style 속성이 있고, 이 속성에 인라인 스타일을 적용하는 방법과 스타일시트^{StyleSheet}에 정의된 스타일을 사용하는 방법이 있습니다.

4.1.1 인라인 스타일링

인라인 스타일은 HTML의 인라인 스타일링처럼 컴포넌트에 직접 스타일을 입력하는 방식입니다. 다만 HTML에서는 문자열 형태로 스타일을 입력하지만, 리액트 네이티브에서는 객체 형태로 전달해야 한다는 차이점이 있습니다.

App 컴포넌트에 인라인 스타일을 적용해서 다음과 같이 수정해보겠습니다.

src/App.js
```
...
const App = () => {
  return (
    <View
      style={{
        flex: 1,
        backgroundColor: '#fff',
        alignItems: 'center',
        justifyContent: 'center',
      }}
    >
      <Text
        style={{
          padding: 10,
          fontSize: 26,
          fontWeight: '600',
          color: 'black',
        }}
      >
        Inline Styling - Text
      </Text>
      <Text
        style={{
          padding: 10,
```

```
        fontSize: 26,
        fontWeight: '400',
        color: 'red',
      }}
    >
      Inline Styling - Error
    </Text>
  </View>
 );
};
...
```

어떤가요? 웹 프로그래밍에서 사용하던 방법과 굉장히 유사하지 않나요? 인라인 스타일링은
어떤 스타일이 적용되는지 잘 보인다는 장점이 있습니다. 하지만 두 Text 컴포넌트처럼 비슷
한 역할을 하는 컴포넌트에 동일한 코드가 반복된다는 점과, 어떤 이유로 해당 스타일이 적용
되었는지 코드만으로는 명확하게 이해하기 어렵다는 단점이 있습니다.

그림 4-1 인라인 스타일링

4.1.2. 클래스 스타일링

클래스 스타일링은 컴포넌트의 태그에 직접 입력하는 방식이 아니라 스타일시트에 정의된 스타일을 사용하는 방법입니다. 스타일시트에 스타일을 정의하고 컴포넌트에서는 정의된 스타일의 이름으로 적용하는 클래스 스타일링 방법은 웹 프로그래밍에서 CSS 클래스를 이용하는 방법과 유사합니다. 프로젝트를 생성하면 함께 생성되는 App.js 파일에서 클래스 스타일링이 적용된 모습을 확인할 수 있습니다.

이번에는 앞에서 App 컴포넌트에 적용한 인라인 스타일을 클래스 스타일 방식으로 변경하겠습니다.

src/App.js

```javascript
import React from 'react';
import { StyleSheet, View, Text } from 'react-native';

const App = () => {
  return (
    <View style={styles.container}>
      <Text style={styles.text}>Inline Styling - Text</Text>
      <Text style={styles.error}>Inline Styling - Error</Text>
    </View>
  );
};

const styles = StyleSheet.create({
  container: {
    flex: 1,
    backgroundColor: '#fff',
    alignItems: 'center',
    justifyContent: 'center',
  },
  text: {
    padding: 10,
    fontSize: 26,
    fontWeight: '600',
    color: 'black',
  },
  error: {
    padding: 10,
    fontSize: 26,
    fontWeight: '400',
```

```
      color: 'red',
    },
  });

  export default App;
```

여러분이 보기에 어떤가요? 인라인 스타일을 적용했을 때보다 조금 더 깔끔해지지 않았나요? 인라인 스타일 방식으로 작성했을 때는 왜 color: 'red'인지 코드만으로 명확하게 이해하기 어려웠지만, 지금은 error라는 이름으로 오류가 있는 상황에서 사용하기 위한 것이라는 의도를 파악하기 쉽습니다. 또한 전체적인 스타일을 관리하는 데도 클래스 스타일링이 인라인 스타일링보다 더 쉽습니다. 만약 오류가 있는 상황에서 글자 색을 빨간색이 아니라 주황색으로 변경해야 한다면, 클래스 스타일 방식에서는 error 객체에서 color: 'orange'로만 변경하면 되지만, 인라인 스타일링의 경우 모든 파일을 찾아다니며 변경해야 한다는 단점이 있습니다.

간단하게 화면을 확인하는 상황에서는 인라인 스타일을 사용하는 것이 편할 수 있지만, 장기적으로 생각하면 클래스 스타일을 사용하는 것이 관리 측면에서 유리합니다.

4.1.3 여러 개의 스타일 적용

우리가 작성한 App 컴포넌트의 스타일 코드에서 text 스타일과 error 스타일은 중복된 스타일이 많으며, 두 스타일 모두 Text 컴포넌트에 적용되는 스타일이라는 공통점도 있습니다. 이렇게 중복된 코드를 제거하다 보면 스타일을 덮어쓰거나 하나의 컴포넌트에 여러 개의 스타일을 적용해야 할 때가 있습니다. 이렇게 여러 개의 스타일을 적용해야 할 경우는 배열을 이용하여 style 속성에 여러 개의 스타일을 적용하면 됩니다.

src/App.js

```
  ...
  const App = () => {
    return (
      <View style={styles.container}>
        <Text style={styles.text}>Inline Styling - Text</Text>
        <Text style={[styles.text, styles.error]}>Inline Styling - Error</Text>
      </View>
    );
  };
```

```
const styles = StyleSheet.create({
  ...
  error: {
    fontWeight: '400',
    color: 'red',
  },
});
...
```

어떤가요? 중복된 코드가 사라지면서 코드가 깔끔해지고 공통된 부분의 관리가 편해지지 않았나요? 여러 개의 스타일을 적용할 때 주의할 점은 적용하는 스타일의 순서입니다. 뒤에 오는 스타일이 앞에 있는 스타일을 덮는다는 것을 기억해야 합니다. 예를 들어, 앞의 코드에서 적용된 스타일의 순서를 변경해 [styles.error, styles.text]로 작성하면 글자 색이 빨간색 대신 검은색으로 됩니다.

여러 개의 스타일을 적용할 때 반드시 클래스 스타일만 적용해야 하는 것은 아닙니다. 다음 코드처럼 상황에 따라 인라인 스타일과 클래스 스타일 방식을 혼용해서 사용하는 방법도 있습니다.

src/App.js

```
...
const App = () => {
  return (
    <View style={styles.container}>
      <Text style={[styles.text, { color: 'green' }]}>
        Inline Styling - Text
      </Text>
      <Text style={[styles.text, styles.error]}>Inline Styling - Error</Text>
    </View>
  );
};
...
```

4.1.4 외부 스타일 이용하기

우리가 만든 스타일을 다양한 곳에서 사용하고 싶은 경우 어떻게 해야 할까요? 상황에 따라 외부 파일에 스타일을 정의하고 여러 개의 파일에서 스타일을 공통으로 사용하는 경우가 있습니다.

이번에는 외부 파일에 스타일을 작성하고 컴포넌트에서 외부 파일에 정의된 스타일을 이용하는 방법에 대해 알아보겠습니다. src 폴더 밑에 styles.js 파일을 생성하고 다음과 같이 작성합니다.

src/styles.js

```javascript
import { StyleSheet } from 'react-native';

export const viewStyles = StyleSheet.create({
  container: {
    flex: 1,
    backgroundColor: '#fff',
    alignItems: 'center',
    justifyContent: 'center',
  },
});

export const textStyles = StyleSheet.create({
  text: {
    padding: 10,
    fontSize: 26,
    fontWeight: '600',
    color: 'black',
  },
  error: {
    fontWeight: '400',
    color: 'red',
  },
});
```

View 컴포넌트에 적용되어 있던 스타일과 지금까지 우리가 Text 컴포넌트에 적용했던 스타일을 나누고 둘 모두 외부에서 사용할 수 있도록 했습니다. 이제 App 컴포넌트에서 styles.js 파일에 정의된 스타일을 이용하도록 수정하겠습니다.

src/App.js

```javascript
import React from 'react';
import { View, Text } from 'react-native';
import { viewStyles, textStyles } from './styles';

const App = () => {
```

```
    return (
      <View style={viewStyles.container}>
        <Text style={[textStyles.text, { color: 'green' }]}>
          Inline Styling - Text
        </Text>
        <Text style={[textStyles.text, textStyles.error]}>
          Inline Styling - Error
        </Text>
      </View>
    );
  };

  export default App;
```

어떤가요? 여러분도 외부 파일에 작성한 스타일이 잘 적용되나요?

4.2 리액트 네이티브 스타일

우리는 이제 리액트 네이티브에서 스타일을 적용하는 방법에 대해 알게 되었습니다. 이번에는 리액트 네이티브의 스타일 속성들에 대해 알아보겠습니다.

리액트 네이티브에는 많은 종류의 스타일 속성들이 있습니다. 그중에는 특정 플랫폼에서만 적용되는 스타일도 있고 웹 프로그래밍에서 사용해본 익숙한 속성들도 있습니다. 이 책에서는 모든 스타일 속성을 다루지는 않으며, 자주 사용되는 중요한 스타일 속성들에 대해 알아보겠습니다.

4.2.1 flex와 범위

화면의 범위를 정하는 속성에는 폭과 높이를 나타내는 width와 height가 있습니다. 리액트 네이티브에서도 width와 height를 설정할 수 있습니다. 그렇다면 [그림 4-2]처럼 Header 컴포넌트와 Footer 컴포넌트의 높이를 80으로 하고 Contents 컴포넌트가 나머지 영역을 차지하도록 구성하고 싶을 때 각 컴포넌트의 높이값을 어떻게 설정해야 할까요?

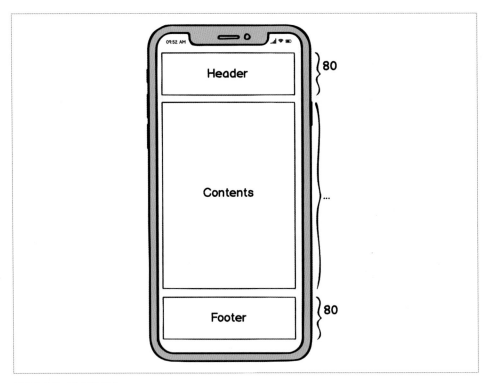

그림 4-2 flex와 범위 예제

src 폴더 밑에 components 폴더를 생성하고 Layout.js 파일을 components 폴더 안에 생성 합니다. 그리고 Layout.js 파일에는 Header 컴포넌트, Contents 컴포넌트, Footer 컴포넌트를 정의해서 [그림 4-2]처럼 화면에 나타나도록 작성합니다.

src/components/Layout.js

```javascript
import React from 'react';
import { StyleSheet, View, Text } from 'react-native';

export const Header = () => {
  return (
    <View style={[styles.container, styles.header]}>
      <Text style={styles.text}>Header</Text>
    </View>
  );
};

export const Contents = () => {
```

```
    return (
      <View style={[styles.container, styles.contents]}>
        <Text style={styles.text}>Contents</Text>
      </View>
    );
  };

  export const Footer = () => {
   return (
      <View style={[styles.container, styles.footer]}>
        <Text style={styles.text}>Footer</Text>
      </View>
    );
  };

  const styles = StyleSheet.create({
    container: {
      width: '100%',
      alignItems: 'center',
      justifyContent: 'center',
      height: 80,
    },
    header: {
      backgroundColor: '#f1c40f',
    },
    contents: {
      backgroundColor: '#1abc9c',
      height: 640,
    },
    footer: {
      backgroundColor: '#3498db',
    },
    text: {
      fontSize: 26,
    },
  });
```

작성이 완료되면 App 컴포넌트에서 정의된 세 개의 컴포넌트를 사용하도록 수정합니다.

src/App.js

```
...
import { Header, Contents, Footer } from './components/Layout';
```

```
const App = () => {
  return (
    <View style={viewStyles.container}>
      <Header />
      <Contents />
      <Footer />
    </View>
  );
};
...
```

Header 컴포넌트와 Footer 컴포넌트의 높이를 80으로 고정하고, Contents 컴포넌트가 나머지 영역을 차지하도록 640이라는 값으로 설정했습니다. 테스트를 진행하는 아이폰 11 화면에서는 우리가 의도한 대로 잘 나타나는 것 같습니다. 하지만 화면의 크기가 다른 핸드폰 기종으로 화면을 본다면 어떻게 될까요? 화면이 더 작은 아이폰 8으로 확인해보면 조금 다른 모습을 볼 수 있습니다.

그림 4-3 flex와 범위 – 아이폰 11과 아이폰 8

만약 여러분이 테스트하는 기기의 크기가 아이폰 11과 다르다면 [그림 4-3]의 아이폰 8처럼 화면을 넘어가거나 많은 공백이 보이게 됩니다. 고정값을 이용하면 기기마다 화면 크기의 차이 때문에 서로 다른 모습으로 나타나고 이런 다양한 크기의 기기에 대응하기 어렵습니다. 이때 flex를 이용하면 문제를 해결할 수 있습니다. flex는 width나 height와 달리 항상 비율로 크기가 설정됩니다. flex는 값으로 숫자를 받으며 값이 0일 때는 설정된 width와 height값에 따라 크기가 결정되고, 양수인 경우 flex값에 비례하여 크기가 조정됩니다.

예를 들어 flex가 1로 설정된 경우 자신이 차지할 수 있는 영역을 모두 차지합니다. 만약 동일한 부모 컴포넌트에 있는 컴포넌트 두 개의 flex값이 각각 1과 2로 되어 있다면, 두 개의 컴포넌트는 차지할 수 있는 영역을 1:2의 비율로 나누어 채웁니다. 만약 우리가 만든 컴포넌트가 화면을 1:2:1의 비율로 나누어 채우게 하려면 어떻게 해야 할까요?

src/components/Layout.js

```
const styles = StyleSheet.create({
  ...
  header: {
    flex: 1,
    backgroundColor: '#f1c40f',
  },
  contents: {
    flex: 2,
    backgroundColor: '#1abc9c',
    height: 640,
  },
  footer: {
    flex: 1,
    backgroundColor: '#3498db',
  },
  ...
});
```

컴포넌트의 부모인 App 컴포넌트는 화면 전체를 차지합니다. 앞의 코드처럼 컴포넌트의 flex값을 각각 1, 2, 1로 설정하면 차지할 수 있는 영역인 화면 전체를 1:2:1의 비율로 나누어 채우게 됩니다.

그림 4-4 flex 비율

어떤가요? 여러분도 컴포넌트의 비율이 1:2:1로 나타났나요?

다시 원래의 목적으로 돌아가서, 다양한 크기의 기기에서 항상 [그림 4-2]처럼 동일하게 화면이 구성되도록 하려면 Header 컴포넌트와 Footer 컴포넌트의 높이를 80으로 고정하고 Contents 컴포넌트가 나머지 부분을 모두 차지하도록 설정하면 됩니다.

src/components/Layout.js

```
const styles = StyleSheet.create({
  ...
  header: {
    backgroundColor: '#f1c40f',
  },
  contents: {
    flex: 1,
    backgroundColor: '#1abc9c',
```

```
    height: 640,
  },
  footer: {
    backgroundColor: '#3498db',
  },
  ...
});
```

어떤가요? 여러분도 화면 크기가 다른 다양한 기기에서 화면 구성이 동일하게 나타나나요?

> **NOTE_**
>
> 아이폰 11의 상단 부분에 있는 노치(Notch) 때문에 크기가 다르게 보일 수도 있습니다. 이 부분을 처리하는
> 방법은 5장에서 살펴보겠습니다.

그림 4-5 flex 적용

4.2.2 정렬

이제 flex를 이용하면 컴포넌트가 원하는 영역을 차지하게 할 수 있습니다. 이번에는 컴포넌트를 정렬하는 방법에 대해 알아보겠습니다.

flexDirection

지금까지 실습하면서 컴포넌트가 항상 위에서 아래로 쌓인다는 것을 살펴봤습니다. 화면을 구성하다 보면 컴포넌트가 쌓이는 방향을 변경하고 싶을 때가 있는데, 이때 flexDirection을 이용하면 컴포넌트가 쌓이는 방향을 변경할 수 있습니다.

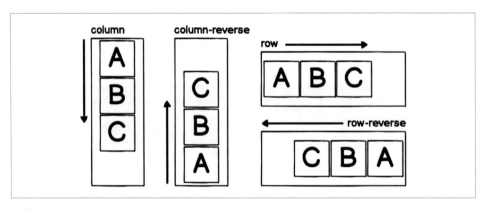

그림 4-6 flexDirection

flexDirection에 설정할 수 있는 값으로 네 가지가 있습니다.

- **column**: 세로 방향으로 정렬(기본값)
- **column-reverse**: 세로 방향 역순 정렬
- **row**: 가로 방향으로 정렬
- **row-reverse**: 가로 방향 역순 정렬

flexDirection은 자기 자신이 쌓이는 방향이 아니라 자식 컴포넌트가 쌓이는 방향이라는 것을 기억하세요.

justifyContent

이번에는 컴포넌트를 정렬하는 방법에 대해 알아보겠습니다. 컴포넌트를 배치할 방향을 결정

한 후 방향에 따라 정렬하는 방식을 결정하는 속성이 justifyContent와 alignItems입니다. justifyContent는 flexDirection에서 결정한 방향과 동일한 방향으로 정렬하는 속성이고, alignItems는 flexDirection에서 결정한 방향과 수직인 방향으로 정렬하는 속성입니다.

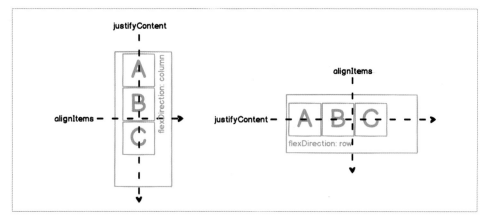

그림 4-7 justifyContent와 alignItems의 방향

어떤가요? [그림 4-7]을 보면 이해가 잘 되나요? 헷갈리기 쉬운 설정이므로 직접 값을 바꿔가며 테스트해보고 익히는 것이 중요합니다.

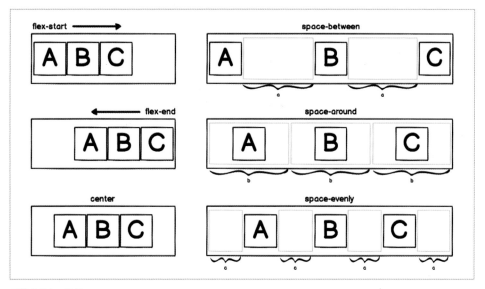

그림 4-8 justifyContent

[그림 4-8]은 flexDirection이 row일 때 justifyContent의 값에 따라 정렬되는 모습입니다.

- **flex-start**: 시작점에서부터 정렬(기본값)
- **flex-end**: 끝에서부터 정렬
- **center**: 중앙 정렬
- **space-between**: 컴포넌트 사이의 공간을 동일하게 만들어서 정렬
- **space-around**: 컴포넌트 각각의 주변 공간을 동일하게 만들어서 정렬
- **space-evenly**: 컴포넌트 사이와 양 끝에 동일한 공간을 만들어서 정렬

justifyContent에 설정 가능한 값 중 마지막 세 개의 값은 비슷하게 느껴져서 혼동하기 쉽습니다. 여러분이 직접 값을 변경하며 테스트하는 것이 각 값의 동작을 가장 명확하고 빠르게 알 수 있는 방법이므로 많이 테스트해보기 바랍니다.

alignItems

alignItems는 앞에서 설명했듯이 flexDirection에서 정한 방향과 수직이 되는 방향으로 정렬할 때 사용하는 속성입니다. [그림 4-9]는 flexDirection이 row일 때 alignItems값에 따라 컴포넌트가 정렬된 모습입니다.

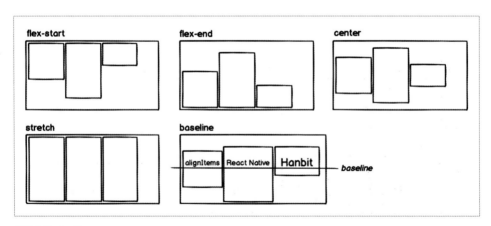

그림 4-9 alignItems

alignItems에 설정할 수 있는 값은 다음과 같습니다.

- **flex-start**: 시작점에서부터 정렬(기본값)
- **flex-end**: 끝에서부터 정렬

- **center**: 중앙 정렬
- **stretch**: alignItems의 방향으로 컴포넌트 확장
- **baseline**: 컴포넌트 내부의 텍스트(text) 베이스라인(baseline)을 기준으로 정렬

어떤가요? justifyContent와 반대 방향이라고 생각하면 어렵지 않죠?

alignItems의 방향은 flexDirection에서 설정된 방향의 수직이라는 점을 기억하세요. 만약 flexDirection의 값이 column이고 alignItems의 값이 flex-start라면 컴포넌트는 위에서 아래로 정렬되면서 영역의 왼쪽에 붙은 상태로 정렬됩니다. alignItems도 justifyContent처럼 다양한 값을 입력하면서 테스트해보세요.

4.2.3 그림자

그림자는 리액트 네이티브에서 플랫폼마다 다르게 적용되는 스타일 속성입니다. 리액트 네이티브에서는 웹 환경에서 자주 볼 수 있는 [그림 4-10]과 같은 그림자를 어떻게 만들 수 있을까요?

그림 4-10 웹 프로그래밍 그림자

리액트 네이티브에는 그림자와 관련해 설정할 수 있는 스타일 속성이 네 가지 있습니다.

- **shadowColor**: 그림자 색 설정
- **shadowOffset**: width와 height값을 지정하여 그림자 거리 설정
- **shadowOpacity**: 그림자의 불투명도 설정
- **shadowRadius**: 그림자의 흐림 반경 설정

이 속성들로 그림자를 표현할 수 있지만, 이는 iOS에만 적용되는 속성들입니다. 안드로이드에서 그림자를 표현하려면 elevation이라는 속성을 사용해야 합니다.

이렇게 각 플랫폼마다 적용 여부가 다른 속성이 있습니다. 이 경우 리액트 네이티브에서 제공하는 Platform 모듈을 이용해 각 플랫폼마다 다른 코드가 적용되도록 코드를 작성할 수 있습니다.

- **Platform**: https://bit.ly/react-native-platform

Platform을 이용하여 iOS와 안드로이드 두 플랫폼에서 [그림 4-10]처럼 그림자를 만드는 방법에 대해 살펴보겠습니다. components 폴더 밑에 ShadowBox.js 파일을 생성하고 Platform을 이용하여 그림자가 있는 박스를 만들 것입니다.

src/components/ShadowBox.js

```
import React from 'react';
import { StyleSheet, View, Platform } from 'react-native';

export default () => {
  return <View style={styles.shadow}></View>;
};

const styles = StyleSheet.create({
  shadow: {
    backgroundColor: '#fff',
    width: 200,
    height: 200,
    ...Platform.select({
      ios: {
        shadowColor: '#000',
        shadowOffset: {
          width: 10,
          height: 10,
        },
        shadowOpacity: 0.5,
        shadowRadius: 10,
      },
      android: {
        elevation: 20,
      },
    }),
  },
});
```

Platform을 이용하여 iOS와 안드로이드에서 스타일 코드가 다르게 적용되도록 작성했습니다. 이제 완성된 ShadowBox 컴포넌트를 App 컴포넌트에서 사용해보겠습니다.

src/App.js

```
...
import ShadowBox from './components/ShadowBox';

const App = () => {
  return (
    <View style={viewStyles.container}>
      <ShadowBox />
    </View>
  );
};
...
```

어떤가요? 여러분도 그림자가 잘 나타나나요? Platform을 사용하지 않고 스타일 코드를 작성해도 각 속성들이 적용되는 플랫폼에서만 동작합니다. 하지만 어떤 코드가 어떤 플랫폼에 적용되는지, 코드의 역할은 무엇인지 알기 어려우므로 Platform을 이용해서 명확하게 작성하는 것을 추천합니다.

그림 4-11 Platform과 그림자

4.3 스타일드 컴포넌트

우리는 지금까지 리액트 네이티브에서 컴포넌트에 스타일을 적용하는 방법에 대해 알아봤습니다. 다양한 스타일을 지정할 수 있고 속성 이름이 웹 프로그래밍에서 사용하던 CSS와 유사한 부분이 많아 쉽게 다가갈 수 있었습니다. 하지만 웹 프로그래밍과 유사한 만큼 차이가 있는 부분에서는 쉽게 혼동하거나 실수하는 등 불편하게 느껴지는 부분도 존재합니다.

리액트 네이티브의 스타일에서 웹 프로그래밍과의 차이로 인해 불편하게 느껴지는 부분을 떠올려볼까요? 우선 하이픈을 사용하지 않고 카멜 표기법으로 작성해야 한다는 차이가 있습니다. 그리고 몇몇 값들은 웹 프로그래밍에서 익숙한 CSS의 속성과 이름이 같지만 타입이 다르거나 단위가 생략됩니다. 마지막으로 width, height처럼 입력되는 값에 맞춰 타입이 달라지는 경우도 있습니다. 사람마다 차이가 있겠지만 이 내용은 공통적으로 불편하다고 느낄 수 있는 부분입니다.

이와 같이 불편한 점들은 스타일드 컴포넌트[styled-components]로 해소할 수 있습니다. 스타일드 컴포넌트에서 제공하는 기능을 활용하면 추가적인 이점들을 얻을 수 있어 더 편하게 개발할 수 있습니다.

- **스타일드 컴포넌트**: https://styled-components.com/

스타일드 컴포넌트는 자바스크립트 파일 안에 스타일을 작성하는 CSS-in-JS 라이브러리이며, 스타일이 적용된 컴포넌트라고 생각하면 이해하기 쉽습니다. 이번에는 스타일드 컴포넌트의 특징과 이용 방법에 대해 알아보겠습니다.

먼저 다음 명령어를 이용해 스타일드 컴포넌트를 설치합니다.

```
npm install styled-components
```

4.3.1 스타일드 컴포넌트 사용법

예시 코드

```
import styled from 'styled-components/native';
```

```
const MyTextComponent = styled.Text`
  color: #fff;
`;
```

스타일드 컴포넌트를 이용하는 방법은 생각보다 어렵지 않습니다. "styled.[컴포넌트 이름]" 형태 뒤에 백틱(`)을 사용하여 만든 문자열 붙이고 그 안에 스타일을 지정하면 됩니다. 이 문법을 태그드 템플릿 리터럴^{Tagged Template Literals}이라고 합니다. 여기서 주의할 점은 styled 뒤에 작성하는 컴포넌트의 이름은 반드시 존재하는 컴포넌트를 지정해야 한다는 것입니다. 이 코드는 리액트 네이티브의 Text 컴포넌트에서 글자 색이 흰색으로 스타일링된 MyTextComponent 라는 새로운 컴포넌트가 됩니다.

스타일을 작성하다 보면 많은 스타일이 중복되어 재사용 가능한 코드를 분리해내는 상황이 있습니다. 스타일드 컴포넌트에서는 css를 이용하여 재사용 가능한 코드를 관리할 수 있습니다.

예시 코드

```
import styled, { css } from 'styled-components/native';

const whiteText = css`
  color: #fff;
  font-size: 14px;
`;
const MyBoldTextComponent = styled.Text`
  ${whiteText}
  font-weight: 600;
`;
const MyLightTextComponent = styled.Text`
  ${whiteText}
  font-weight: 200;
`;
```

재사용 가능한 스타일 코드를 관리하는 방법 외에 완성된 컴포넌트를 상속받아 이용하는 방법도 있습니다.

예시 코드

```
import styled from 'styled-components/native';
```

```
const StyledText = styled.Text`
  color: #000;
  font-size: 20px;
  margin: 10px;
  padding: 10px;
`;

const ErrorText = styled(StyledText)`
  font-weight: 600;
  color: red;
`;
```

이 예시 코드에서 ErrorText 컴포넌트는 StyledText 컴포넌트의 스타일을 그대로 상속받은 채로 글자의 두께와 색만 변경된 새로운 컴포넌트가 됩니다. 스타일드 컴포넌트에서 이미 작성된 스타일을 상속받아 새로운 스타일드 컴포넌트를 만들 때는 기존에 사용하던 styled.[컴포넌트 이름] 문법이 아니라 styled(컴포넌트 이름)처럼 소괄호로 감싸야 한다는 데 주의하기 바랍니다.

어떤가요? 생각보다 어렵지 않죠?

4.3.2 스타일 적용하기

이번에는 직접 스타일드 컴포넌트를 이용해 컴포넌트를 만들겠습니다. components 폴더에 Button.js 파일을 생성하고 스타일드 컴포넌트를 이용해 다음과 같이 작성합니다.

src/components/Button.js

```
import React from 'react';
import styled from 'styled-components/native';

const ButtonContainer = styled.TouchableOpacity`
  background-color: #9b59b6;
  border-radius: 15px;
  padding: 15px 40px;
  margin: 10px 0px;
  justify-content: center;
`;
const Title = styled.Text`
  font-size: 20px;
```

```
    font-weight: 600;
    color: #fff;
`;

const Button = props => {
  return (
    <ButtonContainer>
      <Title>{props.title}</Title>
    </ButtonContainer>
  );
};

export default Button;
```

TouchableOpacity 컴포넌트에 스타일이 적용된 ButtonContainer라는 이름의 컴포넌트를 만들고, Text 컴포넌트에 스타일이 적용된 Title 컴포넌트를 만들었습니다. 마지막으로 스타일드 컴포넌트로 만들어진 컴포넌트를 이용해서 Button 컴포넌트를 만들었습니다.

스타일드 컴포넌트를 사용하면 이렇게 역할에 맞는 이름을 지정할 수 있다는 장점이 있습니다. 이제 완성된 Button 컴포넌트를 App 컴포넌트에서 사용하고, App 컴포넌트에서 사용하는 View 컴포넌트도 스타일드 컴포넌트를 이용하여 수정해보겠습니다.

src/App.js

```
import React from 'react';
import styled from 'styled-components/native';
import Button from './components/Button';

const Container = styled.View`
  flex: 1;
  background-color: #ffffff;
  align-items: center;
  justify-content: center;
`;

const App = () => {
  return (
    <Container>
      <Button title="Hanbit" />
      <Button title="React Native" />
    </Container>
  );
```

```
};

export default App;
```

어떤가요? 여러분도 스타일이 적용된 버튼이 잘 나타나나요?

그림 4-12 스타일드 컴포넌트

스타일드 컴포넌트를 이용해서 만든 Button 컴포넌트를 리액트 네이티브에서 제공하는 스타일시트를 사용하여 작성하면 다음과 같이 됩니다.

예시 코드

```
import React from 'react';
import { StyleSheet, TouchableOpacity, Text } from 'react-native';

const styles = StyleSheet.create({
```

```
  container: {
    backgroundColor: '#9b59b6',
    borderRadius: 15,
    paddingVertical: 15,
    paddingHorizontal: 40,
    marginVertical: 10,
    justifyContent: 'center',
  },
  title: {
    fontSize: 20,
    fontWeight: '600',
    color: '#fff',
  },
});

const Button = props => {
  return (
    <TouchableOpacity style={styles.container}>
      <Text style={styles.title}>{props.title}</Text>
    </TouchableOpacity>
  );
};

export default Button;
```

스타일드 컴포넌트를 사용했을 때와 차이가 느껴지나요? 가장 먼저 보이는 차이는 카멜 표기법으로 표기되는 스타일 속성과 하이픈 형태의 스타일 속성입니다. 스타일드 컴포넌트를 이용하면 PaddingVertical이나 PaddingHorizontal처럼 익숙하지 않은 속성보다 조금 더 익숙한 이름과 익숙한 적용 방법으로 값을 설정할 수 있습니다.

> **NOTE_**
>
> 리액트 네이티브에서 PaddingVertical은 paddingTop과 paddingBottom을 모두 설정하는 것과 같고, PaddingHorizontal은 paddingLeft와 paddingRight를 모두 설정하는 것과 같습니다. margin의 경우도 동일한 방식으로 동작합니다.

그 외에도 설정하는 값의 타입이나 단위 등이 익숙하지 않은 몇몇 속성들을 스타일드 컴포넌트에서는 익숙한 방법으로 사용할 수 있습니다.

여러분은 어떤가요? 웹 프로그래밍에 익숙한 개발자라면 리액트 네이티브에서 사용하는 스타일링보다 스타일드 컴포넌트가 조금 더 친숙하지 않나요?

4.3.3 props 사용하기

앞에서 작성한 Button 컴포넌트에서 props로 전달되는 title의 값이 Hanbit인 경우 바탕색을 다르게 표현하고 싶다면 어떻게 해야 할까요? 기존 방식으로 작성하면 스타일시트 안에서 props에 접근할 수 있는 방법이 없으므로 다음과 같이 작성합니다.

예시 코드

```
...
const Button = props => {
  return (
    <TouchableOpacity
      style={[
        styles.container,
        { backgroundColor: props.title === 'Hanbit' ? '#3498db' : '#9b59b6' },
      ]}
    >
      <Text style={styles.title}>{props.title}</Text>
    </TouchableOpacity>
  );
};
...
```

스타일드 컴포넌트에서는 스타일을 작성하는 백틱 안에서 props에 접근할 수 있다는 장점을 이용해 스타일을 작성하는 곳에서 조건에 따라 스타일을 변경할 수 있습니다.

src/components/Button.js

```
...
const ButtonContainer = styled.TouchableOpacity`
  background-color: ${props =>
    props.title === 'Hanbit' ? '#3498db' : '#9b59b6'};
  border-radius: 15px;
  padding: 15px 40px;
  margin: 10px 0px;
  justify-content: center;
`;
...

const Button = props => {
  return (
```

```
<ButtonContainer title={props.title}>
  <Title>{props.title}</Title>
</ButtonContainer>
);
};
...
```

ButtonContainer 컴포넌트에 props로 title을 전달하여 배경색을 설정하는 곳에서 title의 값에 따라 다른 색이 지정되도록 수정했습니다. 스타일드 컴포넌트를 이용하면 이 코드처럼 스타일이 작성되는 부분과 컴포넌트가 사용되는 부분을 구분하여 코드를 조금 더 깔끔하게 관리할 수 있습니다.

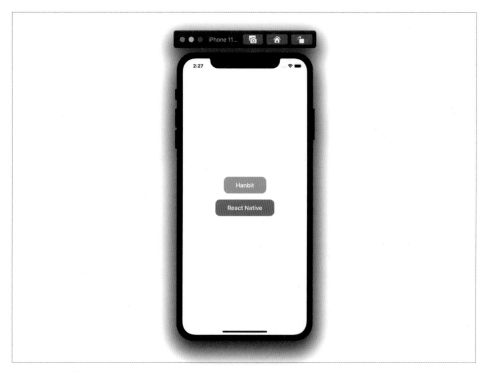

그림 4-13 스타일드 컴포넌트와 props

4.3.4 attrs 사용하기

스타일드 컴포넌트를 이용하면 스타일을 작성하는 곳에서 컴포넌트의 속성도 설정할 수 있습니다. 그리고 속성을 설정할 때도 전달된 props를 이용할 수 있으므로 props의 값에 따라 속성을 변경할 수 있습니다. 이번에는 스타일드 컴포넌트에서 속성을 설정할 때 사용하는 attrs의 사용법에 대해 알아보겠습니다.

먼저 components 폴더 안에 Input.js 파일을 생성하고 다음과 같이 작성합니다.

src/components/Input.js

```javascript
import React from 'react';
import styled from 'styled-components/native';

const StyledInput = styled.TextInput`
  width: 200px;
  height: 60px;
  margin: 5px;
  padding: 10px;
  border-radius: 10px;
  border: 2px;
  border-color: #3498db;
  font-size: 24px;
`;

const Input = () => {
  return <StyledInput placeholder="Enter a text..." placeholderTextColor="#3498db" />;
};

export default Input;
```

TextInput 컴포넌트를 이용해서 StyledInput 컴포넌트를 만들고 placeholder와 placeholderTextColor 속성을 설정했습니다. 이제 작성된 Input 컴포넌트를 App 컴포넌트에서 사용해보겠습니다.

App.js

```javascript
import Input from './components/Input';

...
const App = () => {
  return (
    <Container>
      <Button title="Hanbit" />
```

```
            <Button title="React Native" />
            <Input />
        </Container>
    );
};
...
```

어떤가요? 여러분도 생성된 Input 컴포넌트가 잘 나타나나요?

그림 4-14 Input 컴포넌트

이번에는 스타일드 컴포넌트의 attrs를 이용해서 props로 전달된 borderColor값에 따라
Input 컴포넌트의 디자인이 변경되도록 수정해보겠습니다.

```
...
const StyledInput = styled.TextInput.attrs(props => ({
  placeholder: 'Enter a text...',
  placeholderTextColor: props.borderColor,
}))`
  ...
  border-color: ${props => props.borderColor};
  font-size: 24px;
`;

const Input = props => {
  return <StyledInput borderColor={props.borderColor} />;
};
...
```

코드 수정이 완료되면 App 컴포넌트에서 Input 컴포넌트를 사용하면서 borderColor값을 전달하도록 수정하겠습니다.

App.js

```
...
const App = () => {
  return (
    <Container>
      <Button title="Hanbit" />
      <Button title="React Native" />
      <Input borderColor="#3498db" />
      <Input borderColor="#9b59b6" />
    </Container>
  );
};
...
```

이렇게 attrs를 이용하면 스타일을 설정하는 곳에서 props의 값에 따라 컴포넌트의 속성을 다르게 적용할 수도 있고 항상 일정한 속성을 미리 정의해놓을 수도 있습니다. 하지만 attrs를 이용하여 속성을 설정하는 것이 항상 좋은 것만은 아닙니다. 컴포넌트가 어떻게 사용되는가에 따라 attrs를 이용하지 않고 컴포넌트에 직접 속성을 전달하는 것이 코드를 이해하는 데 더 도움이 되는 경우도 있습니다.

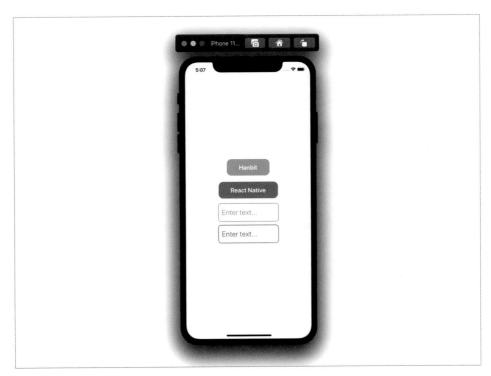

그림 4-15 스타일드 컴포넌트와 attrs

4.3.5 ThemeProvider

마지막으로 스타일드 컴포넌트의 ThemeProvider에 대해 알아보겠습니다. 스타일드 컴포넌트의 ThemeProvider는 Context API를 활용해 애플리케이션 전체에서 스타일드 컴포넌트를 이용할 때 미리 정의한 값들을 사용할 수 있도록 props로 전달합니다. Context API에 대한 자세한 내용은 7장에서 다루기로 하고, 이번 장에서는 ThemeProvider를 이용하여 스타일을 정의할 때 미리 정의한 색을 사용하는 방법에 대해 알아보겠습니다.

우선 src 폴더 안에 theme.js 파일을 생성하고 Button 컴포넌트에서 사용했던 색을 정의하겠습니다.

src/theme.js

```
export const theme = {
  purple: '#9b59b6',
```

```
    blue: '#3498db',
};
```

이제 모든 컴포넌트를 감싸는 최상위 컴포넌트로 ThemeProvider 컴포넌트를 사용하며, 앞에서 정의한 색을 ThemeProvider 컴포넌트의 theme 속성에 설정하겠습니다. 그러면 ThemeProvider 컴포넌트의 자식 컴포넌트에서는 스타일드 컴포넌트를 이용할 때 props로 theme을 전달받아 미리 정의된 색을 이용할 수 있습니다.

src/App.js

```
import React from 'react';
import styled, { ThemeProvider } from 'styled-components/native';
import Button from './components/Button';
import Input from './components/Input';
import { theme } from './theme';

...
const App = () => {
  return (
    <ThemeProvider theme={theme}>
      <Container>
        ...
      </Container>
    </ThemeProvider>
  );
};
...
```

이제 Button 컴포넌트에서 스타일을 정의할 때 props로 전달되는 theme을 이용하도록 수정해보겠습니다.

src/components/Button.js

```
...
const ButtonContainer = styled.TouchableOpacity`
  background-color: ${props =>
    props.title === 'Hanbit' ? props.theme.blue : props.theme.purple};
  ...
`;
...
```

어떤가요? 기존 화면과 동일하게 나타나나요?

스타일드 컴포넌트를 사용할 때 ThemeProvider를 활용하여 theme을 지정하면, 하나의 파일에서 미리 정의해둔 색을 하위 컴포넌트에서 사용할 수 있습니다. 하나의 파일에서 모든 색을 관리하면 색의 사용이나 변경 등 유지보수에서 많은 이점을 얻을 수 있습니다.

ThemeProvider를 이용하여 두 개의 색을 정의해두고 사용자의 선택에 따라 theme에 알맞은 값을 설정하는 것만으로 애플리케이션의 색 테마를 쉽게 변경할 수 있습니다. 이번에는 ThemeProvider를 이용해 애플리케이션의 색 테마를 변경하는 방법에 대해 알아보겠습니다.

src/theme.js

```
export const lightTheme = {
  background: '#ffffff',
  text: '#ffffff',
  purple: '#9b59b6',
  blue: '#3498db',
};

export const darkTheme = {
  background: '#34495e',
  text: '#34495e',
  purple: '#9b59b6',
  blue: '#3498db',
};
```

theme.js 파일에 테마에 따라 사용할 색을 정의했습니다. 이제 App 컴포넌트에서 테마를 변경할 수 있는 스위치를 추가하고, 테마에 따라 다른 색이 사용되도록 수정해보겠습니다.

src/App.js

```
import React, { useState } from 'react';
import { Switch } from 'react-native';
import styled, { ThemeProvider } from 'styled-components/native';
import Button from './components/Button';
import Input from './components/Input';
import { lightTheme, darkTheme } from './theme';

const Container = styled.View`
  flex: 1;
  background-color: ${props => props.theme.background};
```

```
    align-items: center;
    justify-content: center;
`;

const App = () => {
  const [isDark, setIsDark] = useState(false);
  const _toggleSwitch = () => setIsDark(!isDark);

  return (
    <ThemeProvider theme={isDark ? darkTheme : lightTheme}>
      <Container>
        <Switch value={isDark} onValueChange={_toggleSwitch} />
        ...
      </Container>
    </ThemeProvider>
  );
};
...
```

useState를 이용해 테마의 상태를 관리할 isDark와 상태를 변경할 setIsDark 함수를 만들었습니다. 그리고 리액트 네이티브의 Switch 컴포넌트를 활용해 isDark의 상태를 변경할 수 있도록 화면을 구성했습니다. ThemeProvider 컴포넌트의 theme 속성에는 isDark 상태에 따라 theme.js 파일에 정의된 darkTheme 혹은 lightTheme이 적용되도록 수정되었고, App 컴포넌트에서 사용되는 Container 컴포넌트의 스타일을 정의하는 곳에서 props로 전달된 theme을 이용하여 배경색을 설정했습니다.

Button 컴포넌트에서도 theme의 변화에 따라 값이 잘 바뀌는지 확인하기 위해 Title 컴포넌트의 스타일을 다음과 같이 수정합니다.

src/components/Button.js

```
...
const Title = styled.Text`
  font-size: 20px;
  font-weight: 600;
  color: ${props => props.theme.text};
`;
...
```

어떤가요? 여러분도 변경되는 테마가 화면에 잘 나타나나요?

그림 4-16 스타일드 컴포넌트 theme

4.4 마치며

이번 장에서는 리액트 네이티브에서 스타일링하는 방법으로 리액트 네이티브에서 제공하는 방식과 함께 스타일드 컴포넌트에 대해 알아봤습니다. 평소에는 여러분에게 잘 맞는 방법을 사용하더라도 일단 두 가지 방법 모두 익혀두는 것을 추천합니다.

스타일드 컴포넌트는 굉장히 많이 사용되고 있고 웹 프로그래밍에 익숙하다면 조금 더 익숙한 방법으로 스타일을 작성할 수 있다는 장점이 있습니다. 그뿐 아니라, 코드가 기능적으로 분리되면서 더 깔끔하게 작성할 수 있다는 것도 장점입니다. 만약 새로운 프로젝트를 시작한다면 스타일드 컴포넌트를 사용해보는 것을 추천합니다.

Prettier

Prettier는 코드 스타일 정리 도구입니다. 코드를 작성할 때 들여쓰기나 줄 바꿈, 세미콜론 등을 보기 좋게 작성하지 않더라도 일관성 있게 읽기 좋은 코드로 자동 변환해줍니다. 예를 들면 팀으로 개발할 때 누가 작성하더라도 마치 한 사람이 작성한 것처럼 일관된 코드가 나오도록 해줍니다. 또 혼자 개발하면서 코드 정리를 신경 쓰지 않아도 깔끔한 코드를 작성할 수 있도록 도와주므로 사용해보는 것을 추천합니다.

- **Prettier:** https://prettier.io/
- **Prettier – Code formatter:** https://bit.ly/prettier-vscode

비주얼 스튜디오 코드의 확장 프로그램에서 Prettier – Code formatter를 설치하면 Prettier를 사용할 수 있습니다. 설치가 완료되면 프로젝트 폴더 안에 .prettierrc 파일을 생성하고 다음과 같이 설정을 입력하면 적용됩니다.

예시 코드

```
{
  "singleQuote": true,
  "semi": true,
  "useTabs": false,
  "tabWidth": 2,
  "printWidth": 80,
  "arrowParens": "avoid"
}
```

문자열은 항상 작은 따옴표를 사용하고 세미콜론을 붙이도록 설정했습니다. 한 줄에 최대로 작성할 수 있는 글자 수를 80자로 설정하고, 들여쓰기는 탭 대신 2칸의 공백을 사용하도록 했습니다. 화살표 함수를 사용할 때 매개변수가 1개라면 소괄호를 생략하도록 작성했습니다. Prettier에는 이 외에도 다양한 스타일을 지정할 수 있으며 Prettier 공식 페이지에서 확인이 가능합니다. 마지막으로 비주얼 스튜디오 코드 설정에서 "Format On Save"를 찾아 체크 표시하면 Prettier 설정이 마무리됩니다. 이제 파일을 변경하고 저장해보세요. 어떤가요? 저장할 때마다 Prettier가 자동으로 깔끔한 코드로 만들어주나요?

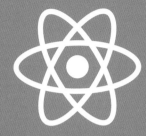

5장 할 일 관리 애플리케이션 I

지금까지 리액트 네이티브 개발을 위한 환경 설정부터 컴포넌트, 스타일링에 대해 알아봤습니다. 이번 장에서는 [그림 5-1]과 같은 할 일 관리 애플리케이션을 만들면서 지금까지 공부한 내용을 복습하고 활용해보겠습니다.

그림 5-1 할 일 관리 와이어프레임

이번 장에서 만들 애플리케이션에는 다음과 같은 기능이 있습니다.

- **등록:** 할 일 항목을 추가하는 기능
- **수정:** 완료되지 않은 할 일 항목을 수정하는 기능
- **삭제:** 할 일 항목을 삭제하는 기능
- **완료:** 할 일 항목의 완료 상태를 관리하는 기능

5.1 프로젝트 준비하기

먼저 프로젝트를 생성하겠습니다.

```
expo init react-native-todo
```

프로젝트 생성이 완료되면 프로젝트에서 사용할 스타일드 컴포넌트 라이브러리와 prop-
types 라이브러리도 설치하겠습니다.

```
cd react-native-todo
npm install styled-components prop-types
```

라이브러리 설치가 완료되면 프로젝트에서 작성하는 코드를 관리할 src 폴더를 생성하겠습니
다. 가장 먼저 src 폴더에 theme.js 파일을 생성하고 프로젝트에서 사용할 색을 정의합니다.

src/theme.js

```
export const theme = {
  background: '#101010',
  itemBackground: '#313131',
  main: '#778bdd',
  text: '#cfcfcf',
  done: '#616161',
};
```

이제 src 폴더에 App.js 파일을 생성하고 App 컴포넌트를 작성합니다.

src/App.js

```
import React from 'react';
import styled, { ThemeProvider } from 'styled-components/native';
import { theme } from './theme';

const Container = styled.View`
  flex: 1;
  background-color: ${({ theme }) => theme.background};
  align-items: center;
  justify-content: center;
`;

export default function App() {
  return (
    <ThemeProvider theme={theme}>
      <Container></Container>
    </ThemeProvider>
  );
}
```

스타일드 컴포넌트의 ThemeProvider를 이용해 theme을 지정하고, 스타일을 작성할 때 미리 정의한 색을 사용하도록 작성했습니다. 이제 작성된 App 컴포넌트가 프로젝트의 메인 파일이 되도록 프로젝트 루트 디렉터리에 있는 App.js 파일을 변경하겠습니다.

App.js

```
import App from './src/App';

export default App;
```

어떤가요? 여러분도 화면이 잘 나오나요?

그림 5-2 App 컴포넌트

마지막으로 프로젝트를 진행하면서 만드는 컴포넌트를 관리할 components 폴더를 src폴더 밑에 생성합니다. 지금까지 준비한 폴더와 파일의 구조는 [그림 5-3]과 같습니다. 이제 모든 준비가 완료되었으니 함께 만들어볼까요?

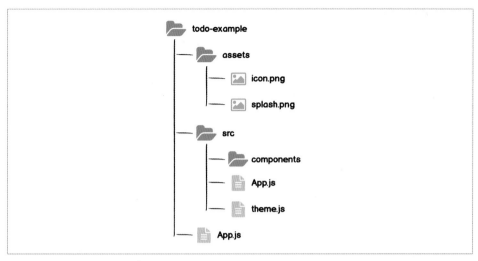

그림 5-3 프로젝트 준비

5.2 타이틀 만들기

가장 먼저 화면 상단에 TODO List라는 문구가 렌더링되도록 타이틀을 만들어보겠습니다.

App 컴포넌트에서 스타일드 컴포넌트를 이용해 Title 컴포넌트를 만들어볼까요?

src/App.js

```
...

const Container = styled.View`
  flex: 1;
  background-color: ${({ theme }) => theme.background};
  align-items: center;
```

```
    justify-content: flex-start;
 `;
const Title = styled.Text`
  font-size: 40px;
  font-weight: 600;
  color: ${({ theme }) => theme.main};
  align-self: flex-start;
  margin: 0px 20px;
`;

export default function App() {
  return (
    <ThemeProvider theme={theme}>
      <Container>
        <Title>TODO List</Title>
      </Container>
    </ThemeProvider>
  );
}
```

작성된 Title 컴포넌트가 화면 가장 위에 나타나고, 앞으로 추가되는 항목들도 위에서부터 정렬되도록 justify-content의 값을 flex-start로 변경했습니다. 어떤가요? 여러분도 화면이 잘 나타나나요?

그림 5-4 Title 컴포넌트

5.2.1 SafeAreaView 컴포넌트

그런데 iOS에서 아이폰 11처럼 노치 디자인이 있는 기기는 Title 컴포넌트의 일부가 가려지는 것을 볼 수 있습니다. 리액트 네이티브에서는 자동으로 padding값이 적용되어 노치 디자인 문제를 해결할 수 있는 SafeAreaView 컴포넌트를 제공합니다.

- **SafeAreaView 컴포넌트:** https://reactnative.dev/docs/safeareaview

src/App.js

```
...
const Container = styled.SafeAreaView`
  flex: 1;
  background-color: ${({ theme }) => theme.background};
  align-items: center;
  justify-content: flex-start;
`;
...
```

Container 컴포넌트가 View 컴포넌트가 아닌 SafeAreaView 컴포넌트를 사용하도록 변경하면 iOS에서 노치 디자인 문제가 해결된 것을 볼 수 있습니다.

그림 5-5 SafeAreaView 컴포넌트 적용

5.2.2 StatusBar 컴포넌트

iOS에서 노치 디자인 문제를 해결했지만, 안드로이드도 Title 컴포넌트가 상태 바^{status bar}에 가려진 것을 볼 수 있습니다. 배경색을 어두운 색으로 설정하면서 상태 바의 내용도 눈에 잘 들어오지 않는다는 문제가 있습니다. 이번에는 상태 바를 변경해 안드로이드에서 Title 컴포넌트가 가려지는 문제를 해결하고 어두운 배경에서도 잘 보이도록 스타일을 수정해보겠습니다.

- **StatusBar 컴포넌트:** https://reactnative.dev/docs/statusbar

리액트 네이티브에서는 상태 바를 제어할 수 있는 StatusBar 컴포넌트를 제공합니다. StatusBar 컴포넌트를 이용하면 상태 바의 스타일을 변경할 수 있고, 안드로이드 기기에서 상태 바가 컴포넌트를 가리는 문제를 해결할 수 있습니다.

src/App.js

```
import React from 'react';
import { StatusBar } from 'react-native';
...
const Title = styled.Text`
  font-size: 40px;
  font-weight: 600;
  color: ${({ theme }) => theme.main};
  align-self: flex-start;
  margin: 20px;
`;

export default function App() {
  return (
    <ThemeProvider theme={theme}>
      <Container>
        <StatusBar
          barStyle="light-content"
          backgroundColor={theme.background}
        />
        <Title>TODO List</Title>
      </Container>
    </ThemeProvider>
  );
}
```

StatusBar 컴포넌트를 이용해 상태 바의 내용이 흰색으로 나타나도록 수정했습니다. StatusBar 컴포넌트의 backgroundColor 속성은 안드로이드에만 적용되는 속성이며 상태 바의 바탕색을 변경할 수 있습니다. 우리는 theme.js 파일에 정의한 바탕색을 이용해 안드로이드 상태 바의 바탕색을 동일하게 수정하겠습니다.

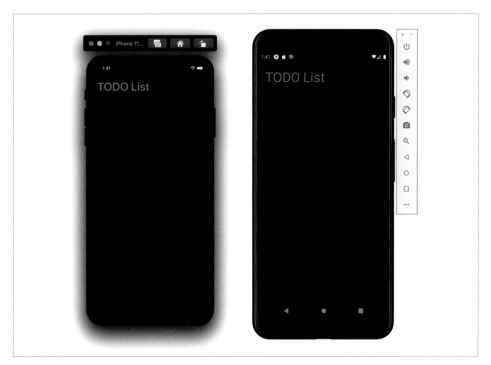

그림 5-6 StatusBar 컴포넌트

5.3 Input 컴포넌트 만들기

이번에는 리액트 네이티브의 TextInput 컴포넌트를 이용해 Input 컴포넌트를 만들어보겠습니다. Input 컴포넌트는 할 일 항목을 추가할 때뿐만 아니라, 등록된 할 일 항목을 수정할 때도 사용할 예정입니다.

components 폴더 밑에 Input.js 파일을 생성하고 다음과 같이 Input 컴포넌트를 만듭니다.

src/components/Input.js

```javascript
import React from 'react';
import styled from 'styled-components/native';

const StyledInput = styled.TextInput`
  width: 100%;
  height: 60px;
  margin: 3px 0;
  padding: 15px 20px;
  border-radius: 10px;
  background-color: ${({ theme }) => theme.itemBackground};
  font-size: 25px;
  color: ${({ theme }) => theme.text};
`;

const Input = () => {
  return <StyledInput />;
};

export default Input;
```

Input 컴포넌트 작성이 완료되면 App 컴포넌트에서 작성된 Input 컴포넌트를 사용해봅니다.

src/App.js

```javascript
...
import Input from './components/Input';

...
export default function App() {
  return (
    <ThemeProvider theme={theme}>
      <Container>

        ...
        <Input />
      </Container>
    </ThemeProvider>
  );
}
```

어떤가요? 여러분이 만든 Input 컴포넌트도 화면에 잘 나타나나요?

그림 5-7 Input 컴포넌트

5.3.1 Dimensions

우리가 만든 Input 컴포넌트는 화면에 너무 꽉 차서 약간 답답해 보입니다. 이런 상황에서 Input 컴포넌트의 양 옆에 20px씩 공백을 주려면 어떻게 해야 할까요?

리액트 네이티브에서는 크기가 다양한 모바일 기기에 대응하기 위해 현재 화면의 크기를 알 수 있는 Dimensions와 useWindowDimensions를 제공합니다.

- **Dimensions:** https://reactnative.dev/docs/dimensions
- **useWindowDimensions:** https://reactnative.dev/docs/usewindowdimensions

두 기능 모두 현재 기기의 화면 크기를 알 수 있고, 이를 이용해 다양한 크기의 기기에 동일한 모습으로 적용될 수 있도록 코드를 작성할 수 있습니다.

Dimensions는 처음 값을 받아왔을 때의 크기로 고정되기 때문에 기기를 회전해서 화면이 전환되면 변화된 화면의 크기와 일치하지 않을 수 있습니다. 이런 상황을 위해 이벤트 리스너event listener를 등록하여 화면의 크기 변화에 대응할 수 있도록 기능을 제공하고 있습니다. useWindowDimensions는 리액트 네이티브에서 제공하는 Hooks 중 하나로, 화면의 크기가 변경되면 화면의 크기, 너비, 높이를 자동으로 업데이트합니다.

지금은 화면의 크기 변화가 없는 상태에서 프로젝트를 진행하고 있기 때문에 어떤 방법을 이용해도 상관없지만, 아직 Hooks에 대해 공부하지 않았으므로 Dimensions를 사용해 화면 크기를 확인하고 스타일을 변경해보겠습니다.

src/components/Input.js

```
import React from 'react';
import styled from 'styled-components/native';
import { Dimensions } from 'react-native';

const StyledInput = styled.TextInput`
  width: ${({ width }) => width - 40}px;
  ...
`;

const Input = () => {
  const width = Dimensions.get('window').width;

  return <StyledInput width={width} />;
};
...
```

Dimensions를 활용해 화면의 너비를 구하고, props로 전달해서 스타일을 작성할 때 화면의 너비를 이용할 수 있도록 수정했습니다. 어떤가요? 여러분도 크기가 다른 기기에서 항상 동일한 좌우 공백이 나타나나요?

그림 5-8 Dimensions 적용

만약 useWindowDimensions를 사용한다면 다음과 같이 작성합니다.

src/components/Input.js

```
import React from 'react';
import styled from 'styled-components/native';
import { useWindowDimensions } from 'react-native';

const StyledInput = styled.TextInput`
  width: ${({ width }) => width - 40}px;
  ...
`;

const Input = () => {
  const width = useWindowDimensions().width;

  return <StyledInput width={width} />;
};
...
```

5.3.2 Input 컴포넌트

이번에는 Input 컴포넌트에 다양한 속성을 설정해보겠습니다. placeholder에 적용할 문자열은 props로 받아 설정하고 placeholder의 색은 타이틀과 같은 색상으로 설정합니다. 그리고 너무 긴 항목을 입력하지 못하도록 입력 가능한 글자의 수를 50자로 제한합니다.

src/App.js

```
...
export default function App() {
  return (
    <ThemeProvider theme={theme}>
      <Container>
        ...
        <Input placeholder="+ Add a Task" />
      </Container>
    </ThemeProvider>
  );
}
```

App 컴포넌트에서 Input 컴포넌트에 placeholder를 전달하도록 수정했습니다. 이제 Input 컴포넌트에서 props로 전달된 값을 이용하도록 수정하겠습니다.

src/components/Input.js

```
...

const StyledInput = styled.TextInput.attrs(({ theme }) => ({
  placeholderTextColor: theme.main,
}))`...`;

const Input = ({ placeholder }) => {
  const width = Dimensions.get('window').width;

  return (
    <StyledInput width={width} placeholder={placeholder} maxLength={50} />
  );
};
...
```

props로 전달된 placeholder를 설정하고, 스타일드 컴포넌트의 attrs를 이용해서 theme에 정의된 색상을 placeholder의 색으로 설정했습니다. 어떤가요? 여러분도 placeholder가 잘 나타나나요? 글자도 최대 50자까지만 입력되는지 확인해보세요.

그림 5-9 Input 컴포넌트 placeholder

[그림 5-9]와 같이 TextInput 컴포넌트는 기본값으로 첫 글자가 대문자로 나타나고 오타 입력 시 자동으로 수정하는 기능이 켜져 있습니다. 그뿐 아니라 iOS의 경우 키보드의 완료 버튼이 return으로 되어 있습니다.

> **NOTE_**
>
> 혹시 iOS에서 키보드가 보이지 않는 경우 단축키 " Command + K "를 누르거나 "I/O ▶ Keyboard"로 이동하여 Toggle Software Keyboard를 클릭하면 키보드가 나타납니다.

이번에는 TextInput 컴포넌트에서 제공하는 속성을 이용해 키보드의 설정을 변경해보겠습니다.

src/components/Input.js

```
...
const Input = ({ placeholder }) => {
  const width = Dimensions.get('window').width;

  return (
    <StyledInput
      width={width}
      placeholder={placeholder}
      maxLength={50}
      autoCapitalize="none"
      autoCorrect={false}
      returnKeyType="done"
    />
  );
};
...
```

자동으로 대문자로 전환하는 autoCapitalize 속성을 none으로 지정해서 동작하지 않도록 설정하고, 자동 수정 기능도 autoCorrect 속성을 이용하여 사용하지 않도록 설정했습니다. 마지막으로 키보드의 완료 버튼을 설정하는 returnKeyType을 done으로 변경했습니다.

그림 5-10 키보드 설정 변경

어떤가요? 여러분도 키보드 설정이 잘 변경되었나요?

TextInput 컴포넌트에는 이외에도 다양한 속성들이 존재하며 그중에는 특정 플랫폼에만 적용되는 속성이나 값도 있습니다. 예를 들어 앞에서 설정한 returnKeyType에 설정할 수 있는 값 중에는 done이나 next처럼 두 플랫폼 모두 적용되는 값도 있지만 iOS에만 적용되는 none이나 안드로이드에만 적용되는 join 같은 값도 있습니다.

특정 플랫폼에만 적용되는 속성 중에는 아이폰의 키보드 색상을 변경하는 keyboardAppearance가 있습니다. 우리는 배경색을 어둡게 사용하고 있으므로 keyboardAppearance를 이용해 아이폰의 키보드 색상을 어둡게 설정해보겠습니다.

src/components/Input.js

```
...
const Input = ({ placeholder }) => {
  const width = Dimensions.get('window').width;

  return (
    <StyledInput
      width={width}
      placeholder={placeholder}
      maxLength={50}
```

```
      autoCapitalize="none"
      autoCorrect={false}
      returnKeyType="done"
      keyboardAppearance="dark"
    />
  );
};
...
```

어떤가요? 여러분도 iOS에서 키보드의 색이 변경되었나요? TextInput 컴포넌트에는 다양한 속성들을 설정할 수 있으므로 여러 값들을 설정하면서 변하는 모습을 확인해보세요.

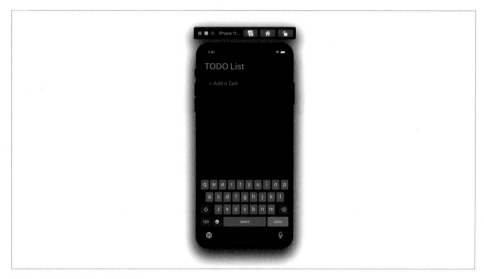

그림 5-11 iOS 키보드 색상 변경

5.3.3 이벤트

이제 Input 컴포넌트의 모습이 완성되었습니다. 이번에는 입력되는 값을 이용할 수 있도록 Input 컴포넌트에 이벤트를 등록하겠습니다.

src/App.js

```
import React, { useState } from 'react';
...
```

```
export default function App() {
  const [newTask, setNewTask] = useState('');

  const _addTask = () => {
    alert(`Add: ${newTask}`);
    setNewTask('');
  };

  const _handleTextChange = text => {
    setNewTask(text);
  };

  return (
    <ThemeProvider theme={theme}>
      <Container>
        ...
        <Input
          placeholder="+ Add a Task"
          value={newTask}
          onChangeText={_handleTextChange}
          onSubmitEditing={_addTask}
        />
      </Container>
    </ThemeProvider>
  );
}
```

useState를 이용하여 newTask 상태 변수와 세터 함수를 생성하고 Input 컴포넌트에서 값이 변할 때마다 newTask에 저장하도록 작성했습니다. 완료 버튼을 누르면 입력된 내용을 확인하고 Input 컴포넌트를 초기화하도록 만들었습니다. 이제 Input 컴포넌트에서 props로 전달된 값들을 이용하도록 수정해보겠습니다.

src/components/Input.js

```
import PropTypes from 'prop-types';

...

const Input = ({ placeholder, value, onChangeText, onSubmitEditing }) => {
  const width = Dimensions.get('window').width;

  return (
```

```
  <StyledInput
    ...
    value={value}
    onChangeText={onChangeText}
    onSubmitEditing={onSubmitEditing}
  />
  );
};

Input.propTypes = {
  placeholder: PropTypes.string,
  value: PropTypes.string.isRequired,
  onChangeText: PropTypes.func.isRequired,
  onSubmitEditing: PropTypes.func.isRequired,
};

export default Input;
```

props로 전달되는 값들을 설정하고 PropsTypes를 이용해 전달되는 값들의 타입과 필수 여부를 지정했습니다. 여러분도 Input 컴포넌트에 입력된 값이 잘 나타나나요?

그림 5-12 Input 컴포넌트 이벤트 등록

5.4 할 일 목록 만들기

이제 Input 컴포넌트를 통해 입력받은 내용을 목록으로 출력하는 기능을 만들겠습니다. 이번 장에서 만들 목록의 항목은 [그림 5-13]과 같이 구성되어 있습니다.

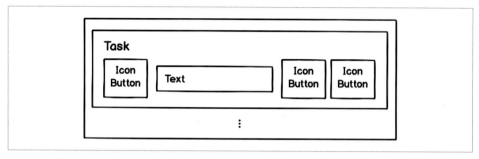

그림 5-13 할 일 항목

할 일 목록을 만들기 위해서는 [그림 5-13]처럼 2개의 컴포넌트를 만들어야 합니다.

- **IconButton 컴포넌트:** 완료, 수정, 삭제 버튼으로 사용할 컴포넌트
- **Task 컴포넌트:** 목록의 각 항목으로 사용할 컴포넌트

그럼 함께 만들어볼까요?

5.4.1 이미지 준비

IconButton 컴포넌트를 만들기 전에 프로젝트에서 사용할 아이콘 이미지를 다운로드받겠습니다. 구글 머티리얼 디자인Google Material Design에서 iOS용 흰색 PNG 파일로 총 4개의 아이콘을 다운로드받겠습니다.

- **구글 머티리얼 디자인 아이콘:** https://material.io/resources/icons/?style=baseline

> **NOTE_**
> 반드시 구글 머티리얼 디자인에서 다운로드받지 않아도 괜찮습니다. 여러분이 이용하는 아이콘이 있다면 익숙한 아이콘을 사용해도 상관없습니다.

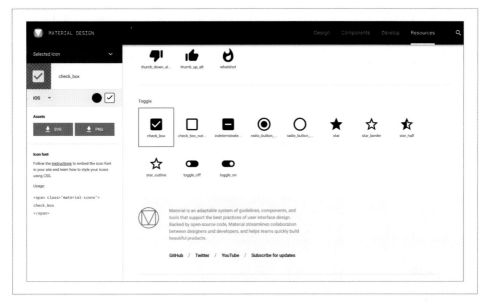

그림 5-14 구글 머티리얼 디자인 아이콘

iOS로 다운받으면 아이콘 이미지와 함께 2배, 3배 사이즈의 아이콘이 함께 있는 것을 볼 수 있습니다.

그림 5-15 다운로드 이미지

다운로드가 완료된 3개의 이미지를 각각 "파일명.png", "파일명@2x.png", "파일명@3x.png"로 변경합니다. 파일 이름을 변경하고 프로젝트의 assets 폴더 밑에 icons 폴더를 생성하여 준비된 아이콘 이미지들을 복사합니다.

그림 5-16 아이콘 이미지 준비

이렇게 파일명을 동일한 이름으로 사용하면서 뒤에 @2x, @3x를 붙이면 리액트 네이티브에서 화면 사이즈에 알맞은 크기의 이미지를 자동으로 불러와 사용합니다.

5.4.2 IconButton 컴포넌트

이제 준비된 아이콘 이미지를 이용해서 IconButton 컴포넌트를 만들어보겠습니다.

리액트 네이티브에서 제공하는 Image 컴포넌트는 프로젝트에 있는 이미지 파일의 경로나 URL을 이용하여 원격에 있는 이미지를 렌더링할 수 있습니다.

- **Image 컴포넌트**: https://reactnative.dev/docs/image

앞에서 준비한 아이콘의 경로를 이용해 Image 컴포넌트를 사용합니다. 먼저 아이콘 이미지를 관리할 images.js 파일을 src 폴더 밑에 생성합니다.

src/images.js

```javascript
import CheckBoxOutline from '../assets/icons/check_box_outline.png';
import CheckBox from '../assets/icons/check_box.png';
import DeleteForever from '../assets/icons/delete_forever.png';
import Edit from '../assets/icons/edit.png';

export const images = {
  uncompleted: CheckBoxOutline,
  completed: CheckBox,
  delete: DeleteForever,
  update: Edit,
};
```

준비한 이미지를 이용해 images.js 파일 작성이 완료되면 components 폴더 안에 IconButton 컴포넌트를 만들어보겠습니다.

src/components/IconButton.js

```javascript
import React from 'react';
import { TouchableOpacity } from 'react-native';
import styled from 'styled-components/native';
import PropTypes from 'prop-types';
import { images } from '../images';

const Icon = styled.Image`
  tint-color: ${({ theme }) => theme.text};
  width: 30px;
  height: 30px;
  margin: 10px;
`;

const IconButton = ({ type, onPressOut }) => {
  return (
    <TouchableOpacity onPressOut={onPressOut}>
      <Icon source={type} />
    </TouchableOpacity>
  );
};

IconButton.propTypes = {
  type: PropTypes.oneOf(Object.values(images)).isRequired,
  onPressOut: PropTypes.func,
};
```

```
export default IconButton;
```

이미지 종류별로 컴포넌트를 만들지 않고 IconButton 컴포넌트를 호출할 때 원하는 이미지의 종류를 props에 type으로 전달하도록 작성했으며, 아이콘의 색은 입력되는 텍스트와 동일한 색을 사용하도록 스타일을 적용했습니다. 사람의 손가락이 버튼을 정확하게 클릭하지 못하는 경우가 많기 때문에, 사용자 편의를 위해 버튼 주변을 클릭해도 정확히 클릭된 것으로 인식하도록 일정 수준의 margin을 주어 여유 공간을 확보했습니다.

> **NOTE_**
>
> Pressable 컴포넌트를 사용할 수 있는 버전으로 진행하는 분들은 HitRect를 설정해서 사용하기 바랍니다.

완성된 IconButton 컴포넌트를 App 컴포넌트에서 사용해보겠습니다.

src/App.js

```
...
import { images } from './images';
import IconButton from './components/IconButton';

...

export default function App() {
  ...
  return (
    <ThemeProvider theme={theme}>
      <Container>
        ...
        <IconButton type={images.uncompleted} />
        <IconButton type={images.completed} />
        <IconButton type={images.delete} />
        <IconButton type={images.update} />
      </Container>
    </ThemeProvider>
  );
}
```

여러분의 화면에도 아이콘 버튼이 잘 나타나나요? 정확하게 버튼을 클릭하지 않아도 margin의 범위까지 클릭이 잘 되는지 확인해보세요.

그림 5-17 IconButton 컴포넌트

5.4.3 Task 컴포넌트

이번에는 완성된 IconButton 컴포넌트를 이용해 Task 컴포넌트를 만들어보겠습니다. Task 컴포넌트는 완료 여부를 확인하는 버튼과 입력된 할 일 내용, 항목 삭제 버튼, 수정 버튼으로 구성됩니다.

src/components/Task.js

```
import React from 'react';
import styled from 'styled-components/native';
import PropTypes from 'prop-types';
import IconButton from './IconButton';
import { images } from '../images';

const Container = styled.View`
  flex-direction: row;
  align-items: center;
  background-color: ${({ theme }) => theme.itemBackground};
  border-radius: 10px;
  padding: 5px;
  margin: 3px 0px;
`;
```

```
const Contents = styled.Text`
  flex: 1;
  font-size: 24px;
  color: ${({ theme }) => theme.text};
`;

const Task = ({ text }) => {
  return (
    <Container>
      <IconButton type={images.uncompleted} />
      <Contents>{text}</Contents>
      <IconButton type={images.update} />
      <IconButton type={images.delete} />
    </Container>
  );
};

Task.propTypes = {
  text: PropTypes.string.isRequired,
};

export default Task;
```

할 일 내용은 props로 전달되어 오는 값을 활용했으며, 완료 여부를 나타내는 체크 박스와
수정, 삭제 버튼을 IconButton 컴포넌트를 이용해 만들었습니다. 이제 App 컴포넌트에서
Task 컴포넌트를 이용해 할 일 목록을 만들어보겠습니다.

src/App.js

```
import React, { useState } from 'react';
import { StatusBar, Dimensions } from 'react-native';
import styled, { ThemeProvider } from 'styled-components/native';
import { theme } from './theme';
import Input from './components/Input';
import Task from './components/Task';

...
const List = styled.ScrollView`
  flex: 1;
  width: ${({ width }) => width - 40}px;
`;

export default function App() {
```

```
const width = Dimensions.get('window').width;
...
return (
  <ThemeProvider theme={theme}>
    <Container>
      ...
      <Input ... />
      <List width={width}>
        <Task text="Hanbit" />
        <Task text="React Native" />
        <Task text="React Native Sample" />
        <Task text="Edit TODO Item" />
      </List>
    </Container>
  </ThemeProvider>
);
}
```

리액트 네이티브에서 제공하는 ScrollView 컴포넌트를 이용해, 할 일 항목의 수가 많아져서 화면을 넘어가도 스크롤을 이용할 수 있도록 화면을 구성했습니다. Input 컴포넌트와 마찬가지로 다양한 크기의 화면에서 양쪽에 동일한 공백을 유지하기 위해 Dimensions로 화면의 너비를 구한 후 스타일에 사용했습니다. 어떤가요? 이제 제법 그럴듯한 할 일 관리 애플리케이션처럼 보이지 않나요?

그림 5-18 Task 컴포넌트와 ScrollView 컴포넌트

5.5 기능 구현하기

이번에는 지금까지 만든 화면에 기능을 추가하는 작업을 진행하겠습니다. 기능은 앞에서 소개한 대로 추가, 삭제, 완료, 수정을 구현하겠습니다. 같이 시작해볼까요?

5.5.1 추가 기능

가장 먼저 Input 컴포넌트를 만들면서 준비해둔 할 일 추가 기능을 완성하겠습니다. 할 일 항목은 내용, 완료 여부를 갖고 있어야 하고 항목을 구분할 수 있는 고유한 값도 갖고 있어야 하므로 다음과 같이 구성합니다.

예시 코드

```
{
  "ID1": { "id": "ID1", "text": "text", "completed": false },
  "ID2": { "id": "ID2", "text": "text", "completed": true },
  ...
}
```

이제 App 컴포넌트에서 임의로 작성한 할 일 항목을 앞의 구성과 같이 변경합니다.

src/App.js

```
...

export default function App() {
  const width = Dimensions.get('window').width;

  const [newTask, setNewTask] = useState('');
  const [tasks, setTasks] = useState({
    '1': { id: '1', text: 'Hanbit', completed: false },
    '2': { id: '2', text: 'React Native', completed: true },
    '3': { id: '3', text: 'React Native Sample', completed: false },
    '4': { id: '4', text: 'Edit TODO Item', completed: false },
  });

  ...
  return (
```

```
      <ThemeProvider theme={theme}>
        <Container>

          ...
          <List width={width}>
            {Object.values(tasks)
              .reverse()
              .map(item => (
                <Task text={item.text} />
              ))}
          </List>
        </Container>
      </ThemeProvider>
    );
  }
```

useState를 이용해 할 일 목록을 저장하고 관리할 tasks 변수를 생성한 후 초기값으로 임의의 내용을 입력했습니다. 최신 항목이 가장 앞에 보이도록 tasks를 역순으로 렌더링되게 작성했습니다. 결과를 확인하면 화면에 항목이 잘 나타나지만 다음과 같은 경고 메시지도 나타납니다.

```
Warning: Each child in a list should have a unique "key" prop.
```

key는 리액트에서 컴포넌트 배열을 렌더링했을 때 어떤 아이템이 추가, 수정, 삭제되었는지 식별하는 것을 돕는 고유값으로 리액트에서 특별하게 관리되며 자식 컴포넌트의 props로 전달되지 않습니다. 이 경고 메시지는 key를 지정하지 않아서 나타나는 경고 메시지입니다. 우리는 각 항목마다 고유한 id를 갖도록 설계했으므로 id를 key로 지정하겠습니다.

src/App.js

```
  ...
  export default function App() {
    ...
    return (
      <ThemeProvider theme={theme}>
        <Container>
          ...
          <List width={width}>
            {Object.values(tasks)
              .reverse()
```

```
            .map(item => (
              <Task key={item.id} text={item.text} />
            ))}
        </List>
      </Container>
    </ThemeProvider>
  );
}
```

key를 지정해주면 경고 메시지가 사라지는 것을 확인할 수 있습니다. 이제 _addTask 함수가 호출되면 tasks에 새로운 할 일 항목이 추가되도록 수정하겠습니다.

src/App.js

```
...
export default function App() {
  ...
  const _addTask = () => {
    const ID = Date.now().toString();
    const newTaskObject = {
      [ID]: { id: ID, text: newTask, completed: false },
    };
    setNewTask('');
    setTasks({ ...tasks, ...newTaskObject });
  };
  ...
}
```

id는 할 일 항목이 추가되는 시간의 타임스탬프^{timestamp}를 이용하고 내용을 나타내는 text는 Input 컴포넌트에 입력된 값을 지정합니다. 새로 입력되는 항목이므로 완료 여부를 나타내는 completed는 항상 false가 됩니다. 마지막으로 newTask의 값을 빈 문자열로 지정해서 Input 컴포넌트를 초기화하고, 기존의 목록을 유지한 상태에서 새로운 항목이 추가되도록 구성했습니다.

그림 5-19 할 일 추가하기

어떤가요? 여러분도 추가 기능이 잘 동작하나요?

5.5.2 삭제 기능

이번에는 항목 삭제 기능을 구현해보겠습니다.

src/App.js

```
...

export default function App() {
  ...
  const _addTask = () => {...};
  const _deleteTask = id => {
    const currentTasks = Object.assign({}, tasks);
    delete currentTasks[id];
    setTasks(currentTasks);
  };

  ...
  return (
    <ThemeProvider theme={theme}>
      <Container>
```

```
      ...
      <List width={width}>
        {Object.values(tasks)
          .reverse()
          .map(item => (
          <Task key={item.id} item={item} deleteTask={_deleteTask} />
          ))}
      </List>
    </Container>
  </ThemeProvider>
  );
}
```

삭제 버튼을 클릭했을 때 항목의 id를 이용하여 tasks에서 해당 항목을 삭제하는 _deleteTask 함수를 작성했습니다. Task 컴포넌트에 생성된 항목 삭제 함수와 함께 항목 내용 전체를 전달해 자식 컴포넌트에서도 항목의 id를 확인할 수 있도록 수정했습니다. 이제 Task 컴포넌트를 전달받은 내용이 사용되도록 수정하겠습니다.

src/components/Task.js

```
  ...

  const Task = ({ item, deleteTask }) => {
    return (
      <Container>
        <IconButton type={images.uncompleted} />
        <Contents>{item.text}</Contents>
        <IconButton type={images.update} />
        <IconButton type={images.delete} id={item.id} onPressOut={deleteTask} />
      </Container>
    );
  };

  Task.propTypes = {
    item: PropTypes.object.isRequired,
    deleteTask: PropTypes.func.isRequired,
  };

  export default Task;
```

PropTypes를 전달되는 props에 맞게 수정했습니다. props로 전달된 deleteTask 함수는 삭제 버튼으로 전달했고, 함수에서 필요한 항목의 id도 함께 전달했습니다. 이제 IconButton 컴포넌트에서 전달된 함수를 이용하도록 수정하겠습니다.

src/components/IconButton.js

```
...
const IconButton = ({ type, onPressOut, id }) => {
  const _onPressOut = () => {
    onPressOut(id);
  };

  return (
    <TouchableOpacity onPressOut={_onPressOut}>
      <Icon source={type} />
    </TouchableOpacity>
  );
};

IconButton.defaultProps = {
  onPressOut: () => {},
};

IconButton.propTypes = {
  type: PropTypes.oneOf(Object.values(images)).isRequired,
  onPressOut: PropTypes.func,
  id: PropTypes.string,
};

export default IconButton;
```

props로 onPressOut이 전달되지 않았을 경우에도 문제가 발생하지 않도록 defaultProps를 이용해 onPressOut의 기본값을 지정했습니다. props로 전달되는 값들의 propTypes를 지정하고 IconButton 컴포넌트가 클릭되었을 때 전달된 함수가 호출되도록 작성했습니다.

어떤가요? 여러분도 삭제 기능이 잘 동작하나요?

5.5.3 완료 기능

이번에는 완료 여부를 선택하는 버튼의 기능을 구현해보겠습니다. 항목을 완료 상태로 만들어도 다시 미완료 상태로 돌아올 수 있도록 완료 버튼을 만들겠습니다.

```
  ...

export default function App() {
  ...
  const _deleteTask = id => {...};
  const _toggleTask = id => {
    const currentTasks = Object.assign({}, tasks);
    currentTasks[id]['completed'] = !currentTasks[id]['completed'];
    setTasks(currentTasks);
  };

  ...
  return (
    <ThemeProvider theme={theme}>
      <Container>
        ...
        <List width={width}>
          {Object.values(tasks)
            .reverse()
            .map(item => (
              <Task
                key={item.id}
                item={item}
                deleteTask={_deleteTask}
                toggleTask={_toggleTask}
              />
            ))}
        </List>
      </Container>
    </ThemeProvider>
  );
}
```

함수가 호출될 때마다 완료 여부를 나타내는 completed값이 전환되는 함수를 작성했습니다. 삭제 기능과 마찬가지로 작성된 함수를 Task 컴포넌트로 전달했습니다. 이제 Task 컴포넌트를 수정해서 완료 기능을 완성해보겠습니다.

src/components/Task.js

```
  ...
  const Task = ({ item, deleteTask, toggleTask }) => {
```

```
  return (
    <Container>
      <IconButton
        type={item.completed ? images.completed : images.uncompleted}
        id={item.id}
        onPressOut={toggleTask}
      />
      <Contents>{item.text}</Contents>
      <IconButton type={images.update} />
      <IconButton type={images.delete} id={item.id} onPressOut={deleteTask} />
    </Container>
  );
};

Task.propTypes = {
  item: PropTypes.object.isRequired,
  deleteTask: PropTypes.func.isRequired,
  toggleTask: PropTypes.func.isRequired,
};

export default Task;
```

props로 전달된 toggleTask 함수를 완료 상태를 나타내는 버튼의 onPressOut으로 설정하고, 항목 완료 여부에 따라 버튼 이미지가 다르게 나타나도록 수정했습니다. 여러분도 완료 버튼을 클릭할 때마다 아이콘 이미지가 잘 변경되는지 확인해보세요.

그림 5-20 완료 기능

완료된 항목은 아이콘 이미지만 변경되는 것이 아니라, 수정 기능을 사용하지 않도록 수정 버튼이 나타나지 않게 Task 컴포넌트를 수정합니다. 추가적으로 미완료 항목과 조금 더 명확하게 구분되도록 디자인도 수정합니다.

src/components/Task.js

```
...

const Contents = styled.Text`
  flex: 1;
  font-size: 24px;
  color: ${({ theme, completed }) => (completed ? theme.done : theme.text)};
  text-decoration-line: ${({ completed }) =>
    completed ? 'line-through' : 'none'};
`;

const Task = ({ item, deleteTask, toggleTask }) => {
  return (
    <Container>
      <IconButton
        type={item.completed ? images.completed : images.uncompleted}
        id={item.id}
        onPressOut={toggleTask}
        completed={item.completed}
      />
      <Contents completed={item.completed}>{item.text}</Contents>
      {item.completed || <IconButton type={images.update} />}
      <IconButton
        type={images.delete}
        id={item.id}
        onPressOut={deleteTask}
        completed={item.completed}
      />
    </Container>
  );
};
...
```

항목의 completed값에 따라 수정 버튼이 렌더링되지 않도록 수정했습니다. Contents 컴포넌트에 completed를 전달한 후 완료 여부에 따라 취소선이 나타나고 글자 색이 변경되도록 스타일이 변경되었고, 아이콘 버튼에도 completed를 전달했습니다. 이제 IconButton 컴포넌트에서 completed의 값에 따라 다른 스타일이 적용되도록 수정하겠습니다.

src/components/IconButton.js

```
...
const Icon = styled.Image`
  tint-color: ${({ theme, completed }) =>
    completed ? theme.done : theme.text};
  width: 30px;
  height: 30px;
  margin: 10px;
`;

const IconButton = ({ type, onPressOut, id, completed }) => {
  ...
  return (
    <TouchableOpacity onPressOut={_onPressOut}>
      <Icon source={type} completed={completed} />
    </TouchableOpacity>
  );
};
...

IconButton.propTypes = {
  type: PropTypes.oneOf(Object.values(images)).isRequired,
  onPressOut: PropTypes.func,
  id: PropTypes.string,
  completed: PropTypes.bool,
};

export default IconButton;
```

IconButton 컴포넌트에서도 항목 완료 여부에 따라 아이콘 이미지의 색이 변경되도록 수정했습니다.

그림 5-21 할 일 항목 완료 디자인

여러분이 보기에 어떤가요? 이전보다 완료된 항목의 구분이 조금 더 명확해지지 않았나요?

5.5.4 수정 기능

이번에는 수정 기능을 만들어보겠습니다. 수정 버튼을 클릭하면 해당 항목이 Input 컴포넌트로 변경되면서 내용을 수정할 수 있도록 구현할 것입니다. 우선 App 컴포넌트에서 수정 완료된 항목이 전달되면 tasks에서 해당 항목을 변경하는 함수를 작성하겠습니다.

src/App.js

```
...
export default function App() {
  ...
  const _toggleTask = id => {...};
  const _updateTask = item => {
    const currentTasks = Object.assign({}, tasks);
    currentTasks[item.id] = item;
    setTasks(currentTasks);
  };
```

```
    ...
    return (
      <ThemeProvider theme={theme}>
        <Container>
          ...
          <List width={width}>
            {Object.values(tasks)
              .reverse()
              .map(item => (
                <Task
                  key={item.id}
                  item={item}
                  deleteTask={_deleteTask}
                  toggleTask={_toggleTask}
                  updateTask={_updateTask}
                />
              ))}
          </List>
        </Container>
      </ThemeProvider>
    );
  }
```

수정된 항목이 전달되면 할 일 목록에서 해당 항목을 수정하는 _updateTask 함수를 작성하고 Task 컴포넌트에서 사용할 수 있도록 함수를 전달했습니다. 이제 Task 컴포넌트에서 수정 버튼을 클릭하면 항목의 현재 내용을 가진 Input 컴포넌트가 렌더링되어 사용자가 수정할 수 있도록 만들겠습니다.

src/components/Task.js

```
import React, { useState } from 'react';
import styled from 'styled-components/native';
import PropTypes from 'prop-types';
import IconButton from './IconButton';
import { images } from '../images';
import Input from './Input';

...
const Task = ({ item, deleteTask, toggleTask, updateTask }) => {
  const [isEditing, setIsEditing] = useState(false);
  const [text, setText] = useState(item.text);
```

```
    const _handleUpdateButtonPress = () => {
      setIsEditing(true);
    };
    const _onSubmitEditing = () => {
      if (isEditing) {
        const editedTask = Object.assign({}, item, { text });
        setIsEditing(false);
        updateTask(editedTask);
      }
    };
    return isEditing ? (
      <Input
        value={text}
        onChangeText={text => setText(text)}
        onSubmitEditing={_onSubmitEditing}
      />
    ) : (
      <Container>
        ...
        {item.completed || (
          <IconButton
            type={images.update}
            onPressOut={_handleUpdateButtonPress}
          />
        )}
        ...
      </Container>
    );
  };

Task.propTypes = {
  item: PropTypes.object.isRequired,
  deleteTask: PropTypes.func.isRequired,
  toggleTask: PropTypes.func.isRequired,
  updateTask: PropTypes.func.isRequired,
};

export default Task;
```

수정 상태를 관리하기 위해 isEditing 변수를 생성하고 수정 버튼이 클릭되면 값이 변하도록
작성했습니다. 수정되는 내용을 담을 text 변수를 생성하고 Input 컴포넌트의 값으로 설정했
습니다. 화면은 isEditing의 값에 따라 항목 내용이 아닌 Input 컴포넌트가 렌더링되도록 수정

되었고, Input 컴포넌트에서 완료 버튼을 클릭하면 App 컴포넌트에서 전달된 updateTask 함수가 호출되도록 했습니다.

그림 5-22 할 일 수정

어떤가요? 여러분도 수정 기능이 잘 동작하나요?

5.5.5 입력 취소하기

항목을 추가하거나 수정하는 도중에는 입력을 취소할 방법이 없습니다. 입력 중에 다른 영역을 클릭해서 Input 컴포넌트가 포커스를 잃으면 입력 중인 내용이 사라지고 취소되도록 Input 컴포넌트를 수정하겠습니다.

src/components/Input.js

```
...
const Input = ({
  placeholder,
  value,
  onChangeText,
  onSubmitEditing,
```

```
    onBlur,
  }) => {
    const width = Dimensions.get('window').width;

    return (
      <StyledInput
        ...
        onSubmitEditing={onSubmitEditing}
        onBlur={onBlur}
      />
    );
  };

Input.propTypes = {
  placeholder: PropTypes.string,
  value: PropTypes.string.isRequired,
  onChangeText: PropTypes.func.isRequired,
  onSubmitEditing: PropTypes.func.isRequired,
  onBlur: PropTypes.func.isRequired,
};

export default Input;
```

Input 컴포넌트에 onBlur 함수가 반드시 전달되도록 propTypes를 수정하고 전달된 함수를 사용하도록 수정했습니다. 이제 Input 컴포넌트를 이용하는 곳에서 onBlur 함수를 전달하도록 수정하겠습니다.

src/App.js

```
  ...
  export default function App() {
    ...
    const _onBlur = () => {
      setNewTask('');
    };

    return (
      <ThemeProvider theme={theme}>
        <Container>
          ...
          <Input
            placeholder="+ Add a Task"
            value={newTask}
```

```
          onChangeText={_handleTextChange}
          onSubmitEditing={_addTask}
          onBlur={_onBlur}
        />
        <List width={width}>
          ...
        </List>
      </Container>
    </ThemeProvider>
  );
}
```

App 컴포넌트에서 Input 컴포넌트가 포커스를 잃으면 추가 중이던 값을 초기화하는 onBlur 함수를 추가했습니다. 이제 Task 컴포넌트에서도 수정 중에 포커스를 잃으면 초기화되도록 수정하겠습니다.

src/components/Task.js

```
...
const Task = ({ item, deleteTask, toggleTask, updateTask }) => {
  ...
  const _onBlur = () => {
    if (isEditing) {
      setIsEditing(false);
      setText(item.text);
    }
  };

  return isEditing ? (
    <Input
      value={text}
      onChangeText={text => setText(text)}
      onSubmitEditing={_onSubmitEditing}
      onBlur={_onBlur}
    />
  ) : (
    <Container>
      ...
    </Container>
  );
};
...
```

Task 컴포넌트에서도 수정 상태일 때 Input 컴포넌트의 포커스를 잃으면 수정 중인 내용을 초기화하고 수정 상태를 종료하는 함수를 추가했습니다.

어떤가요? 여러분도 입력 취소 기능이 잘 동작하나요? 입력 중에 빈 공간을 클릭하거나 다른 항목을 클릭하면 쉽게 테스트할 수 있습니다.

5.6 부가 기능

이제 우리가 계획한 기능을 갖춘 할 일 관리 애플리케이션을 완성했습니다. 하지만 애플리케이션을 재시작할 때마다 내용이 초기화되고, 로딩될 때 나타나는 화면은 미완성된 애플리케이션처럼 느껴집니다. 이번에는 데이터를 저장하고 불러오는 기능과 로딩 화면을 변경하는 방법에 대해 알아보겠습니다.

5.6.1 데이터 저장하기

리액트 네이티브에서는 AsyncStorage를 이용해 로컬에 데이터를 저장하고 불러오는 기능을 구현할 수 있습니다. AsyncStorage는 비동기로 동작하며 문자열로 된 키-값$^{key-value}$ 형태의 데이터를 기기에 저장하고 불러올 수 있는 기능을 제공합니다.

리액트 네이티브에서 제공하는 AsyncStorage는 아직 사용할 수 있지만, 공식 문서에는 Deprecated라고 되어 있습니다. 문서에도 안내되어 있듯이 AsyncStorage대신 react-native-community에서 관리하는 async-storage를 설치해서 사용하는 것을 권장합니다.

- **async-storage**: https://github.com/react-native-community/async-storage

다음 명령어를 사용해 async-storage를 설치하고 데이터 저장 기능을 구현하겠습니다.

```
expo install @react-native-community/async-storage
```

src/App.js

```
...
import AsyncStorage from '@react-native-community/async-storage';

...
export default function App() {
  ...
  const [tasks, setTasks] = useState({});

  const _saveTasks = async tasks => {
    try {
      await AsyncStorage.setItem('tasks', JSON.stringify(tasks));
      setTasks(tasks);
    } catch (e) {
      console.error(e);
    }
  };

  const _addTask = () => {
    const ID = Date.now().toString();
    const newTaskObject = {
      [ID]: { id: ID, text: newTask, completed: false },
    };
    setNewTask('');
    _saveTasks({ ...tasks, ...newTaskObject });
  };
  const _deleteTask = id => {
    const currentTasks = Object.assign({}, tasks);
    delete currentTasks[id];
    _saveTasks(currentTasks);
  };
  const _toggleTask = id => {
    const currentTasks = Object.assign({}, tasks);
    currentTasks[id]['completed'] = !currentTasks[id]['completed'];
    _saveTasks(currentTasks);
  };
  const _updateTask = item => {
```

```
      const currentTasks = Object.assign({}, tasks);
      currentTasks[item.id] = item;
      _saveTasks(currentTasks);
    };


    ...
  }
```

테스트를 위해 tasks의 초기값으로 작성했던 내용을 삭제한 후 AsyncStorage를 이용해 tasks 라는 문자열을 키로 하여 전달된 항목들을 문자열로 변환해서 저장하는 _saveTasks 함수를 작성했습니다. tasks의 값이 변경될 때마다 저장해야 하므로 setTasks 세터 함수를 이용하는 곳에서 _saveTasks 함수를 호출하도록 수정했습니다.

5.6.2 데이터 불러오기

이번에는 저장된 데이터를 불러오는 함수를 작성하겠습니다.

src/App.js

```
  ...
  export default function App() {
    ...
    const _saveTasks = async tasks => {...};
    const _loadTasks = async () => {
      const loadedTasks = await AsyncStorage.getItem('tasks');
      setTasks(JSON.parse(loadedTasks || '{}'));
    };
    ...
  }
```

항목을 저장할 때 사용했던 키와 동일한 키로 데이터를 불러오고 객체로 변환하여 tasks에 입력하는 _loadTasks 함수를 작성했습니다. 작성된 _loadTask 함수가 애플리케이션이 로딩되는 단계에서 실행되고, 첫 화면이 나타나기 전에 완료되어 불러온 항목이 화면에 렌더링되는 것이 가장 자연스러운 모습이겠죠?

Expo에서 제공하는 AppLoading 컴포넌트를 이용하면 이런 작업을 쉽게 구현할 수 있습니다. AppLoading 컴포넌트는 특정 조건에서 로딩 화면이 유지되도록 하는 기능으로, 렌더링하기 전에 처리해야 하는 작업을 수행하는 데 유용하게 사용됩니다. AppLoading 컴포넌트를 사용해서 첫 화면이 렌더링되기 전에 _loadTask 함수가 호출되도록 하겠습니다.

src/App.js

```
...
import AsyncStorage from '@react-native-community/async-storage';
import { AppLoading } from 'expo';

...
export default function App() {
  const width = Dimensions.get('window').width;

  const [isReady, setIsReady] = useState(false);
  const [newTask, setNewTask] = useState('');
  const [tasks, setTasks] = useState({});

  ...
  return isReady ? (
    <ThemeProvider theme={theme}>
      ...
    </ThemeProvider>
  ) : (
    <AppLoading
      startAsync={_loadTasks}
      onFinish={() => setIsReady(true)}
      onError={console.error}
    />
  );
}
```

useState를 이용해 화면의 준비 상태를 관리할 isReady를 생성하고 isReady의 값에 따라 AppLoading 컴포넌트를 이용해 로딩 화면이 나타나도록 작성했습니다. AppLoading 컴포넌트에 설정된 값들은 각각 다음과 같은 역할을 합니다.

- **startAsync:** AppLoading 컴포넌트가 동작하는 동안 실행될 함수
- **onFinish:** startAsync가 완료되면 실행할 함수
- **onError:** startAsync에서 오류가 발생하면 실행할 함수

로딩 화면에서 저장한 데이터를 불러오고, 불러오기 작업이 완료되면 isReady 값을 변경해 화면을 렌더링하도록 작성했습니다. 어떤가요? 여러분도 애플리케이션을 재시작했을 때 이전에

작성한 내용이 잘 나타나나요?

혹시 로딩 화면이 너무 짧게 지나가서 안타까운 분들은 AppLoading 컴포넌트에 적용한 설정을 모두 지우고 〈AppLoading /〉 상태로 실행해보세요.

그림 5-23 로딩 화면

5.6.3 로딩 화면과 아이콘

로딩 화면도 우리가 원하는 화면으로 변경하면 조금 더 멋진 모습이 되겠죠? 프로젝트 생성과 함께 assets 폴더에 생성되는 splash.png 파일, icon.png 파일은 각각 로딩 화면과 애플리케이션의 아이콘으로 사용되는 이미지입니다. app.json 파일의 내용을 보면 프로젝트에서 아이콘과 로딩 화면으로 사용되는 이미지를 지정하고 있는 내용을 확인할 수 있습니다.

app.json

```
{
  "expo": {
    ...
    "icon": "./assets/icon.png",
    "splash": {
```

```
        "image": "./assets/splash.png",
        "resizeMode": "contain",
        "backgroundColor": "#ffffff"
    },
    ...
  }
}
```

먼저 로딩 이미지를 변경해보겠습니다. 로딩 화면으로 사용될 이미지의 크기는 다양한 기기에 대응하기 위해 1242 × 2436으로 준비하는 것이 좋습니다. 저는 구글 머티리얼 디자인에서 아이콘 이미지를 다운받은 후 약간의 작업을 통해 이미지를 만들었습니다. 파일명은 splash. png로 하면 되는데, 만약 다른 파일명으로 유지하고 싶다면 app.json 파일에서 splash의 이미지 경로를 알맞게 수정하면 됩니다.

그림 5-24 로딩 이미지 변경

로딩 이미지가 변경되었지만 기기의 크기에 따라 공백이 생기는 경우가 있습니다. 이때는 resizeMode혹은 backgroundColor의 값을 변경해서 공백 부분을 제거할 수 있습니다. resizeMode의 값을 cover로 변경하면 로딩 화면으로 사용하는 이미지가 화면 전체를 덮을 수 있도록 렌더링되고 backgroundColor의 값을 변경하면 흰색으로 나타나는 공백 부분이 지정한 색으로 렌더링됩니다. 여기서는 backgroundColor의 값을 변경하여 빈 공백이 나타나지 않도록 수정하겠습니다.

app.json

```json
{
  "expo": {
    ...
    "icon": "./assets/icon.png",
    "splash": {
      "image": "./assets/splash.png",
      "resizeMode": "contain",
      "backgroundColor": "#778bdd"
    },
    ...
  }
}
```

어떤가요? 여러분도 로딩 화면이 화면을 가득 채운 상태로 나타나나요?

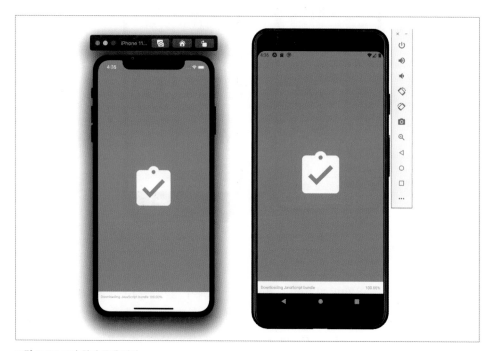

그림 5-25 로딩 화면 공백 제거

이번에는 icon.png 파일을 변경해서 아이콘을 바꿔보겠습니다. 아이콘으로 사용할 이미지는 iOS의 경우 1024 × 1024 크기가 필요하고 안드로이드의 경우 최소 512 × 512 크기의 이미지가 필요하므로, 1024 × 1024 크기의 이미지를 만들어서 icon.png 파일을 변경하겠습니다. Expo 프로젝트는 Expo 애플리케이션 혹은 메뉴 화면에서 아이콘을 확인할 수 있습니다.

NOTE_

애플리케이션을 설치해서 확인하는 과정은 10장에서 진행하겠습니다.

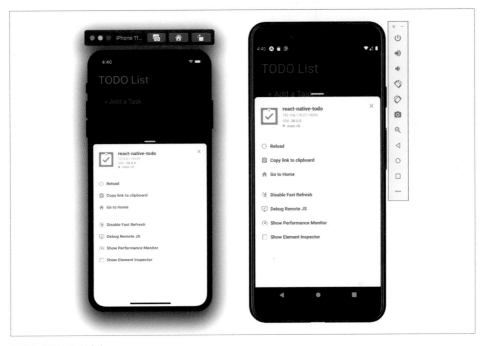

그림 5-26 아이콘 변경

어떤가요? 여러분도 아이콘이 잘 변경되었나요?

5.7 마치며

축하합니다. 여러분의 첫 번째 리액트 네이티브 프로젝트가 완성되었습니다. 4가지의 기본적인 기능만 있는 작은 프로젝트였지만, 지금까지 공부했던 컴포넌트와 스타일링을 복습하는 데 많은 도움이 되었을 것이라 생각합니다.

프로젝트를 진행하며 iOS와 안드로이드에서 약간씩 다르게 보이는 부분을 확인했나요? 이렇게 적용되는 속성이 다르거나 기기의 크기에 따라 의도했던 모습과 다른 모습으로 보이는 경우가 있습니다. 그러므로 한 가지 플랫폼을 기준으로 개발하더라도 중간중간 다른 플랫폼의 결과물을 확인하는 것이 중요합니다. 혹은 이번 장에서 진행한 것처럼 두 플랫폼 모두 확인하면서 진행하는 것도 한 가지 방법입니다. 그리고 가능하다면 가상 기기뿐 아니라 실제 기기에서도 테스트를 진행해보는 것을 추천합니다.

디자인 도구

피그마(Figma)

책의 내용을 진행하거나 프로젝트를 진행하다 보면 이미지를 만들어야 하는 경우가 많이 발생합니다. 구글 머티리얼 디자인이나 기타 다른 방법으로 이미지를 구할 수도 있지만, 몇몇 이미지들은 직접 만들어서 사용해야 하는 상황이 있습니다.

이러한 상황에서 사용하기 좋은 서비스로 디자인 협업을 위한 UI 편집 및 프로토타이핑 도구인 Figma를 추천합니다.

- **Figma**: https://www.figma.com/

몇 가지 제약 사항이 있지만 무료로 사용할 수 있고, 포토샵 등의 전문 도구보다 사용하기 쉽고 빠르다는 장점이 있습니다. 저도 책에서 직접 제작해야 하는 이미지는 모두 Figma를 이용해서 만들었습니다.

색 조합

이미지는 Figma를 이용해서 만든다고 해도 색 조합을 만드는 것은 매우 어렵습니다. 만약 본인이 디자이너거나 디자이너의 도움을 받을 수 있다면 디자이너의 도움을 받는 것이 가장 좋지만, 직접 색 조합을 만들어야 하는 상황이라면 다음과 같은 서비스들을 활용하는 것이 좋습니다.

- **Palettes**: https://flatuicolors.com/
- **Coolors**: https://coolors.co/
- **Paletton**: https://paletton.com

Palettes는 이미 완성된 색 조합을 제공하므로 어울리는 색 조합을 쉽고 빠르게 완성할 수 있습니다.

Coolors는 조합된 색 구성을 이용할 수 있으며 원하는 색 조합을 만들 수도 있습니다.

Paletton은 중심이 되는 색을 정하고 그 색을 기준으로 다양한 색 조합을 만들 수 있는 서비스입니다.

세 서비스 모두 색 조합을 만들어내는 데 많은 도움이 되는 서비스입니다. 한 번씩 확인해보고 자신에게 가장 잘 맞는 서비스를 사용해보세요.

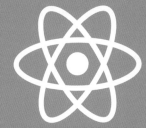

6장 Hooks I

Hooks는 리액트 16.8 버전에서 새롭게 추가된 기능입니다. 리액트 네이티브 0.59 버전에서부터 리액트 16.8 버전을 사용하므로 리액트 네이티브 0.59 버전부터 사용할 수 있습니다.

이전에는 컴포넌트의 상태를 관리하거나 생명 주기에 따라 특정 작업을 수행하려면 클래스형 컴포넌트를 사용해야 했습니다. 하지만 Hooks를 이용할 수 있게 되면서 함수형 컴포넌트에서도 상태를 관리할 수 있게 되었고 컴포넌트의 생명 주기에 맞춰 특정 작업을 수행할 수 있게 되었습니다.

다음 명령어를 이용해 실습에서 사용할 프로젝트를 생성합니다.

```
expo init react-native-hooks
```

프로젝트 생성이 완료되면 실습에서 함께 사용할 스타일드 컴포넌트를 설치합니다.

```
npm install styled-components
```

스타일드 컴포넌트 설치가 완료되면 src 폴더를 생성하고 App 컴포넌트를 다음과 같이 작성합니다. 실습에서는 App 컴포넌트를 다시 작성하지 않아도 문제되지 않지만, 리액트 네이티브를 익숙하게 다룰 수 있도록 연습하기 위해 작성하도록 하겠습니다.

src/App.js

```javascript
import React from 'react';
import styled from 'styled-components/native';

const Container = styled.View`
  flex: 1;
  background-color: #fff;
  justify-content: center;
  align-items: center;
`;

const App = () => {
  return <Container></Container>;
};

export default App;
```

App 컴포넌트 작성이 완료되면 루트 디렉터리에 있는 App.js 파일을 다음과 같이 변경합니다.

App.js

```
import App from './src/App';

export default App;
```

이제 src 폴더 안에 components 폴더를 생성하고 실습에서 사용할 간단한 Button 컴포넌트를 작성하겠습니다.

src/components/Button.js

```
import React from 'react';
import styled from 'styled-components/native';

const Container = styled.TouchableOpacity`
  background-color: #3498db;
  border-radius: 15px;
  padding: 15px 30px;
  margin: 10px 0px;
  justify-content: center;
`;
const Title = styled.Text`
  font-size: 24px;
  font-weight: 600;
  color: #ffffff;
`;

const Button = ({ title, onPress }) => {
  return (
    <Container onPress={onPress}>
      <Title>{title}</Title>
    </Container>
  );
};

export default Button;
```

6.1 useState

가장 먼저 3장에서 컴포넌트 상태를 관리하기 위해 알아봤던 useState에 대해 살펴보겠습니다.

예시 코드

```
const [state, setState] = useState(initialState);
```

useState 함수를 호출하면 변수와 그 변수를 수정할 수 있는 세터 함수를 배열로 반환합니다.

useState 함수를 호출하면 파라미터로 전달한 값을 초깃값으로 갖는 상태 변수와 그 변수를 수정할 수 있는 세터 함수를 배열로 반환합니다. useState 함수는 관리해야 하는 상태의 수만큼 여러 번 사용할 수 있습니다. 상태를 관리하는 변수는 반드시 세터 함수를 이용해 값을 변경해야 하고, 상태가 변경되면 컴포넌트가 변경된 내용을 반영하여 다시 렌더링됩니다.

6.1.1 useState 사용하기

components 폴더 안에 Counter.js 파일을 생성하고 useState를 사용해서 다음과 같이 작성하겠습니다.

src/components/Counter.js

```
import React, { useState } from 'react';
import styled from 'styled-components/native';
import Button from './Button';

const StyledText = styled.Text`
  font-size: 24px;
  margin: 10px;
`;

const Counter = () => {
  const [count, setCount] = useState(0);

  return (
```

```
      <>
        <StyledText>count: {count}</StyledText>
        <Button
          title="+"
          onPress={() => {
            setCount(count + 1);
          }}
        />
        <Button
          title="-"
          onPress={() => {
            setCount(count - 1);
          }}
        />
      </>
    );
  };

  export default Counter;
```

숫자의 상태를 나타내는 count를 생성하고, Button 컴포넌트를 이용하여 클릭될 때마다 세터 함수를 이용해 상태를 변경하는 버튼 두 개를 만들었습니다. 이제 App 컴포넌트에서 Counter 컴포넌트를 사용해보겠습니다.

src/App.js

```
...
import Counter from './components/Counter';
...
const App = () => {
  return (
    <Container>
      <Counter />
    </Container>
  );
};
...
```

결과를 보면 잘 동작하는 것을 확인할 수 있습니다.

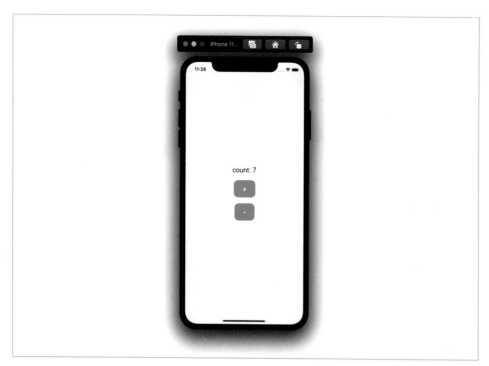

그림 6-1 useState 사용하기

6.1.2 세터 함수

useState에서 반환된 세터 함수를 사용하는 방법은 두 가지입니다. 하나는 우리가 지금까지 사용했던 방법으로 세터 함수에 변경될 상태의 값을 전달하는 방법입니다. 두 번째 방법은 세터 함수의 파라미터에 함수를 전달하는 방법입니다.

예시 코드

```
setState(prevState => {});
```

전달된 함수에는 변경되기 전의 상태 값이 파라미터로 전달되며 이 값을 어떻게 수정할지 정의하면 됩니다.

세터 함수는 비동기로 동작하기 때문에 상태 변경이 여러 번 일어날 경우 상태가 변경되기 전에 또 다시 상태에 대한 업데이트가 실행되는 상황이 발생합니다.

```
...
const Counter = () => {
  const [count, setCount] = useState(0);

  return (
    <>
      <StyledText>count: {count}</StyledText>
      <Button
        title="+"
        onPress={() => {
          setCount(count + 1);
          setCount(count + 1);
          console.log(`count: ${count}`);
        }}
      />
      ...
    </>
  );
};
...
```

Counter 컴포넌트에서 증가 버튼을 클릭했을 때, 세터 함수를 두 번 호출하도록 수정했습니다. 그리고 모든 세터 함수를 호출한 후 상태의 값을 확인해보겠습니다.

그림 6-2 세터 함수

증가 버튼을 클릭해도 1씩 증가하고 로그를 확인하면 증가되기 전인 현재 상태값이 나타나는 것을 확인할 수 있습니다.

```
count: 0
count: 1
count: 2
```

세터 함수가 비동기로 동작하기 때문에 세터 함수를 호출해도 바로 상태가 변경되지 않는다는 점에서 발생하는 문제입니다. 이렇게 상태에 대해 여러 업데이트가 함께 발생할 경우, 세터 함수에 함수를 인자로 전달하여 이전 상태값을 이용하면 문제를 해결할 수 있습니다.

src/components/Counter.js

```
...
const Counter = () => {
  const [count, setCount] = useState(0);

  return (
    <>
      <StyledText>count: {count}</StyledText>
      <Button
        title="+"
        onPress={() => {
          setCount(prevCount => prevCount + 1);
          setCount(prevCount => prevCount + 1);
        }}
      />
      ...
    </>
  );
};
...
```

어떤가요? 이제 여러분도 버튼을 클릭할 때마다 2씩 증가하나요?

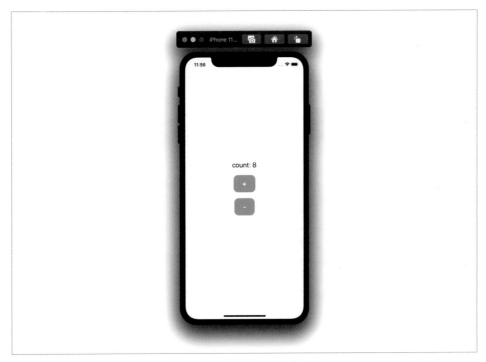

그림 6-3 세터 함수 중복 호출

이렇게 이전 상태의 값에 의존하여 상태를 변경할 경우, 세터 함수에 함수를 인자로 전달하여
이전 값을 이용하도록 작성해야 문제가 생기지 않습니다.

6.2 useEffect

useEffect는 컴포넌트가 렌더링될 때마다 원하는 작업이 실행되도록 설정할 수 있는 기능으로
사용 방법은 다음과 같습니다.

예시 코드

```
useEffect(() => {}, []);
```

useEffect의 첫 번째 파라미터로 전달된 함수는 조건을 만족할 때마다 호출되고, 두 번째 파라미터로 전달되는 배열을 이용해 함수가 호출되는 조건을 설정할 수 있습니다.

6.2.1 useEffect 사용하기

useEffect의 두 번째 파라미터에 어떤 값도 전달하지 않으면 useEffect의 첫 번째 파라미터로 전달된 함수는 컴포넌트가 렌더링될 때마다 호출됩니다. components 폴더 밑에 Form.js 파일을 생성하고 이메일과 이름을 입력받는 컴포넌트를 작성해보겠습니다.

src/components/Form.js

```
import React, { useState, useEffect } from 'react';
import styled from 'styled-components/native';

const StyledTextInput = styled.TextInput.attrs({
  autoCapitalize: 'none',
  autoCorrect: false,
})`
  border: 1px solid #757575;
  padding: 10px;
  margin: 10px 0;
  width: 200px;
  font-size: 20px;
`;
const StyledText = styled.Text`
  font-size: 24px;
  margin: 10px;
`;

const Form = () => {
  const [name, setName] = useState('');
  const [email, setEmail] = useState('');

  useEffect(() => {
    console.log(`name: ${name}, email: ${email}\n`);
  });
```

```
    return (
      <>
        <StyledText>Name: {name}</StyledText>
        <StyledText>Email: {email}</StyledText>
        <StyledTextInput
          value={name}
          onChangeText={text => setName(text)}
          placeholder="name"
        />
        <StyledTextInput
          value={email}
          onChangeText={text => setEmail(text)}
          placeholder="email"
        />
      </>
    );
};

export default Form;
```

TextInput 컴포넌트를 이용해서 이메일과 이름을 입력받는 컴포넌트를 만들고, useEffect를 사용해서 컴포넌트가 다시 렌더링될 때마다 name과 email을 출력하도록 작성했습니다.

이제 App 컴포넌트에서 작성한 Form 컴포넌트를 사용해보겠습니다.

src/App.js

```
...
import Form from './components/Form';
...
const App = () => {
  return (
    <Container>
      <Form />
    </Container>
  );
};
...
```

그림 6-4 useEffect 사용하기

어떤가요? 여러분도 값을 변경할 때마다 useEffect에 전달한 함수가 잘 실행되나요?

6.2.2 특정 조건에서 실행하기

useEffect에 설정한 함수를 특정 상태가 변경될 때만 호출하고 싶은 경우, useEffect의 두 번째 파라미터에 해당 상태를 관리하는 변수를 배열로 전달하면 됩니다. 상태의 값을 변경하는 세터 함수가 비동기로 동작하므로 상태의 값이 변경되면 실행할 함수를 useEffect를 이용해서 정의해야 합니다. 이번에는 email이 변경될 때만 useEffect가 동작하도록 Form 컴포넌트를 수정해보겠습니다.

src/components/Form.js

```
...
const Form = () => {
  ...
  useEffect(() => {
    console.log(`name: ${name}, email: ${email}\n`);
  }, [email]);
  ...
};
...
```

useEffect의 두 번째 파라미터로 email을 지정해 email의 상태가 변경되었을 때만 함수가 실행되도록 수정했습니다.

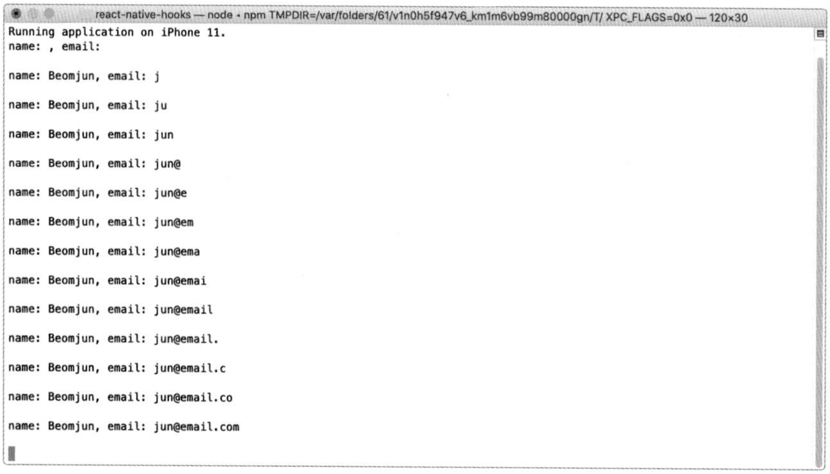

그림 6-5 useEffect의 실행 조건

name이 변경될 때는 실행되지 않지만 email이 변경될 때는 함수가 잘 실행되는 것을 확인할 수 있습니다. 여러분도 잘 동작하고 있나요?

6.2.3 마운트될 때 실행하기

useEffect에 전달된 함수의 실행 조건이 컴포넌트가 마운트^{mount}될 때로 설정하려면 어떻게 해야 할까요? useEffect의 두 번째 파라미터에 빈 배열을 전달하면 컴포넌트가 처음 렌더링될 때만 함수가 호출되도록 작성할 수 있습니다.

src/components/Form.js

```
...
const Form = () => {
  const [name, setName] = useState('');
  const [email, setEmail] = useState('');

  useEffect(() => {
    console.log('\n===== Form Component Mount =====\n');
  }, []);

  ...
```

```
  };
  ...
```

컴포넌트가 처음 렌더링될 때 함수가 호출되고, 이후에는 상태가 변해 컴포넌트가 다시 렌더링되어도 함수가 실행되지 않는다는 것을 확인할 수 있습니다.

```
● ● ●        react-native-hooks — node ▸ npm TMPDIR=/var/folders/61/v1n0h5f947v6_km1m6vb99m80000gn/T/ XPC_FLAGS=0x0 — 120×30
Finished building JavaScript bundle in 49ms.
Running application on iPhone 11.

===== Form Component Mount =====

name: , email:

name: Beomjun, email: j

name: Beomjun, email: ju

name: Beomjun, email: jun

name: Beomjun, email: jun@
```

그림 6-6 useEffect와 컴포넌트 마운트

6.2.4 언마운트될 때 실행하기

만약 컴포넌트가 언마운트^{unmount} 되기 전에 특정 작업을 해야 한다면 어떻게 해야 할까요? useEffect에서는 전달하는 함수에서 반환하는 함수를 정리^{cleanup} 함수라고 하는데, useEffect의 실행 조건이 빈 배열인 경우 컴포넌트가 언마운트될 때 정리 함수를 실행시킵니다.

src/components/Form.js

```
...
const Form = () => {
  ...
  useEffect(() => {
    console.log('\n===== Form Component Mount =====\n');
    return () => console.log('\n===== Form Component Unmount =====\n');
  }, []);
  ...
};
...
```

Form 컴포넌트가 언마운트되는 상황을 테스트하기 위해 App 컴포넌트를 다음과 같이 수정하겠습니다.

src/App.js

```
import React, { useState } from 'react';
import styled from 'styled-components/native';
import Form from './components/Form';
import Button from './components/Button';

...
const App = () => {
  const [isVisible, setIsVisible] = useState(true);

  return (
    <Container>
      <Button
        title={isVisible ? 'Hide' : 'Show'}
        onPress={() => setIsVisible(prev => !prev)}
      />
      {isVisible && <Form />}
    </Container>
  );
};
...
```

useState를 이용해 Form 컴포넌트의 렌더링 상태를 관리할 isVisible을 생성하고, 버튼을 클릭할 때마다 상태를 변경해서 Form 컴포넌트의 렌더링 상태를 관리하도록 수정했습니다.

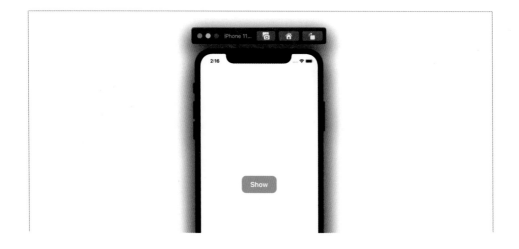

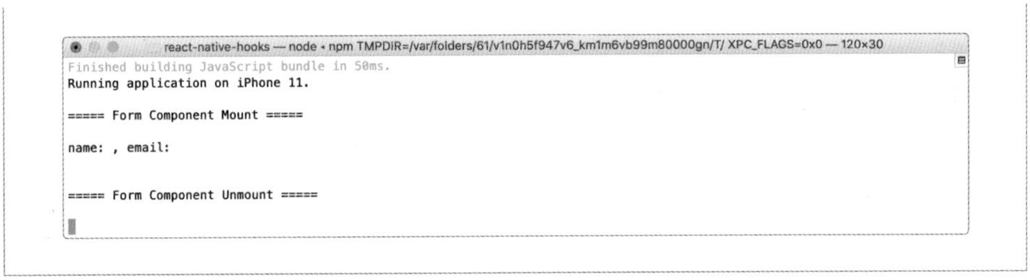

그림 6-7 useEffect와 컴포넌트 언마운트

어떤가요? 여러분도 컴포넌트가 언마운트될 때 정리 함수가 잘 호출되나요?

6.3 useRef

우리는 웹 프로그래밍 시 특정 DOM을 선택해야 하는 상황에서 getElementById 혹은 querySelector와 같은 DOM Selector 함수를 사용합니다. 리액트 네이티브에서도 웹 프로그래밍처럼 특정 컴포넌트를 선택해야 하는 경우가 있습니다. 예를 들어, 컴포넌트로 포커스를 설정하고 싶은 경우 해당 컴포넌트를 선택할 수 있어야 합니다. 이런 상황에서 사용할 수 있는 Hook 함수로 useRef가 있습니다.

예시 코드

```
const ref = useRef(initialValue);
```

useRef를 사용할 때 주의해야 할 점은 두 가지입니다. 첫 번째는 컴포넌트의 ref로 지정하면 생성된 변수에 값이 저장되는 것이 아니라 변수의 .current 프로퍼티^{property}에 해당 값을 담는다는 것입니다. 두 번째는 useState를 이용하여 생성된 상태와 달리 useRef의 내용이 변경돼도 컴포넌트는 다시 렌더링되지 않는다는 점입니다. useRef를 사용할 때는 이 부분에 유의해야 합니다. 이제 useRef를 이용해 지금까지 작성한 Form 컴포넌트를 수정해보겠습니다.

src/components/Form.js

```
import React, { useState, useEffect, useRef } from 'react';
...
```

```
const Form = () => {
  ...
  const refName = useRef(null);
  const refEmail = useRef(null);

  useEffect(() => {
    console.log('\n===== Form Component Mount =====\n');
    refName.current.focus();
    return () => console.log('\n===== Form Component Unmount =====\n');
  }, []);

  ...
  return (
    <>
      ...
      <StyledTextInput
        ...
        ref={refName}
        returnKeyType="next"
        onSubmitEditing={() => refEmail.current.focus()}
      />
      <StyledTextInput
        ...
        ref={refEmail}
        returnKeyType="done"
      />
    </>
  );
};
...
```

useRef 함수를 이용하여 refName과 refEmail을 생성해 각각 이름과 이메일을 입력받는 TextInput 컴포넌트의 ref로 설정했고, 키보드의 완료 버튼을 각각 next와 done으로 변경했습니다. 또한 이름을 입력받는 컴포넌트의 확인(next) 버튼을 클릭하면 이메일을 입력받는 컴포넌트로 포커스가 이동하도록 작성했으며, Form 컴포넌트가 마운트될 때 포커스가 이름을 입력받는 컴포넌트에 있도록 수정했습니다.

그림 6-8 useRef 사용하기

어떤가요? 여러분도 마운트될 때와 확인 버튼을 눌렀을 때 포커스가 잘 이동하나요?

6.4 useMemo

useMemo는 동일한 연산의 반복 수행을 제거해서 성능을 최적화하는 데 사용됩니다.

예시 코드

```
useMemo(() => {}, []);
```

첫 번째 파라미터에는 함수를 전달하고, 두 번째 파라미터에는 함수 실행 조건을 배열로 전달하면 지정된 값에 변화가 있는 경우에만 함수가 호출됩니다.

먼저 components 폴더 밑에 Length.js 파일을 생성하고 문자열의 길이를 계산하는 컴포넌트를 만들겠습니다.

src/components/Length.js

```
import React, { useState } from 'react';
import styled from 'styled-components/native';
import Button from './Button';

const StyledText = styled.Text`
  font-size: 24px;
`;

const getLength = text => {
  console.log(`Target Text: ${text}`);
  return text.length;
};

const list = ['JavaScript', 'Expo', 'Expo', 'React Native'];

let idx = 0;
const Length = () => {
  const [text, setText] = useState(list[0]);
  const [length, setLength] = useState('');

  const _onPress = () => {
    setLength(getLength(text));
    ++idx;
    if (idx < list.length) setText(list[idx]);
  };

  return (
    <>
      <StyledText>Text: {text}</StyledText>
      <StyledText>Length: {length}</StyledText>
      <Button title="Get Length" onPress={_onPress} />
    </>
  );
};

export default Length;
```

JavaScript, Expo, React Native로 4칸짜리 배열을 생성하고, 버튼을 클릭할 때마다 배열을 순환하며 문자열의 길이를 구하는 컴포넌트를 작성했습니다. 이제 Length 컴포넌트를 App 컴포넌트에서 사용하도록 수정하겠습니다.

src/App.js

```
...
import Length from './components/Length';

...
const App = () => {
  return (
    <Container>
      <Length />
    </Container>
  );
};
...
```

화면에서 버튼을 클릭하면 현재 문자열의 길이를 구하는 것을 확인할 수 있습니다. 마지막 문자열 이후에는 더 이상 문자열의 변화가 없기 때문에 같은 문자열의 길이를 반복해서 구합니다.

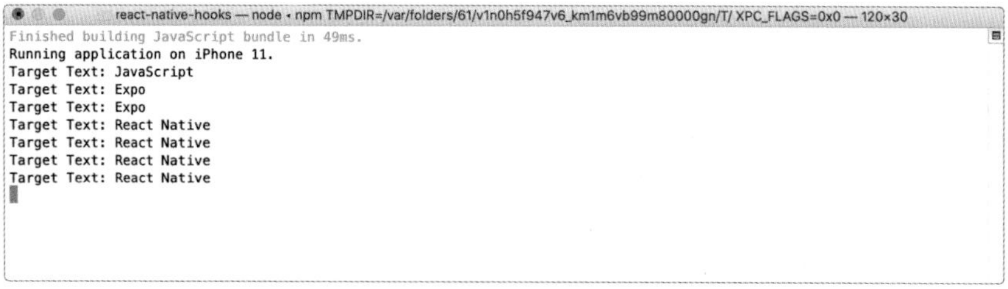

그림 6-9 문자열의 길이 구하기

특별한 문제 없이 잘 동작하지만 아쉬운 부분도 보입니다. 두 번째와 세 번째는 Expo라는 동일한 문자열의 길이를 계산했고, 배열의 마지막 값 이후에는 문자열의 변화가 없는데도 계속해서 getLength 함수가 호출됩니다.

이런 상황에서 useMemo를 이용하면 계산하는 값에 변화가 있는 경우에만 함수가 호출되므로 중복되는 불필요한 연산을 제거할 수 있습니다. Length 컴포넌트에 useMemo를 사용해서 계산할 값에 변화가 없는 경우 getLength 함수가 호출되지 않도록 수정하겠습니다.

src/components/Length.js

```
import React, { useState, useMemo } from 'react';
...
const Length = () => {
  const [text, setText] = useState(list[0]);

  const _onPress = () => {
    ++idx;
    if (idx < list.length) setText(list[idx]);
  };
  const length = useMemo(() => getLength(text), [text]);
  ...
};
...
```

useMemo를 사용해 text의 값이 변경되었을 때만 text 길이를 구하도록 수정했습니다. 결과를 보면 동일한 문자열인 Expo를 다시 계산하지 않고, 배열의 마지막 값 이후에는 문자열의 변화가 없기 때문에 더 이상 getLength 함수를 호출하지 않는다는 것을 확인할 수 있습니다.

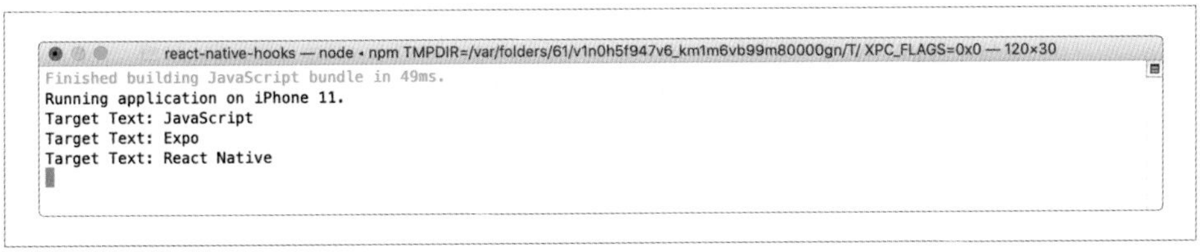

그림 6-10 useMemo 사용하기

useMemo를 이용하면 이와 같이 특정 값에 변화가 있는 경우에만 함수를 실행하고, 값이 변하지 않으면 이전에 연산했던 결과를 이용해 중복된 연산을 방지함으로써 성능을 최적화할 수 있습니다.

6.5 커스텀 Hooks 만들기

Hooks도 컴포넌트처럼 여러분만의 Hook을 만들 수 있습니다. 이번 절에서는 커스텀 Hook 함수를 만들어보겠습니다.

우리가 만들 Hook 함수는 특정 API에 GET 요청을 보내고 응답을 받는 함수입니다. 리액트 네이티브에서는 네트워크 통신을 위해 Fetch와 XMLHttpRequest를 제공하고, 추가적으로 WebSocket도 지원합니다. 이번에는 Fetch를 이용하여 useFetch 라는 이름의 Hook을 만들겠습니다. 먼저 src 폴더 밑에 hooks라는 폴더를 만들고 useFetch Hook 함수를 작성할 useFetch.js 파일을 생성합니다.

src/hooks/useFetch.js

```
import { useState, useEffect } from 'react';

export const useFetch = url => {
  const [data, setData] = useState(null);
  const [error, setError] = useState(null);

  useEffect(async () => {
    try {
      const res = await fetch(url);
      const result = await res.json();
      if (res.ok) {
```

```
        setData(result);
        setError(null);
      } else {
        throw result;
      }
    } catch (error) {
      setError(error);
    }
  }, []);

  return { data, error };
};
```

전달받은 API의 주소로 요청을 보내고 그 결과를 성공 여부에 따라 data 혹은 error에 담아서 반환하는 useFetch를 만들었습니다. 이제 만들어진 useFetch를 이용해 API 요청하는 Dog 컴포넌트를 작성하겠습니다.

src/components/Dog.js

```
import React from 'react';
import styled from 'styled-components/native';
import { useFetch } from '../hooks/useFetch';

const StyledImage = styled.Image`
  background-color: #7f8c8d;
  width: 300px;
  height: 300px;
`;
const ErrorMessage = styled.Text`
  font-size: 18px;
  color: #e74c3c;
`;

const URL = 'https://dog.ceo/api/breeds/image/random';
const Dog = () => {
  const { data, error } = useFetch(URL);

  return (
    <>
      <StyledImage source={data?.message ? { uri: data.message } : null} />
      <ErrorMessage>{error?.message}</ErrorMessage>
    </>
  );
```

```
};

export default Dog;
```

Dogs API를 이용해 무작위로 강아지 사진을 받아오는 컴포넌트를 만들었습니다.

- **Dogs API:** https://dog.ceo/dog-api/

> **NOTE_**
>
> Dogs API 외에도 깃허브 public apis 리포지터리(repository)에서 다양한 API를 소개하고 있습니다.
>
> public-apis: https://github.com/public-apis/public-apis

이제 작성한 Dog 컴포넌트를 App 컴포넌트에서 사용하고 결과를 확인해보겠습니다.

src/App.js

```
...
import Dog from './components/Dog';

...
const App = () => {
  return (
    <Container>
      <Dog />
    </Container>
  );
};
...
```

결과를 확인해보면 다음과 같은 경고 메시지가 나타나는 것을 볼 수 있습니다.

```
Warning: An effect function must not return anything besides a function, which
is used for clean-up.

It looks like you wrote useEffect(async () => ...) or returned a Promise.
Instead, write the async function inside your effect and call it immediately:

useEffect(() => {
  async function fetchData() {
    // You can await here
```

```
    const response = await MyAPI.getData(someId);
    // ...
  }
  fetchData();
}, [someId]); // Or [] if effect doesn't need props or state

Learn more about data fetching with Hooks: https://fb.me/react-hooks-data-
fetching,
```

이 메시지는 useEffect의 첫 번째 파라미터로 비동기 함수를 전달했기 때문에 나타나는 경고 메시지입니다. 비동기 함수를 이용해야 하는 상황에서는 useEffect에 전달되는 함수 내부에 비동기 함수를 정의하고 사용하는 방법으로 이 문제를 해결할 수 있습니다.

src/hooks/useFetch.js

```javascript
import { useState, useEffect } from 'react';

export const useFetch = url => {
  const [data, setData] = useState(null);
  const [error, setError] = useState(null);

  useEffect(() => {
    const fetchData = async () => {
      try {
        const res = await fetch(url);
        const result = await res.json();
        if (res.ok) {
          setData(result);
          setError(null);
        } else {
          throw result;
        }
      } catch (error) {
        setError(error);
      }
    };
    fetchData();
  }, []);

  return { data, error };
};
```

어떤가요? 여러분도 강아지 사진이 잘 나타나나요?

그림 6-11 useFetch Hook

대부분의 비동기 작업 화면에서는 작업이 완료되기 전에 화면 전체 혹은 특정 버튼들이 사용할 수 없는 상태로 변경됩니다. API 요청을 보내는 비동기 동작에서는 선행된 작업이 마무리되기 전에 추가적인 요청이 들어오지 않도록 화면을 구성하는 것이 좋습니다. 이를 위해 useFetch 로부터 API 요청의 진행 상태를 알 수 있어야 비동기 요청의 작업 상태에 따라 화면 구성을 다르게 할 수 있습니다.

src/hooks/useFetch.js

```
...
export const useFetch = url => {
  ...
  const [inProgress, setInProgress] = useState(false);

  useEffect(() => {
    const fetchData = async () => {
      try {
        setInProgress(true);
        ...
```

```
      } catch (error) {
        setError(error);
      } finally {
        setInProgress(false);
      }
    };
    fetchData();
  }, []);

  return { data, error, inProgress };
};
```

API의 진행 상태를 관리하는 inProgress를 만들고, API 요청 시작 전과 완료 후 상태를 변경해서 useFetch의 API 진행 상태를 확인할 수 있도록 수정했습니다. 이제 Dog 컴포넌트에서 API의 진행 상태를 확인하는 코드를 추가하겠습니다.

src/components/Dog.js

```
...
const LoadingMessage = styled.Text`
  font-size: 18px;
  color: #2ecc71;
`;

const URL = 'https://dog.ceo/api/breeds/image/random';
const Dog = () => {
  const { data, error, inProgress } = useFetch(URL);

  return (
    <>
      {inProgress && (
        <LoadingMessage>The API request is in progress</LoadingMessage>
      )}
      ...
    </>
  );
};
...
```

어떤가요? 여러분도 API 요청이 진행되는 중에 LoadingMessage 컴포넌트가 잘 렌더링되나요?

그림 6-12 useFetch와 API 진행 상태

Hook도 컴포넌트와 마찬가지로 자주 사용하는 부분을 분리하면 코드가 깔끔해질 뿐만 아니라 여러 곳에서 재사용 가능하다는 장점도 있습니다. 여기서 만든 useFetch는 기본적인 기능만 갖고 있으므로, 여러분이 더 필요하다고 생각되는 부분을 추가하면서 여러분만의 useFetch 함수를 완성해보기 바랍니다.

6.6 마치며

이번 장에서는 리액트의 Hooks에 대해 알아봤습니다.

Hooks는 클래스형 컴포넌트를 사용하지 않아도 함수형 컴포넌트에서 상태를 관리하고 다양한 상황에 맞춰 작업할 수 있게 해주는 중요한 기능입니다. 함수형 컴포넌트는 이를 이용해 클래스형 컴포넌트에서 가능했던 거의 대부분의 기능을 구현할 수 있게 되었고, 리액트 매뉴얼에서도 함수형 컴포넌트와 Hooks의 이용을 권장하고 있습니다.

처음에는 약간 어렵게 느껴지더라도 많이 사용되는 기능이므로 다양한 상황에서 자주 사용하다 보면 금방 익숙해질 것입니다. 특히 기본 Hooks인 useState와 useEffect는 리액트 네이티브 프로젝트를 진행하면서 함수형 컴포넌트를 이용할 경우 굉장히 자주 사용하게 되므로 특징과 사용법을 잘 기억해두기 바랍니다.

클래스형 컴포넌트를 공부해야 하나요?

6장에서 Hooks가 나오기 전에는 상태 관리를 위해 반드시 클래스형 컴포넌트를 사용해야 했습니다. 그렇기 때문에 아직까지 많은 리액트 네이티브 자료들이 클래스형 컴포넌트를 기준으로 설명된 것이 많으며, 클래스형 컴포넌트에서 제공하던 컴포넌트 생명 주기 함수를 이용한 예제들을 많이 볼 수 있습니다.

그렇다면 클래스형 컴포넌트에 대해서도 공부해야 할까요? 그럴 수도 있고 아닐 수도 있습니다. 대답이 애매한가요? 하지만 어쩔 수 없습니다. 상황에 따라 달라지기 때문에 "예" 또는 "아니요"로 답변 내리기 조금 어려운 부분입니다.

예를 들어, 여러분이 참여한 프로젝트에서 이미 클래스형 컴포넌트로 많은 부분이 작성되어 있거나 혹은 이미 완성되어 잘 동작하고 있는 경우에는 굳이 함수형 컴포넌트로 코드를 변환할 이유가 없습니다. 이때는 클래스형 컴포넌트에 대해 공부할 필요가 있습니다.

하지만 이제 시작하는 프로젝트고 함수형 컴포넌트를 이용한다면 클래스형 컴포넌트를 몰라도 문제되지 않습니다. 리액트에서도 함수형 컴포넌트 사용을 권장하고 있으므로 새로 시작하는 프로젝트라면 함수형 컴포넌트를 사용하는 것이 좋습니다.

무엇이든 관련 배경 지식이 있으면 많은 도움이 됩니다. 그렇기 때문에 기회가 된다면 클래스형 컴포넌트에 대해 알아보는 것도 좋은 공부가 될 것입니다. 하지만 꼭 필요한 경우가 아니라면 굳이 클래스형 컴포넌트에 대해 공부할 필요는 없다고 생각합니다.

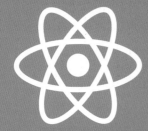

7장 Context API I

6장에서는 Hooks에 대해 공부하며 컴포넌트에서 상태를 관리하는 방법을 알아봤습니다. 만약 컴포넌트가 아니라 전역적으로 상태를 관리하려면 어떻게 해야 할까요? Context API는 데이터를 전역적으로 관리하고 사용할 수 있도록 하는 기능입니다. 대표적인 예시로는 4장에서 학습한 스타일드 컴포넌트가 Context API를 이용해 theme을 애플리케이션 전체에서 사용할 수 있도록 구현된 것을 들 수 있습니다.

이번 장에서는 Context API를 이용하여 상태를 전역적으로 관리하는 방법에 대해 알아보겠습니다. 실습을 진행할 프로젝트를 생성합니다.

```
expo init react-native-context
```

프로젝트 생성이 완료되면 프로젝트에서 실습에 사용할 스타일드 컴포넌트를 설치합니다.

```
npm install styled-components
```

라이브러리 설치가 완료되면 src 폴더를 생성하고 App 컴포넌트를 다음과 같이 작성합니다.

src/App.js

```
import React from 'react';
import styled from 'styled-components/native';

const Container = styled.View`
  flex: 1;
  background-color: #ffffff;
  justify-content: center;
  align-items: center;
`;

const App = () => {
  return <Container></Container>;
};

export default App;
```

App 컴포넌트 작성이 완료되면 루트 디렉터리에 있는 App.js 파일에서 src 폴더의 App 컴포넌트를 사용하도록 수정합니다.

```
import App from './src/App';

export default App;
```

7.1 전역 상태 관리

일반적인 리액트 네이티브 애플리케이션의 경우 데이터는 부모 컴포넌트에서 자식 컴포넌트로 전달됩니다. 만약 데이터를 사용하는 컴포넌트가 많다면, 최상위 컴포넌트인 App 컴포넌트에서 상태를 관리하여 하위 컴포넌트 어디서 필요로 하든 전달할 수 있게 해야 합니다.

예를 들어, 어떤 데이터를 App 컴포넌트에서 관리하고 하위 컴포넌트 중 몇 개의 컴포넌트에서 데이터를 사용한다면, App 컴포넌트로부터 데이터를 필요로 하는 컴포넌트까지 props를 통해 값을 전달해서 사용할 수 있습니다.

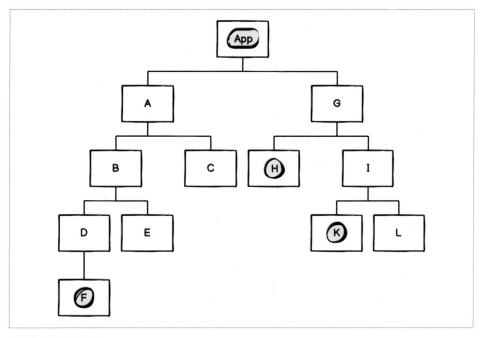

그림 7-1 일반적인 흐름

하지만 이렇게 props를 이용하여 데이터를 전달하는 방법은 상당히 번거롭습니다. [그림 7-1]과 같은 상황에서 F 컴포넌트까지 데이터를 전달하려면 App ▶ A ▶ B ▶ D ▶ F로 전달되어야 하고, H 컴포넌트와 K 컴포넌트는 각각 App ▶ G ▶ H, App ▶ G ▶ I ▶ K라는 흐름을 통해 자식 컴포넌트의 props로 전달되어야 합니다. 자식 컴포넌트에서는 부모로부터 받은 데이터를 변경할 수 없으므로 데이터를 전달받은 과정의 역순으로 App 컴포넌트에 데이터 변경 요청을 전달해야 합니다. 그리고 App 컴포넌트에서 상태가 변경되면 다시 동일한 흐름으로 데이터를 사용하는 컴포넌트까지 전달되어야 합니다.

이런 방법으로 상태를 관리하면, 관리하는 상태가 추가되거나 변경될 경우 과정에 속한 모든 컴포넌트를 찾아서 수정해야 한다는 단점이 있습니다. 이렇게 최상위 컴포넌트에서 전역 상태를 관리하는 방식은 개발 단계뿐만 아니라 유지보수에서도 매우 불편합니다.

App 컴포넌트에서 시작해 중간 과정에 있는 컴포넌트들을 거치지 않고 한번에 원하는 데이터를 받아와서 사용할 수 있다면 이런 문제를 해결할 수 있겠죠? Context API를 이용하면 Context를 생성해 필요한 컴포넌트에서 데이터를 바로 받아올 수 있습니다.

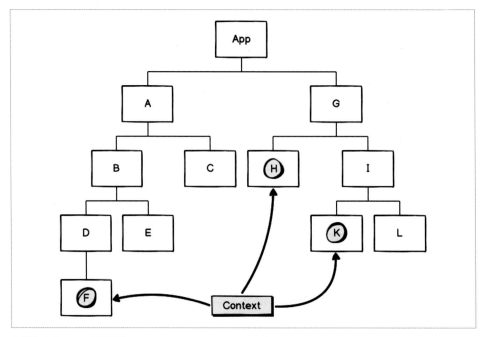

그림 7-2 Context API 흐름

7.2 Context API

이번에는 Context를 생성하고 사용하는 방법에 대해 알아보겠습니다. Context를 생성하는 createContext 함수는 파라미터에 생성되는 Context의 기본값을 지정할 수 있습니다.

예시 코드

```
const Context = createContext(defaultValue);
```

src 폴더 밑에 contexts 폴더를 생성하고 폴더 안에 User.js 파일을 만들어서 다음과 같이 작성합니다.

src/contexts/User.js

```
import { createContext } from 'react';

const UserContext = createContext({ name: 'Beomjun Kim' });

export default UserContext;
```

여러분도 생성되는 Context의 기본값으로 여러분의 이름을 입력해보세요.

7.2.1 Consumer

생성된 Context 오브젝트는 입력된 기본값 외에도 Consumer 컴포넌트와 Provider 컴포넌트를 갖고 있습니다. 이번에는 Context의 내용을 읽고 사용하는 Consumer 컴포넌트의 사용 방법에 대해 알아보겠습니다.

Consumer 컴포넌트는 상위 컴포넌트 중 가장 가까운 곳에 있는 Provider 컴포넌트가 전달하는 데이터를 이용합니다. 만약 상위 컴포넌트 중 Provider 컴포넌트가 없다면 createContext 함수의 파라미터로 전달된 기본값을 사용합니다.

src 폴더 안에 components 폴더를 생성하고 Consumer 컴포넌트를 이용해서 createContext 함수의 파라미터로 전달된 기본값을 출력하는 User 컴포넌트를 작성해보겠습니다.

src/components/User.js

```javascript
import React from 'react';
import styled from 'styled-components/native';
import UserContext from '../contexts/User';

const StyledText = styled.Text`
  font-size: 24px;
  margin: 10px;
`;

const User = () => {
  return (
    <UserContext.Consumer>
      {value => <StyledText>Name: {value.name}</StyledText>}
    </UserContext.Consumer>
  );
};

export default User;
```

Consumer 컴포넌트의 자식은 반드시 리액트 컴포넌트를 반환하는 함수여야 하고, 이 함수는 Context의 현재값을 파라미터로 전달받아 데이터를 사용할 수 있습니다. 이제 작성된 User 컴포넌트를 App 컴포넌트에서 사용해보겠습니다.

src/App.js

```javascript
...
import User from './components/User';

...
const App = () => {
  return (
    <Container>
      <User />
    </Container>
  );
};
...
```

어떤가요? 여러분도 입력한 이름이 잘 나타나나요?

그림 7-3 Consumer 컴포넌트

7.2.2 Provider

Context에 있는 Provider 컴포넌트는 하위 컴포넌트에 Context의 변화를 알리는 역할을 합니다. Provider 컴포넌트는 value를 받아서 모든 하위 컴포넌트에 전달하고, 하위 컴포넌트는 Provider 컴포넌트의 value가 변경될 때마다 다시 렌더링됩니다.

우리가 사용한 스타일드 컴포넌트를 생각하면 쉽게 이해할 수 있습니다. ThemeProvider 컴포넌트를 최상위 컴포넌트로 이용하여 theme에 우리가 정의한 색을 지정하면 모든 하위 컴포넌트에서 theme을 사용할 수 있었고 theme으로 지정한 색을 변경하면 모든 컴포넌트에 변경된 색이 반영되었습니다.

이제 App 컴포넌트에서 Provider 컴포넌트를 사용해보겠습니다.

src/App.js

```
...
import UserContext from './contexts/User';

...
const App = () => {
  return (
    <UserContext.Provider>
      <Container>
        <User />
      </Container>
    </UserContext.Provider>
  );
};
...
```

결과를 확인해보면 다음과 같은 오류 메시지를 볼 수 있습니다.

```
TypeError: undefined is not an object (evaluating 'value.name')
```

App 컴포넌트를 Provider 컴포넌트로 감쌌기 때문에 User 컴포넌트에서 사용된 Consumer 컴포넌트는 더 이상 Context의 기본값을 사용하지 않고 상위 컴포넌트인 Provider 컴포넌트가 전달하는 데이터를 사용하도록 변경되었습니다. 하지만 Provider 컴포넌트에서는 어떤 값도 전달되지 않고 Consumer 컴포넌트의 자식으로 지정된 함수의 파라미터로 undefined가 전달되면서 오류 메시지가 나타나는 것입니다. 이 문제는 Provider 컴포넌트의 value에 값을 전달하여 해결할 수 있습니다.

src/App.js

```
...
const App = () => {
  return (
    <UserContext.Provider value={{ name: 'Beomjun' }}>
      <Container>
        <User />
      </Container>
    </UserContext.Provider>
  );
};
...
```

어떤가요? 여러분도 Context를 생성할 때 전달한 기본값이 아닌 Provider 컴포넌트의 value로 지정된 값이 잘 나타나나요?

그림 7-4 Provider 컴포넌트

Provider 컴포넌트로부터 value를 전달받는 하위 컴포넌트의 수에는 제한이 없습니다. 하지만 Consumer 컴포넌트는 가장 가까운 Provider 컴포넌트에서 값을 받으므로, 자식 컴포넌트 중 Provider 컴포넌트가 있다면 그 이후의 자식 컴포넌트는 중간에 있는 Provider 컴포넌트가 전달하는 값을 사용합니다.

src/components/User.js

```
...
const User = () => {
  return (
    <UserContext.Provider value={{ name: 'React Native' }}>
      <UserContext.Consumer>
        {value => <StyledText>Name: {value.name}</StyledText>}
      </UserContext.Consumer>
```

```
        </UserContext.Provider>
    );
};
...
```

어떤가요? 여러분도 User 컴포넌트에서 사용된 Provider 컴포넌트의 데이터로 나타나나요?

그림 7-5 가장 가까운 Provider 컴포넌트

Provider 컴포넌트를 사용할 때 반드시 value를 지정해야 한다는 점과 Consumer 컴포넌트
는 가장 가까운 Provider 컴포넌트가 전달하는 값을 이용한다는 점을 꼭 기억해두기 바랍니다.

7.2.3 Context 수정하기

지금까지 Provider 컴포넌트를 이용해 데이터를 전달하고 Consumer 컴포넌트를 이용해 내용을 출력하는 방법에 대해 알아봤습니다. 이번에는 Context의 값을 수정해서 Context를 사용하는 컴포넌트에 변경된 내용을 반영하는 방법을 살펴보겠습니다.

src/contexts/User.js

```
import React, { createContext, useState } from 'react';

const UserContext = createContext({
  user: { name: '' },
  dispatch: () => {},
});

const UserProvider = ({ children }) => {
  const [name, setName] = useState('Beomjun Kim');

  const value = { user: { name }, dispatch: setName };
  return <UserContext.Provider value={value}>{children}</UserContext.Provider>;
};

const UserConsumer = UserContext.Consumer;

export { UserProvider, UserConsumer };
export default UserContext;
```

Provider 컴포넌트의 value에 전역적으로 관리할 상태 변수와 상태를 변경하는 함수를 함께 전달하는 UserProvider 컴포넌트를 생성했습니다. UserProvider 컴포넌트는 기존의 Provider 컴포넌트와 사용법이 동일하지만 하위에 있는 Consumer 컴포넌트의 자식 함수의 파라미터로 데이터뿐만 아니라 데이터를 변경할 수 있는 함수도 함께 전달합니다.

createContext의 기본값도 UserProvider 컴포넌트의 value로 전달하는 형태와 동일한 형태를 갖도록 작성했습니다. Consumer 컴포넌트의 상위 컴포넌트에 Provider 컴포넌트가 없더라도 동작에 문제가 생기지 않도록 형태를 동일하게 맞추는 것이 좋습니다.

마지막으로 Consumer 컴포넌트와 동일한 UserConsumer 컴포넌트를 생성했습니다.

수정이 완료되면 App 컴포넌트에서 Provider 컴포넌트 대신 UserProvider 컴포넌트를 사용하도록 수정하겠습니다.

```
...
import { UserProvider } from './contexts/User';

...
const App = () => {
  return (
    <UserProvider>
      <Container>
        <User />
      </Container>
    </UserProvider>
  );
};
...
```

UserProvider 컴포넌트는 내부에서 Provider 컴포넌트를 이용해 value를 전달하므로 따로 value를 전달하지 않아도 괜찮습니다. 이제 User 컴포넌트에서 전달된 새로운 value를 사용하도록 수정하겠습니다.

src/components/User.js

```
import React from 'react';
import styled from 'styled-components/native';
import { UserConsumer } from '../contexts/User';

...
const User = () => {
  return (
    <UserConsumer>
      {({ user }) => <StyledText>Name: {user.name}</StyledText>}
    </UserConsumer>
  );
};
...
```

Consumer 컴포넌트 대신 UserConsumer 컴포넌트를 사용했습니다. Provider 컴포넌트에서 전달되는 value의 형태가 변경되었기 때문에 함수 형태도 전달되는 값에 맞게 수정되었습니다.

그림 7-6 UserProvider 컴포넌트와 UserConsumer 컴포넌트

이번에는 UserProvider 컴포넌트의 value로 전달되는 세터 함수를 이용해 입력되는 값으로 Context의 값을 변경하는 Input 컴포넌트를 만들어보겠습니다.

src/components/Input.js

```
import React, { useState } from 'react';
import styled from 'styled-components/native';
import { UserConsumer } from '../contexts/User';

const StyledInput = styled.TextInput`
  border: 1px solid #606060;
  width: 250px;
  padding: 10px 15px;
  margin: 10px;
  font-size: 24px;
`;

const Input = () => {
  const [name, setName] = useState('');
```

```jsx
  return (
    <UserConsumer>
      {(({ dispatch }) => {
        return (
          <StyledInput
            value={name}
            onChangeText={text => setName(text)}
            onSubmitEditing={() => {
              dispatch(name);
              setName('');
            }}
            placeholder="Enter a name..."
            autoCapitalize="none"
            autoCorrect={false}
            returnKeyType="done"
          />
        );
      }}
    </UserConsumer>
  );
};

export default Input;
```

useState 함수를 이용해서 name 상태 변수를 생성하고 TextInput 컴포넌트에 값이 변경될 때마다 name에 반영되도록 작성했습니다. UserConsumer 컴포넌트의 자식 함수에 전달되는 value에는 Context의 값을 변경할 수 있는 dispatch 함수가 함께 전달됩니다. dispatch 함수를 이용해 키보드의 확인 버튼을 누르면 TextInput 컴포넌트에 입력된 값으로 Context의 값을 변경하도록 작성했습니다.

src/App.js

```jsx
...
import Input from './components/Input';

...
const App = () => {
  return (
    <UserProvider>
      <Container>
        <User />
        <Input />
```

```
        </Container>
      </UserProvider>
    );
  };
  ...
```

App 컴포넌트에서 Input 컴포넌트를 사용했습니다. 여러분도 Input 컴포넌트에 다양한 값을 입력하고 확인 버튼을 눌러보세요. 여러분이 입력한 값으로 Context의 값이 잘 변경되나요?

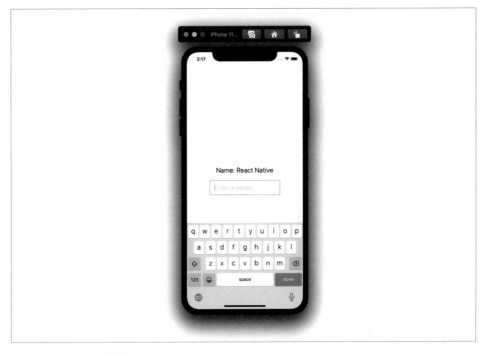

그림 7-7 Context 수정하기

7.3 useContext

6장에서 공부한 Hooks 중에 useContext라는 Hook이 있습니다. useContext 함수는 Consumer 컴포넌트의 자식 함수로 전달되던 값과 동일한 데이터를 반환하므로 Consumer 컴포넌트를 사용하지 않고 Context의 내용을 사용할 수 있게 해줍니다.

useContext를 이용하도록 User 컴포넌트를 수정해볼까요?

src/components/User.js

```
import React, { useContext } from 'react';
import styled from 'styled-components/native';
import UserContext from '../contexts/User';

...
const User = () => {
  const { user } = useContext(UserContext);
  return <StyledText>Name: {user.name}</StyledText>;
};
...
```

Consumer 컴포넌트를 사용할 때는 Consumer 컴포넌트의 자식으로 반드시 리액트 컴포넌트를 반환하는 함수를 넣어야 하지만, useContext를 이용하면 Consumer 컴포넌트를 사용했을 때보다 사용법이 훨씬 간편하고 코드의 가독성도 좋아지는 것을 볼 수 있습니다.

이제 Input 컴포넌트도 useContext를 이용하도록 수정해보겠습니다.

src/components/Input.js

```
import React, { useState, useContext } from 'react';
import styled from 'styled-components/native';
import UserContext from '../contexts/User';

...
const Input = () => {
  const [name, setName] = useState('');
  const { dispatch } = useContext(UserContext);

  return (
    <StyledInput
      value={name}
      onChangeText={text => setName(text)}
      onSubmitEditing={() => {
        dispatch(name);
        setName('');
      }}
      placeholder="Enter a name..."
      autoCapitalize="none"
      autoCorrect={false}
```

```
        returnKeyType="done"
      />
    );
  };
  ...
```

---

useContext를 사용한 코드도 문제 없이 잘 동작하는 것을 확인할 수 있습니다. 여러분이 보기에는 어떤가요? Consumer 컴포넌트를 사용할 때보다 코드가 훨씬 깔끔해지지 않았나요?

그림 7-8 useContext

7.4 마치며

이번 장에서는 Context API를 이용해서 전역적으로 사용해야 하는 상태를 관리하는 방법에 대해 알아봤습니다.

기존에는 컴포넌트 간에 상태를 전달하는 경우 부모에서 자식으로 props를 이용해 전달해야 했습니다. 이 방법은 컴포넌트의 계층이 복잡해질수록 개발 및 유지보수가 어렵다는 단점이 있습니다. 하지만 이번에 배운 Context API를 이용하면 편하고 간결하게 상태를 공유하여 사용할 수 있습니다.

Context API가 상태를 쉽게 전달하고 가져와서 사용할 수 있다고 해서 무조건 Context API를 사용하는 것은 좋지 않습니다. 상태를 전달해야 하는 관계의 구조가 간단하다면 굳이 Context API를 사용할 필요가 없습니다. Context API는 프로젝트의 구조가 복잡하고 많은 컴포넌트가 이용하는 데이터를 전역적으로 관리할 때 사용하는 것이 좋습니다. 예를 들어 애플리케이션 전체에서 알고 있어야 하는 로그인 상태를 관리하거나, 애플리케이션의 테마 혹은 설정 상태를 관리할 때 유용하게 사용할 수 있습니다.

무엇이든 그 특성에 맞는 상황에서 사용했을 때 장점을 가장 잘 활용할 수 있다는 것을 기억하세요.

커뮤니티

리액트 네이티브는 한국어로 된 자료가 많지 않고, 있더라도 오래되어 현재 버전과 잘 맞지 않는 경우가 많습니다. 이는 리액트 네이티브의 버전 업데이트가 잦은 이유도 있지만, 아직 한국 커뮤니티의 크기가 그리 크지 않기 때문이기도 합니다. 한국에 있는 리액트 네이티브 관련 커뮤니티는 두 개며 두 커뮤니티 모두 규모가 큰 편은 아닙니다.

- **리액트 네이티브 서울:** https://www.facebook.com/groups/reactnativeseoul/
- **리액트 네이티브 한국 사용자 그룹:** https://www.facebook.com/groups/reactapp/

규모는 크지 않지만 두 커뮤니티 모두 질문을 올리면 활동 중인 분들이 친절하게 답변해줍니다. 특히 리액트 네이티브 서울은 매월 마지막 수요일에 정기적인 밋업을 통해 리액트 네이티브에 관련된 다양한 정보를 공유하고 있으며, 현재 진행 중인 HackaTalk 프로젝트와 dooboo-ui 라이브러리가 2020년 오픈소스 컨트리뷰톤 프로젝트에 선정되었습니다.

커뮤니티에서 경험과 지식을 공유하면 나와 커뮤니티에서 활동하는 사람들 모두에게 도움이 되고, 커뮤니티가 활성화되면서 더 많은 지식을 접할 수 있으며 다양한 사람과 교류할 수 있는 기회가 열립니다. 여러분도 리액트 네이티브 커뮤니티에 참여해서 한국 리액트 네이티브 커뮤니티 발전에 기여해보세요. 혼자 자료를 찾으며 공부하는 것보다 더 많은 즐거움을 얻을 수 있습니다.

- **2020 오픈소스 컨트리뷰톤:** https://bit.ly/2020-open-source
- **HackaTalk:** https://bit.ly/hackatalk
- **dooboo-ui:** https://bit.ly/dooboo-ui-lib

한국 커뮤니티 외에도 트위터^{Twitter}, 미디엄^{Medium}, 레딧^{Reddit} 등의 서비스를 이용하면 리액트 네이티브 소식을 빠르게 접할 수 있고, 외국 리액트 네이티브 사용자들과의 교류를 통해 더 많은 자료와 지식을 얻을 수 있습니다.

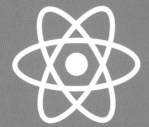

8장 내비게이션 I

모바일 애플리케이션은 하나의 화면으로 구성되는 경우가 거의 없으며, 일반적으로 다양한 화면이 상황에 맞게 전환되면서 나타납니다. 그렇기 때문에 내비게이션[navigation]은 모바일 애플리케이션에서 가장 중요한 기능 중 하나라고 할 수 있습니다.

리액트 네이티브에서는 내비게이션 기능을 지원하지 않으므로 외부 라이브러리를 이용해야 합니다. 우리는 리액트 네이티브에서 추천하는 리액트 내비게이션[React Navigation] 라이브러리를 사용해 내비게이션을 적용하는 방법에 대해 알아보겠습니다.

- **리액트 내비게이션**: https://reactnavigation.org/

다음 명령어를 이용하여 프로젝트를 생성하고 실습에서 함께 사용할 스타일드 컴포넌트 라이브러리도 설치하겠습니다.

```
expo init react-native-navigation
npm install styled-components
```

NOTE_

내비게이션의 화면 전환을 네이티브 방식으로 구현하고 싶다면 Wix에서 개발한 리액트 네이티브 내비게이션[React Native Navigation]을 사용해보세요.

- **리액트 네이티브 내비게이션**: https://wix.github.io/react-native-navigation

8.1 리액트 내비게이션

리액트 내비게이션 라이브러리는 리액트 네이티브 애플리케이션의 내비게이션을 쉽고 간단하게 관리할 수 있도록 도와줍니다. 지원하는 내비게이션의 종류는 스택[stack] 내비게이션, 탭[tab] 내비게이션, 드로어[drawer] 내비게이션 세 종류입니다.

NOTE_

이 책에서는 리액트 내비게이션 5버전으로 진행합니다. 버전이 변경되면 사용법이 조금 달라질 수 있습니다. 최신 버전에 대한 사용법은 공식 페이지에서 확인하기 바랍니다.

8.1.1 내비게이션의 구조

리액트 내비게이션에는 NavigationContainer 컴포넌트, Navigator 컴포넌트, Screen 컴포넌트가 있습니다.

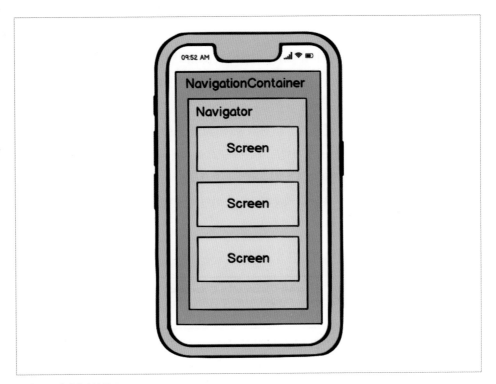

그림 8-1 내비게이션 구조

Screen 컴포넌트는 화면으로 사용되는 컴포넌트로 name과 component 속성을 지정해야 합니다. name은 화면 이름으로 사용되고 component에는 화면으로 사용될 컴포넌트를 전달합니다. 화면으로 사용되는 컴포넌트에는 항상 navigation과 route가 props로 전달된다는 특징이 있습니다.

Navigator 컴포넌트는 화면을 관리하는 중간 관리자 역할로 내비게이션을 구성하며, 여러 개의 Screen 컴포넌트를 자식 컴포넌트로 갖고 있습니다.

NavigationContainer 컴포넌트는 내비게이션의 계층 구조와 상태를 관리하는 컨테이너 역할을 하며, 모든 내비게이션 구성 요소를 감싼 최상위 컴포넌트여야 합니다.

8.1.2. 설정 우선 순위

리액트 내비게이션에서 설정할 수 있는 다양한 속성을 수정하는 방법은 Navigator 컴포넌트의 속성으로 수정하는 방법, Screen 컴포넌트의 속성으로 수정하는 방법, 화면으로 사용되는 컴포넌트의 props로 전달되는 navigation을 이용해서 수정하는 방법과 같이 크게 세 가지로 나뉩니다.

화면으로 사용되는 컴포넌트에서 설정하는 방법과 Screen 컴포넌트에서 설정하는 방법은 해당 화면에만 적용되지만, Navigator 컴포넌트에서 속성을 지정하는 방법을 사용하면 자식 컴포넌트로 존재하는 모든 컴포넌트에 적용된다는 특징이 있습니다. 이런 특징을 이용해서 모든 화면에 공통적으로 적용하고 싶은 속성인 경우 Navigator 컴포넌트를 이용하고, 개별 화면에만 적용되는 속성인 경우 Screen 컴포넌트 혹은 화면으로 사용되는 컴포넌트에서 설정하는 것이 좋습니다. 작은 범위의 설정일수록 우선순위가 높으므로 만약 Screen 컴포넌트와 화면으로 사용되는 컴포넌트에 동일한 옵션이 적용되었다면 화면 컴포넌트의 설정이 우선한다는 것을 기억해두기 바랍니다.

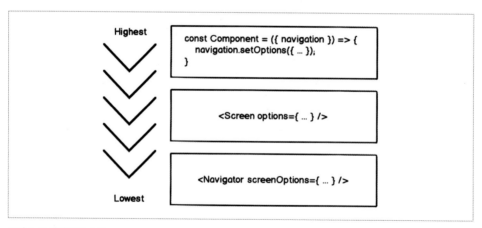

그림 8-2 설정 우선 순위

8.1.3 폴더 구조와 라이브러리 설치

리액트 내비게이션 라이브러리를 사용하기 전에 지금까지처럼 폴더 구조를 만들겠습니다. 먼저 src 폴더를 만들고 App 컴포넌트를 다음과 같이 작성합니다.

src/App.js

```
import React from 'react';
import styled from 'styled-components/native';

const Container = styled.View`
  flex: 1;
  background-color: #ffffff;
  justify-content: center;
  align-items: center;
`;

const App = () => {
  return <Container></Container>;
};

export default App;
```

App 컴포넌트의 작성이 완료되면 루트 디렉터리에 있는 App.js 파일을 다음과 같이 수정합니다.

App.js

```
import App from './src/App';

export default App;
```

이번에는 src 폴더 밑에 화면으로 사용하는 컴포넌트를 관리할 screens 폴더와 작성되는 내비게이션 코드를 관리할 navigations 폴더를 생성하겠습니다.

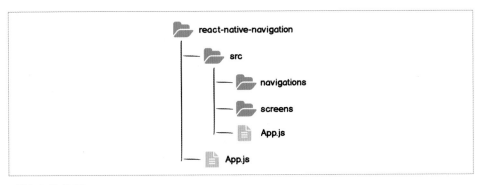

그림 8-3 폴더 구조

폴더 생성이 완료되면 리액트 내비게이션 실습을 위해 다음 명령어로 리액트 내비게이션 라이브러리를 설치하겠습니다.

```
npm install --save @react-navigation/native
```

리액트 내비게이션은 각 기능별로 모듈이 분리되어 있어, 이후에도 사용하는 내비게이션의 종류에 따라 개별적으로 추가 라이브러리를 설치해야 합니다. 이번에는 대부분의 내비게이션에서 반드시 필요한 종속성을 설치하겠습니다.

```
expo install react-native-gesture-handler react-native-reanimated react-native-screens react-native-safe-area-context @react-native-community/masked-view
```

8.2 스택 내비게이션

이번에는 가장 기본적인 내비게이션인 스택 내비게이션에 대해 알아보겠습니다. 먼저 다음 명령어를 이용해 스택 내비게이션 활용에 필요한 라이브러리를 설치하겠습니다.

```
npm install @react-navigation/stack
```

스택 내비게이션은 일반적으로 가장 많이 사용되는 내비게이션으로, 현재 화면 위에 다른 화면을 쌓으면서 화면을 이동하는 것이 특징입니다. 예를 들면, 채팅 애플리케이션에서 채팅방에 입장하는 상황이나 여러 목록 중에서 특정 항목의 상세 화면으로 이동할 때 많이 사용됩니다.

스택 내비게이션은 화면 위에 새로운 화면을 쌓으면서(push) 이동하기 때문에 이전 화면을 계속 유지합니다. 이런 구조 때문에 가장 위에 있는 화면을 들어내면(pop) 이전 화면으로 돌아갈 수 있다는 특징이 있습니다.

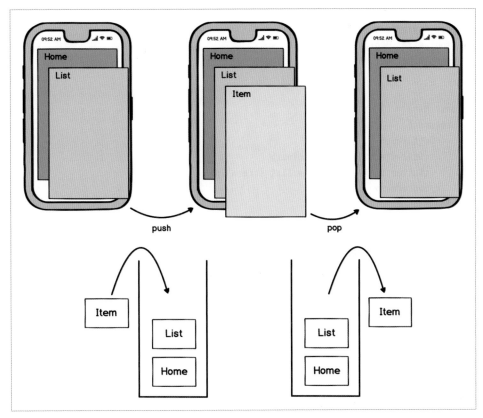

그림 8-4 스택 내비게이션

8.2.1 화면 구성

이제 스택 내비게이션을 이용해서 화면을 구성하고 이동하는 방법에 대해 알아보겠습니다. 먼저 screens 폴더 밑에 스택 내비게이션의 화면으로 사용할 화면을 만듭니다.

src/screens/Home.js

```
import React from 'react';
import { Button } from 'react-native';
import styled from 'styled-components/native';

const Container = styled.View`
  align-items: center;
```

```
  `;
  const StyledText = styled.Text`
    font-size: 30px;
    margin-bottom: 10px;
  `;

  const Home = () => {
    return (
      <Container>
        <StyledText>Home</StyledText>
        <Button title="go to the list screen" />
      </Container>
    );
  };

  export default Home;
```

첫 화면으로 사용할 Home 화면을 작성했습니다. 화면을 확인하기 위한 텍스트와 다음 화면인 List 화면으로 이동하기 위한 버튼으로 화면을 구성했습니다.

src/screens/List.js

```
  import React from 'react';
  import { Button } from 'react-native';
  import styled from 'styled-components/native';

  const Container = styled.View`
    flex: 1;
    justify-content: center;
    align-items: center;
  `;
  const StyledText = styled.Text`
    font-size: 30px;
    margin-bottom: 10px;
  `;

  const items = [
    { _id: 1, name: 'React Native' },
    { _id: 2, name: 'React Navigation' },
    { _id: 3, name: 'Hanbit' },
  ];

  const List = () => {
```

```
  const _onPress = item => {};

  return (
    <Container>
      <StyledText>List</StyledText>
      {items.map(item => (
        <Button
          key={item._id}
          title={item.name}
          onPress={() => _onPress(item)}
        />
      ))}
    </Container>
  );
};

export default List;
```

List 화면으로 사용될 컴포넌트를 작성했습니다. 화면에서 사용할 임시 목록을 만들고 항목 수만큼 버튼을 생성하도록 만들었습니다. 여러분도 여러분만의 임시 데이터를 만들면서 진행해 보세요.

src/screens/Item.js

```
import React from 'react';
import styled from 'styled-components/native';

const Container = styled.View`
  flex: 1;
  justify-content: center;
  align-items: center;
`;
const StyledText = styled.Text`
  font-size: 30px;
  margin-bottom: 10px;
`;

const Item = () => {
  return (
    <Container>
      <StyledText>Item</StyledText>
    </Container>
  );
```

```
  };

  export default Item;
```

마지막으로 목록의 상세 정보를 보여주는 컴포넌트를 작성했습니다. 이제 navigations 폴더 안에 Stack.js 파일을 생성하고 생성된 컴포넌트를 이용해 스택 내비게이션을 구성해보겠습니다.

src/navigations/Stack.js

```
import React from 'react';
import { createStackNavigator } from '@react-navigation/stack';
import Home from '../screens/Home';
import List from '../screens/List';
import Item from '../screens/Item';

const Stack = createStackNavigator();

const StackNavigation = () => {
  return (
    <Stack.Navigator>
      <Stack.Screen name="Home" component={Home} />
      <Stack.Screen name="List" component={List} />
      <Stack.Screen name="Item" component={Item} />
    </Stack.Navigator>
  );
};

export default StackNavigation;
```

가장 먼저 createStackNavigator 함수를 이용해서 스택 내비게이션을 생성했습니다. 생성된 스택 내비게이션에는 화면을 구성하는 Screen 컴포넌트와 Screen 컴포넌트를 관리하는 Navigator 컴포넌트가 있습니다.

Navigator 컴포넌트 안에 Screen 컴포넌트를 자식 컴포넌트로 작성하고, 앞에서 만든 컴포넌트를 Screen 컴포넌트의 component로 지정했습니다. name에는 화면의 이름을 작성하는데, Screen 컴포넌트의 name은 반드시 서로 다른 값을 가져야 한다는 점에 유의하기 바랍니다.

이제 App 컴포넌트에서 완성된 스택 내비게이션을 사용하겠습니다.

```
import React from 'react';
import { NavigationContainer } from '@react-navigation/native';
import StackNavigation from './navigations/Stack';

const App = () => {
  return (
    <NavigationContainer>
      <StackNavigation />
    </NavigationContainer>
  );
};

export default App;
```

NavigationContainer 컴포넌트를 이용해서 작성된 스택 내비게이션을 감싸도록 App 컴포 넌트가 수정되었습니다. 어떤가요? 여러분도 화면이 잘 나타나나요?

그림 8-5 스택 내비게이션 화면 구성

스택 내비게이션에서 첫 번째 화면으로 나오는 화면은 Navigator 컴포넌트의 첫 번째 자식 Screen 컴포넌트입니다. 만약 다음과 같이 순서를 변경하면 List 화면이 첫 화면으로 나타납니다.

src/navigations/Stack.js

```
...
const StackNavigation = () => {
  return (
    <Stack.Navigator>
      <Stack.Screen name="List" component={List} />
      <Stack.Screen name="Home" component={Home} />
      <Stack.Screen name="Item" component={Item} />
    </Stack.Navigator>
  );
};
...
```

컴포넌트의 순서를 변경하는 방법 외에도 initialRouteName 속성을 이용해 첫 번째 화면을 지정하는 방법이 있습니다.

src/navigations/Stack.js

```
...
const StackNavigation = () => {
  return (
    <Stack.Navigator initialRouteName="List">
      <Stack.Screen name="Home" component={Home} />
      <Stack.Screen name="List" component={List} />
      <Stack.Screen name="Item" component={Item} />
    </Stack.Navigator>
  );
};
...
```

어떤가요? 여러분도 두 방법 모두 첫 화면이 변경되었나요?

그림 8-6 스택 내비게이션 첫 화면

8.2.2 화면 이동

이번에는 화면을 이동하는 방법에 대해 알아보겠습니다. Screen 컴포넌트의 component로 지정된 컴포넌트는 화면으로 이용되고 navigation이 props로 전달됩니다. navigation에는 다양한 기능이 있는데 그중 navigate 함수는 원하는 화면으로 이동하는 데 사용되는 함수입니다.

먼저 Stack.js 파일에서 첫 화면을 다시 Home 화면으로 변경하겠습니다.

src/navigations/Stack.js

```
const StackNavigation = () => {
  return (
    <Stack.Navigator initialRouteName="Home">
      <Stack.Screen name="Home" component={Home} />
      <Stack.Screen name="List" component={List} />
      <Stack.Screen name="Item" component={Item} />
    </Stack.Navigator>
  );
};
```

이번에는 Home 화면에서 props로 전달되는 navigation을 사용해서 버튼을 클릭하면 List 화면으로 이동하도록 만들어보겠습니다.

```
...
const Home = ({ navigation }) => {
  return (
    <Container>
      <StyledText>Home</StyledText>
      <Button
        title="go to the list screen"
        onPress={() => navigation.navigate('List')}
      />
    </Container>
  );
};
...
```

navigation에 있는 navigate 함수를 이용해서 원하는 화면의 이름을 전달하면 해당 화면으로 이동합니다. 단, 전달되는 화면의 이름은 Screen 컴포넌트의 name값 중 하나를 입력해야 합니다.

그림 8-7 스택 내비게이션 화면 이동

만약 이동하는 화면이 이전 화면의 상세 화면이라면, 상세 화면은 어떤 내용을 렌더링해야 하는지 전달받아야 합니다. navigate 함수를 이용할 때 두 번째 파라미터에 객체를 전달해서 이동하는 화면에 필요한 정보를 함께 전달하는 기능이 있습니다.

이번에는 navigate 함수를 이용하여, List 화면에서 목록을 클릭하면 해당 항목의 정보와 함께 Item 화면으로 이동하도록 수정해보겠습니다.

src/screens/List.js

```
...
const List = ({ navigation }) => {
  const _onPress = item => {
    navigation.navigate('Item', { id: item._id, name: item.name });
  };
  ...
};
...
```

Item 화면으로 이동하면서 항목의 id와 name을 함께 전달하도록 작성했습니다. 전달된 내용은 컴포넌트의 props로 전달되는 route의 params를 통해 확인할 수 있습니다.

이번에는 Item 화면에서 전달되는 params를 이용하여 화면에 항목의 id와 name을 출력해보겠습니다.

src/screens/Item.js

```
...
const Item = ({ route }) => {
  return (
    <Container>
      <StyledText>Item</StyledText>
      <StyledText>ID: {route.params.id}</StyledText>
      <StyledText>Name: {route.params.name}</StyledText>
    </Container>
  );
};
...
```

어떤가요? 여러분도 route를 통해 데이터가 잘 전달되나요?

그림 8-8 route와 params

8.2.3 화면 배경색 수정하기

지금까지 사용한 화면은 배경색이 지정되지 않아 회색으로 나타났습니다. 이제 화면의 배경색을 지정해봅시다.

src/screens/Home.js

```
...
const Container = styled.View`
  background-color: #ffffff;
  align-items: center;
`;
...
```

Home 화면의 배경색을 흰색으로 설정하면 다음과 같은 모습을 볼 수 있습니다.

그림 8-9 화면 배경색

내비게이션은 화면 전체를 차지하고 있지만 화면으로 사용된 컴포넌트의 영역이 전체를 차지하고 있지 않아서 나타나는 문제입니다. 화면 컴포넌트가 전체 영역을 차지하도록 스타일에 flex: 1을 설정하면 문제를 해결할 수 있습니다. 하지만 상황에 따라 화면 전체를 차지하지 못하는 경우도 있는데, 이런 상황에서는 리액트 내비게이션의 설정을 수정하여 해결할 수 있습니다.

src/navigations/Stack.js

```
...
const StackNavigation = () => {
  return (
    <Stack.Navigator
      initialRouteName="Home"
      screenOptions={{ cardStyle: { backgroundColor: '#ffffff' } }}
    >
      ...
    </Stack.Navigator>
  );
```

```
  };
...
```

cardStyle을 이용하면 스택 내비게이션의 화면 배경색을 수정할 수 있습니다. 화면의 배경색은 일반적으로 동일하게 사용하므로, 화면마다 설정하기보다 Navigator 컴포넌트의 screenOptions에 설정해서 화면 전체에 적용되도록 하는 것이 편합니다.

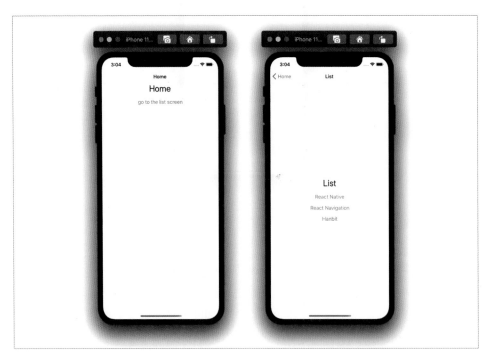

그림 8-10 cardStyle 적용

어떤가요? 여러분도 모든 화면에 배경색이 잘 적용되었나요? 만약 특정 화면만 배경색을 다르게 하고 싶다면 Screen 컴포넌트에서 설정하거나 화면으로 사용되는 컴포넌트에서 직접 배경색을 지정하면 됩니다.

8.2.4 헤더 수정하기

스택 내비게이션의 헤더header는 뒤로 가기 버튼을 제공하거나 타이틀title을 통해 현재 화면을 알려주는 역할을 합니다. 이번에는 리액트 내비게이션에서 제공하는 다양한 속성들을 이용해 스택 내비게이션의 헤더를 변경하는 방법에 대해 알아보겠습니다.

타이틀 수정하기

헤더의 타이틀은 Screen 컴포넌트의 name 속성을 기본값으로 사용합니다. 헤더의 타이틀을 변경하는 가장 쉬운 방법은 name을 원하는 값으로 수정하는 것입니다.

src/navigations/Stack.js

```
...
const StackNavigation = () => {
  return (
    <Stack.Navigator
      initialRouteName="Home"
      screenOptions={{ cardStyle: { backgroundColor: '#ffffff' } }}
    >
      <Stack.Screen name="Home" component={Home} />
      <Stack.Screen name="List" component={List} />
      <Stack.Screen name="Detail" component={Item} />
    </Stack.Navigator>
  );
};
...
```

Item 화면을 나타내는 Screen 컴포넌트의 name 속성을 Detail로 변경했습니다. name의 값이 변경되었으므로 Item 화면으로 이동할 때 navigate 함수에 전달하는 첫 번째 파라미터값도 변경되어야 합니다.

src/screens/List.js

```
...
const List = ({ navigation }) => {
  const _onPress = item => {
    navigation.navigate('Detail', { id: item._id, name: item.name });
  };
  ...
};
...
```

name 속성을 변경하는 것은 간편하지만, name 속성을 이용하는 곳을 찾아다니며 모두 수정해야 한다는 단점이 있습니다.

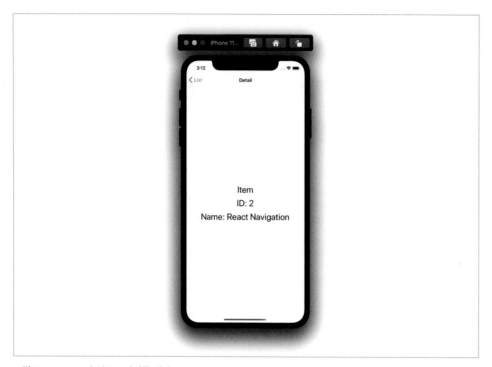

그림 8-11 name 속성으로 타이틀 변경

name 속성을 변경했을 때의 단점을 피하면서 화면 타이틀을 변경하는 방법은 headerTitle 속성을 이용하는 것입니다.

src/navigations/Stack.js

```
...
const StackNavigation = () => {
  return (
    <Stack.Navigator
      initialRouteName="Home"
      screenOptions={{ cardStyle: { backgroundColor: '#ffffff' } }}
    >
      <Stack.Screen name="Home" component={Home} />
      <Stack.Screen
```

```
      name="List"
      component={List}
      options={{ headerTitle: 'List Screen' }}
    />
    <Stack.Screen name="Detail" component={Item} />
  </Stack.Navigator>
  );
};
...
```

List 화면의 타이틀을 List Screen으로 변경했습니다. 이렇게 개별 화면 설정을 수정하고 싶은 경우 Screen 컴포넌트의 options를 이용하면 됩니다.

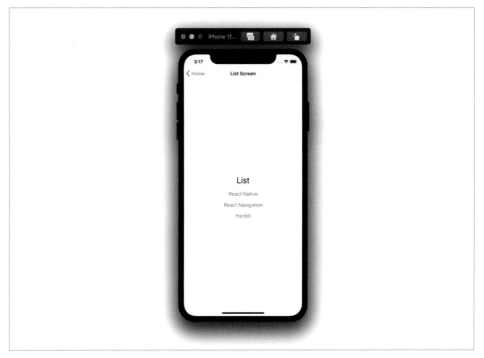

그림 8-12 headerTitle 설정

모든 화면에서 같은 타이틀이 나타나도록 수정하고 싶다면 Navigator 컴포넌트의 screen Options 속성에 headerTitle을 지정하면 됩니다.

스타일 수정하기

이번에는 헤더의 스타일을 수정하는 방법에 대해 알아보겠습니다. 헤더의 스타일을 수정하는 속성은 헤더의 배경색 등을 수정하는 headerStyle과 헤더의 타이틀 컴포넌트의 스타일을 수정하는 headerTitleStyle이 있습니다.

headerStyle과 headerTitleStyle 속성을 이용해서 모든 화면의 헤더 스타일을 변경해볼까요?

src/navigations/Stack.js

```
...
const StackNavigation = () => {
  return (
    <Stack.Navigator
      initialRouteName="Home"
      screenOptions={{
        cardStyle: { backgroundColor: '#ffffff' },
        headerStyle: {
          height: 110,
          backgroundColor: '#95a5a6',
          borderBottomWidth: 5,
          borderBottomColor: '#34495e',
        },
        headerTitleStyle: { color: '#ffffff', fontSize: 24 },
      }}
    >
      ...
    </Stack.Navigator>
  );
};
...
```

headerStyle을 이용해 헤더의 스타일을 변경하고, headerTitleStyle을 이용해 타이틀의 스타일을 변경했습니다. 어떤가요? 여러분도 변경된 스타일이 잘 적용되나요?

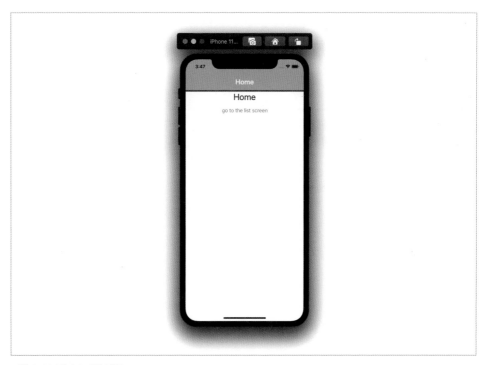

그림 8-13 헤더 스타일 변경

스타일은 잘 적용되었지만, 안드로이드에서는 iOS와 달리 타이틀이 중앙으로 정렬되지 않은 것을 볼 수 있습니다.

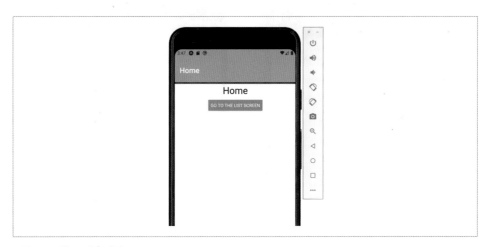

그림 8-14 안드로이드 헤더

타이틀 정렬을 두 플랫폼에서 동일하게 하려면 headerTitleAlign 속성을 이용합니다. header TitleAlign에는 left와 center 두 가지 값 중 한 가지만 설정할 수 있고 iOS는 center, 안드로 이드는 left가 기본값으로 설정되어 있습니다.

src/navigations/Stack.js

```
...
const StackNavigation = () => {
  return (
    <Stack.Navigator
      initialRouteName="Home"
      screenOptions={{
        ...
        headerTitleStyle: { color: '#ffffff', fontSize: 24 },
        headerTitleAlign: 'center',
      }}
    >
      ...
    </Stack.Navigator>
  );
};
...
```

어떤가요? 여러분도 두 플랫폼의 타이틀 위치가 동일하게 변경되었나요?

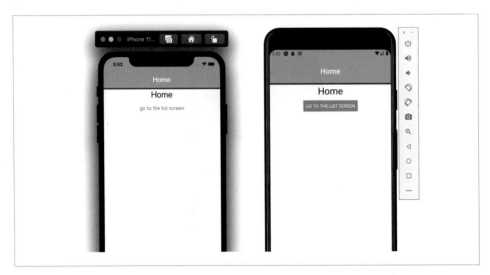

그림 8-15 헤더 타이틀 정렬

타이틀 컴포넌트 변경

만약 타이틀에 문자열이 아닌 다른 것을 렌더링하고 싶다면 어떻게 해야 할까요? 헤더의 타이틀을 변경하기 위해 문자열을 지정했던 headerTitle 속성에 컴포넌트를 반환하는 함수를 지정하면 타이틀 컴포넌트를 반환하는 컴포넌트로 변경할 수 있습니다. headerTitle에 함수가 설정되면 해당 함수의 파라미터로 style과 tintColor 등이 포함된 객체가 전달됩니다. 그중 style은 headerTitleStyle에 설정된 값이고, tintColor는 headerTintColor에 지정된 값이 전달됩니다.

이번에는 headerTitle에 컴포넌트를 반환하는 함수를 지정해서 타이틀 컴포넌트를 교체해보겠습니다.

src/navigations/Stack.js

```
...
import { MaterialCommunityIcons } from '@expo/vector-icons';

...
const StackNavigation = () => {
  return (
    <Stack.Navigator
      initialRouteName="Home"
      screenOptions={{
        ...
        headerTitleStyle: { color: '#ffffff', fontSize: 24 },
        headerTitleAlign: 'center',
        headerTitle: ({ style }) => (
          <MaterialCommunityIcons name="react" style={style} />
        ),
      }}
    >
      ...
    </Stack.Navigator>
  );
};
...
```

함수의 파라미터로 전달되는 style을 이용하여 headerTitleStyle에 지정한 스타일과 동일한 스타일이 적용되도록 작성했습니다. 반환되는 컴포넌트는 vector-icons에서 제공하는 컴포넌트를 이용해서 리액트 로고가 렌더링되도록 작성했습니다.

어떤가요? 여러분도 타이틀이 잘 변경되었나요?

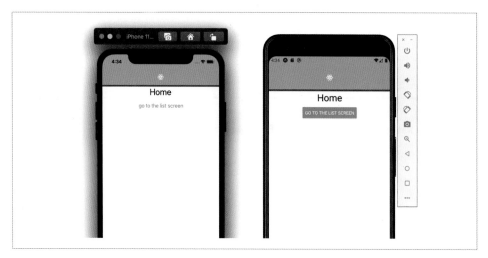

그림 8-16 타이틀 컴포넌트 수정

버튼 수정하기

스택 내비게이션에서 화면을 이동하면 헤더 왼쪽에 이전 화면으로 이동하는 뒤로 가기 버튼이 나타납니다. 만약 첫 화면처럼 이전 화면이 없는 경우에는 버튼이 생기지 않습니다. 뒤로 가기 버튼을 이용하는 방법 외에 화면 왼쪽 끝에서 오른쪽 방향으로 스와이프 제스쳐swipe gestures를 통해 이전 화면으로 돌아가는 방법도 있습니다. 이번에는 헤더 왼쪽에 있는 버튼을 수정하는 방법에 대해 알아보겠습니다.

헤더 왼쪽에 뒤로 가기 버튼이 생성되는 것은 동일하지만, iOS와 안드로이드의 모습에는 차이가 있습니다. 안드로이드는 버튼의 타이틀을 보여주지 않고, iOS는 이전 화면의 타이틀을 버튼의 타이틀로 보여주는 것이 가장 눈에 띄는 차이점입니다. headerBackTitleVisible을 이용하면 두 플랫폼의 버튼 타이틀 렌더링 여부를 동일하게 설정할 수 있습니다.

```
...
const StackNavigation = () => {
  return (
    <Stack.Navigator
      ...
    >
      <Stack.Screen name="Home" component={Home} />
      <Stack.Screen
        name="List"
        component={List}
        options={{
          headerTitle: 'List Screen',
          headerBackTitleVisible: true,
        }}
      />
      <Stack.Screen name="Detail" component={Item} />
    </Stack.Navigator>
  );
};
...
```

결과를 보면 안드로이드에도 버튼의 타이틀이 나타나는 것을 알 수 있습니다. 여러분도 headerBackTitleVisible값을 변경하면서 버튼의 타이틀이 동일하게 나타나는지, 나타나지 않는지 확인해보세요.

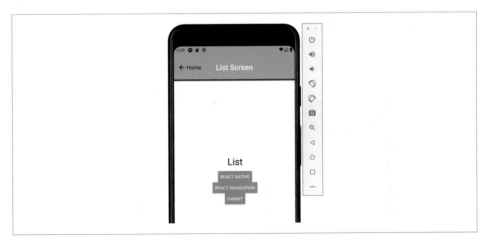

그림 8-17 안드로이드 버튼 타이틀

버튼의 타이틀은 나타나게 하지만, 이전 화면의 이름이 아닌 다른 값을 이용하고 싶은 경우 headerBackTitle을 이용합니다.

src/navigations/Stack.js

```
...
const StackNavigation = () => {
  return (
    <Stack.Navigator
      ...
    >
      <Stack.Screen name="Home" component={Home} />
      <Stack.Screen
        name="List"
        component={List}
        options={{
          headerTitle: 'List Screen',
          headerBackTitleVisible: true,
          headerBackTitle: 'Prev',
        }}
      />
      <Stack.Screen name="Detail" component={Item} />
    </Stack.Navigator>
  );
};
...
```

headerBackTitle에 빈 문자열을 입력하면 버튼 타이틀에 Back이라는 문자열이 나타납니다. 버튼의 타이틀에 빈 값을 주고 싶은 경우 headerBackTitle이 아니라 headerBackTitleVisible을 이용해서 타이틀이 보이지 않도록 해야 한다는 데 주의하세요.

그림 8-18 버튼 타이틀 수정

버튼 스타일 수정하기

버튼의 타이틀도 헤더의 타이틀처럼 우리가 원하는 스타일을 지정할 수 있습니다. header
BackTitleStyle을 이용하면 글자의 색뿐만 아니라 글자 크기 등 다양한 스타일을 지정할 수
있지만 버튼의 타이틀에만 적용됩니다. 버튼의 타이틀과 이미지의 색을 동일하게 변경하려면
headerTintColor를 이용해야 합니다.

headerTintColor에 지정된 색은 버튼뿐만 아니라 헤더의 타이틀에도 적용되지만, header
TitleStyle혹은 headerBackTitleStyle이 우선순위가 높으므로 headerTintColor에 설정한
색으로 나타나게 하고 싶다면 다른 스타일과 겹치지 않도록 작성하는 것이 중요합니다.

src/navigations/Stack.js

```
...
const StackNavigation = () => {
  return (
    <Stack.Navigator
      ...
    >
      <Stack.Screen name="Home" component={Home} />
      <Stack.Screen
        name="List"
        component={List}
        options={{
          headerTitle: 'List Screen',
          headerBackTitleVisible: true,
          headerBackTitle: 'Prev',
          headerTitleStyle: { fontSize: 24 },
          headerTintColor: '#e74c3c',
        }}
      />
      <Stack.Screen name="Detail" component={Item} />
    </Stack.Navigator>
  );
};
...
```

headerTintColor의 값을 설정하고 headerTitleStyle을 재정의하여 헤더의 타이틀에도 함
께 적용되도록 수정했습니다. 어떤가요? 여러분도 버튼과 타이틀이 모두 같은 색으로 나타나
나요?

그림 8-19 버튼 스타일 수정

버튼 컴포넌트 변경

두 플랫폼의 뒤로 가기 버튼 아이콘에 동일한 아이콘이 렌더링되도록 변경하려면 어떻게 해야 할까요? headerBackImage에 컴포넌트를 반환하는 함수를 전달해서 두 플랫폼이 동일한 이미지를 렌더링하도록 변경할 수 있습니다. 이번에는 뒤로 가기 버튼을 변경해볼까요?

src/navigations/Stack.js

```
...
import { Platform } from 'react-native';

...
const StackNavigation = () => {
  return (
    <Stack.Navigator
      ...
    >
      <Stack.Screen name="Home" component={Home} />
      <Stack.Screen
```

```
      name="List"
      component={List}
      options={{
        ...
        headerBackImage: ({ tintColor }) => {
          const style = {
            marginRight: 5,
            marginLeft: Platform.OS === 'ios' ? 11 : 0,
          };
          return (
            <MaterialCommunityIcons
              name="keyboard-backspace"
              size={30}
              color={tintColor}
              style={style}
            />
          );
        },
      }}
    />
    <Stack.Screen name="Detail" component={Item} />
  </Stack.Navigator>
);
};
...
```

headerBackImage의 함수 파라미터에 전달되는 tintColor값을 이용해 아이콘의 색을 지정하고, 두 플랫폼의 버튼 위치를 동일하게 만들기 위해 플랫폼에 따라 스타일을 다르게 적용했습니다. 어떤가요? 여러분도 두 플랫폼의 버튼이 동일하게 변경되었나요?

그림 8-20 버튼 이미지 변경

뒤로 가기 버튼의 이미지가 아니라 헤더의 왼쪽 버튼 전체를 변경하고 싶다면 headerLeft에 컴포넌트를 반환하는 함수를 지정합니다. 이와 동일한 방법으로 headerRight에 컴포넌트를 반환하는 함수를 지정하면 헤더의 오른쪽에 원하는 컴포넌트를 렌더링할 수 있습니다. 이번에 는 헤더의 양 끝에 원하는 컴포넌트를 렌더링해보겠습니다.

src/screens/Item.js

```javascript
import React, { useLayoutEffect } from 'react';
import styled from 'styled-components/native';
import { MaterialCommunityIcons } from '@expo/vector-icons';

...

const Item = ({ navigation, route }) => {
  useLayoutEffect(() => {
    navigation.setOptions({
      headerBackTitleVisible: false,
      headerTintColor: '#ffffff',
      headerLeft: ({ onPress, tintColor }) => {
        return (
          <MaterialCommunityIcons
            name="keyboard-backspace"
            size={30}
            style={{ marginLeft: 11 }}
            color={tintColor}
            onPress={onPress}
          />
        );
      },
      headerRight: ({ tintColor }) => (
        <MaterialCommunityIcons
          name="home-variant"
          size={30}
          style={{ marginRight: 11 }}
          color={tintColor}
          onPress={() => navigation.popToTop()}
        />
      ),
    });
  }, []);

  return (...);
```

```
};
  ...
```

useLayoutEffect Hook은 useEffect Hook과 사용법이 동일하며 거의 같은 방식으로 동작합니다. 주요 차이점은 컴포넌트가 업데이트된 직후 화면이 렌더링되기 전에 실행된다는 것입니다. 이 특징 때문에 화면을 렌더링하기 전에 변경할 부분이 있거나 수치 등을 측정해야 하는 상황에서 많이 사용됩니다.

headerLeft 함수의 파라미터에는 다양한 값들이 전달되는데, 그중 onPress는 뒤로 가기 버튼 기능이 전달됩니다. 화면의 왼쪽 버튼을 변경하면서 전혀 다른 기능을 설정하는 경우에는 필요 없지만, 뒤로 가기 버튼의 기능을 그대로 기용하고 싶은 경우 유용하게 사용할 수 있습니다.

headerRight 함수의 파라미터에는 tintColor만 전달되므로 onPress에 원하는 행동을 정의해줘야 합니다. navigation에서 제공하는 다양한 함수 중 popToTop 함수는 현재 쌓여 있는 모든 화면을 내보내고 첫 화면으로 돌아가는 기능입니다. 오른쪽 버튼의 onPress 이벤트는 popToTop 함수를 이용해서 첫 화면으로 돌아가도록 작성했습니다.

그림 8-21 버튼 컴포넌트 변경

헤더 감추기

화면 종류나 프로젝트 기획에 따라 헤더를 감춰야 하는 상황이 있습니다. 이런 상황에서 이용할 수 있는 설정은 headerMode나 headerShown입니다.

headerMode는 Navigator 컴포넌트의 속성으로 헤더를 렌더링하는 방법을 설정하는 속성입니다.

- **float**: 헤더가 상단에 유지되며 하나의 헤더를 사용합니다.
- **screen**: 각 화면마다 헤더를 가지며 화면 변경과 함께 나타나거나 사라집니다.
- **none**: 헤더가 렌더링되지 않습니다.

float은 iOS에서 볼 수 있는 동작 방식이고, screen은 안드로이드에서 일반적으로 볼 수 있는 동작 방식입니다. headerMode를 none으로 설정하면 자식 컴포넌트로 존재하는 모든 화면에서 헤더가 보이지 않습니다. 여러분도 headerMode의 값을 변경하면서 동작하는 모습을 확인해보세요.

headerShown은 화면 옵션으로, Navigator 컴포넌트의 screenOptions에 설정하면 전체화면의 헤더가 보이지 않도록 설정할 수 있습니다. 여기서는 첫 화면인 Home 화면에서만 헤더가 보이지 않도록 수정하겠습니다.

src/navigations/Stack.js

```
...
const StackNavigation = () => {
  return (
    <Stack.Navigator
      ...
    >
      <Stack.Screen
        name="Home"
        component={Home}
        options={{ headerShown: false }}
      />
      ...
    </Stack.Navigator>
  );
};
...
```

헤더가 사라지면서 노치 디자인 문제로 화면의 일부가 가려지는 문제를 해결하기 위해 Home
화면을 다음과 같이 수정하겠습니다.

src/screens/Home.js

```
...
const Container = styled.SafeAreaView`
  background-color: #ffffff;
  align-items: center;
`;
...
```

어떤가요? 여러분도 Home 화면의 헤더가 나타나지 않나요?

그림 8-22 헤더 감추기

8.3 탭 내비게이션

탭 내비게이션은 보통 화면 위나 아래에 위치하며, 탭 버튼을 누르면 버튼과 연결된 화면으로
이동하는 방식으로 동작합니다. 많이 사용되는 카카오톡, 왓츠앱[WhatsApp] 등의 채팅 애플리케

이션에서 쉽게 확인할 수 있습니다. 그 외에도 인스타그램, 유튜브 등 다수의 애플리케이션에서 탭 내비게이션을 사용하여 화면을 구성합니다.

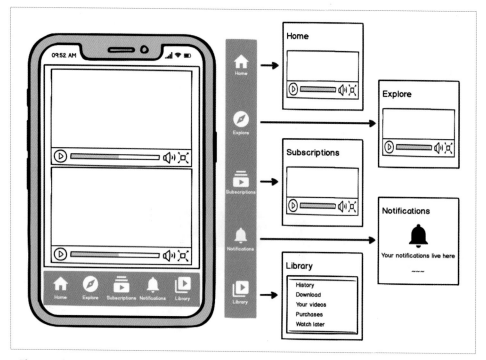

그림 8-23 탭 내비게이션

이번에는 리액트 내비게이션의 탭 내비게이션을 이용하여 화면을 구성하는 방법에 대해 알아보겠습니다. 먼저 탭 내비게이션을 사용하기 위한 추가 라이브러리 설치합니다.

```
npm install @react-navigation/bottom-tabs
```

8.3.1 화면 구성

이번에는 3개의 버튼과 해당 버튼에 연결된 화면으로 구성된 탭 내비게이션을 만들겠습니다. src 폴더 밑에 있는 screens 폴더 내에 TabScreens.js 파일을 만들고 화면으로 사용할 컴포넌트를 다음과 같이 작성합니다.

src/screens/TabScreens.js

```javascript
import React from 'react';
import styled from 'styled-components/native';

const Container = styled.View`
  flex: 1;
  justify-content: center;
  align-items: center;
`;
const StyledText = styled.Text`
  font-size: 30px;
`;

export const Mail = () => {
  return (
    <Container>
      <StyledText>Mail</StyledText>
    </Container>
  );
};

export const Meet = () => {
  return (
    <Container>
      <StyledText>Meet</StyledText>
    </Container>
  );
};

export const Settings = () => {
  return (
    <Container>
      <StyledText>Settings</StyledText>
    </Container>
  );
};
```

현재 화면을 확인할 수 있는 텍스트가 나타나는 간단한 컴포넌트를 3개 만들었습니다. 이제 생성된 컴포넌트를 이용해서 탭 내비게이션을 만들어보겠습니다.

src/navigations/Tab.js

```javascript
import React from 'react';
import { createBottomTabNavigator } from '@react-navigation/bottom-tabs';
import { Mail, Meet, Settings } from '../screens/TabScreens';

const Tab = createBottomTabNavigator();

const TabNavigation = () => {
  return (
    <Tab.Navigator>
      <Tab.Screen name="Mail" component={Mail} />
      <Tab.Screen name="Meet" component={Meet} />
      <Tab.Screen name="Settings" component={Settings} />
    </Tab.Navigator>
  );
};

export default TabNavigation;
```

createBottomTabNavigator 함수를 이용해 탭 내비게이션을 생성했습니다. 탭 내비게이션에도 스택 내비게이션과 동일하게 Navigator 컴포넌트, Screen 컴포넌트가 있습니다. 앞에서 만든 컴포넌트들을 Screen 컴포넌트의 component로 지정해 화면으로 사용하고 Navigator 컴포넌트로 감싸주었습니다. 이제 완성된 탭 내비게이션을 App 컴포넌트에서 사용해보겠습니다.

App.js

```javascript
...
import TabNavigation from './navigations/Tab';

const App = () => {
  return (
    <NavigationContainer>
      <TabNavigation />
    </NavigationContainer>
  );
};
...
```

결과를 보면 화면 하단에 3개의 버튼이 놓인 탭 바^{tab bar}가 있고, 탭의 버튼을 클릭할 때마다 화면이 변경되는 것을 확인할 수 있습니다.

그림 8-24 탭 내비게이션 화면 구성

탭 바에 있는 버튼 순서는 Navigator 컴포넌트의 자식으로 있는 Screen 컴포넌트의 순서와 동일하며 첫 번째 자식 컴포넌트를 첫 화면으로 사용합니다. 탭 버튼의 순서는 변경하지 않고 렌더링되는 첫 번째 화면을 변경하고 싶은 경우 initialRouteName 속성을 이용합니다.

src/navigations/Tab.js

```
...
const TabNavigation = () => {
  return (
    <Tab.Navigator initialRouteName="Settings">
      <Tab.Screen name="Mail" component={Mail} />
      <Tab.Screen name="Meet" component={Meet} />
      <Tab.Screen name="Settings" component={Settings} />
    </Tab.Navigator>
  );
```

```
  };
  ...
```

여러분도 버튼 순서와 initialRouteName의 값을 변경하며 동작을 확인해보세요.

8.3.2 탭 바 수정하기

이번에는 탭 바와 탭 버튼을 수정하는 방법에 대해 알아보겠습니다.

버튼 아이콘 설정하기

탭 내비게이션의 기본 설정에는 탭 버튼 아이콘이 지정되어 있지 않아 조금 휑한 모습을 볼 수 있습니다. 탭 버튼에 아이콘을 렌더링하는 방법은 tabBarIcon을 이용하는 것입니다. 스택 내비게이션에서 타이틀 컴포넌트를 변경하거나 헤더의 버튼 컴포넌트를 변경했던 것처럼 tabBarIcon에 컴포넌트를 반환하는 함수를 지정하면 버튼의 아이콘이 들어갈 자리에 해당 컴포넌트를 렌더링합니다. tabBarIcon에 설정된 함수에는 color, size, focused값을 포함한 객체가 파라미터로 전달된다는 특징이 있습니다.

src/navigations/Tab.js

```
...
import { MaterialCommunityIcons } from '@expo/vector-icons';

const TabIcon = ({ name, size, color }) => {
  return <MaterialCommunityIcons name={name} size={size} color={color} />;
};

const Tab = createBottomTabNavigator();

const TabNavigation = () => {
  return (
    <Tab.Navigator initialRouteName="Settings">
      <Tab.Screen
        name="Mail"
        component={Mail}
        options={{
          tabBarIcon: props => TabIcon({ ...props, name: 'email' }),
        }}
```

```
      />
      <Tab.Screen
        name="Meet"
        component={Meet}
        options={{
          tabBarIcon: props => TabIcon({ ...props, name: 'video' }),
        }}
      />
      <Tab.Screen
        name="Settings"
        component={Settings}
        options={{
          tabBarIcon: props => TabIcon({ ...props, name: 'settings' }),
        }}
      />
    </Tab.Navigator>
  );
};
...
```

화면을 구성하는 Screen 컴포넌트마다 tabBarIcon에 MaterialCommunityIcons 컴포넌트를 반환하는 함수를 지정했습니다. 반환되는 컴포넌트의 색과 크기는 tabBarIcon에 지정된 함수의 파라미터로 전달되는 color와 size를 이용해서 설정했습니다.

만약 Screen 컴포넌트마다 탭 버튼 아이콘을 지정하지 않고 한곳에서 모든 버튼의 아이콘을 관리하고 싶은 경우 Navigator 컴포넌트의 screenOptions 속성을 사용해서 관리할 수 있습니다.

src/navigations/Tab.js

```
...
import { MaterialCommunityIcons } from '@expo/vector-icons';

const TabIcon = ({ name, size, color }) => {
  return <MaterialCommunityIcons name={name} size={size} color={color} />;
};

const Tab = createBottomTabNavigator();
const TabNavigation = () => {
  return (
    <Tab.Navigator
      initialRouteName="Settings"
```

```
    screenOptions={({ route }) => ({
      tabBarIcon: props => {
        let name = '';
        if (route.name === 'Mail') name = 'email';
        else if (route.name === 'Meet') name = 'video';
        else name = 'settings';
        return TabIcon({ ...props, name });
      },
    })}
  >
    <Tab.Screen name="Mail" component={Mail} />
    <Tab.Screen name="Meet" component={Meet} />
    <Tab.Screen name="Settings" component={Settings} />
  </Tab.Navigator>
  );
};
...
```

screenOptions에 객체를 반환하는 함수를 설정하고 함수로 전달되는 route를 이용합니다. Screen 컴포넌트의 name 속성을 값으로 갖는 route의 name값에 따라 렌더링되는 아이콘이 변경되도록 작성했습니다.

Screen 컴포넌트마다 options에 tabBarIcon을 설정하는 방법과 Navigator 컴포넌트에서 screenOptions를 이용하는 방법의 결과는 동일합니다. 여러분은 어떻게 관리하는 것이 더 편한가요?

그림 8-25 탭 버튼 아이콘 설정

라벨 수정하기

버튼 아이콘 아래에 렌더링되는 라벨[label]은 Screen 컴포넌트의 name값을 기본값으로 사용합니다. 탭 버튼의 라벨은 tabBarLabel을 이용해서 변경할 수 있습니다. 탭 내비게이션의 Screen 컴포넌트에서 tabBarLabel값을 설정하여 탭 버튼의 라벨을 변경해보겠습니다.

src/navigations/Tab.js

```
...
const TabNavigation = () => {
  return (
    <Tab.Navigator initialRouteName="Settings">
      <Tab.Screen
        name="Mail"
        component={Mail}
        options={{
          tabBarLabel: 'Inbox',
          tabBarIcon: props => TabIcon({ ...props, name: 'email' }),
        }}
      />
      ...
    </Tab.Navigator>
  );
};
...
```

어떤가요? 여러분도 변경한 라벨이 잘 나타나나요?

그림 8-26 라벨 수정하기

라벨을 버튼 아이콘의 아래가 아닌 아이콘 옆에 렌더링되도록 변경하고 싶으면 labelPosition 의 값을 변경해서 조정할 수 있습니다. labelPosition은 below-icon과 beside-icon 두 값만 설정할 수 있으며, beside-icon으로 설정하면 아이콘 오른쪽에 라벨이 렌더링됩니다.

src/navigations/Tab.js

```
...
const TabNavigation = () => {
  return (
    <Tab.Navigator
      initialRouteName="Settings"
      tabBarOptions={{ labelPosition: 'beside-icon' }}
    >
      ...
    </Tab.Navigator>
  );
};
...
```

보통 라벨의 위치는 모든 버튼에 동일하게 적용되므로 Navigator 컴포넌트의 tabBarOptions를 이용해서 모든 버튼에 적용되도록 작성했습니다.

그림 8-27 라벨 위치 변경하기

프로젝트의 기획이나 디자인에 따라 라벨을 렌더링하지 않고 아이콘만 사용하는 경우도 많습니다. showLabel을 이용하면 탭 바에서 라벨이 렌더링되지 않도록 설정할 수 있습니다.

src/navigations/Tab.js

```
...
const TabNavigation = () => {
  return (
    <Tab.Navigator
      initialRouteName="Settings"
      tabBarOptions={{ labelPosition: 'beside-icon', showLabel: false }}
    >
      ...
    </Tab.Navigator>
  );
};
...
```

어떤가요? 여러분도 라벨 없이 버튼의 아이콘만 잘 나타나나요?

그림 8-28 탭 라벨 감추기

스타일 수정하기

탭 내비게이션의 탭 바 배경색은 흰색이 기본값입니다. 만약 화면의 배경색이 탭 바의 기본 색과 어울리지 않는다면 탭 바의 배경색 등을 수정해야 합니다. 이번에는 탭 바의 스타일을 수정하는 방법에 대해 알아보겠습니다.

먼저 화면의 배경색을 다음과 같이 변경합니다.

src/screens/TabScreens.js

```
...
const Container = styled.View`
  flex: 1;
  justify-content: center;
  align-items: center;
  background-color: #54b7f9;
`;
const StyledText = styled.Text`
  font-size: 30px;
  color: #ffffff;
`;
...
```

화면의 스타일 수정이 완료되면 탭 바의 스타일을 변경합니다. 탭 바의 스타일은 tabBarOptions 속성에 style의 값으로 스타일 객체를 설정하여 변경할 수 있습니다.

src/navigations/Tab.js

```
...
const TabNavigation = () => {
  return (
    <Tab.Navigator
      initialRouteName="Settings"
      tabBarOptions={{
        labelPosition: 'beside-icon',
        showLabel: false,
        style: {
          backgroundColor: '#54b7f9',
          borderTopColor: '#ffffff',
          borderTopWidth: 2,
        },
      }}
    >
```

```
        ...
      </Tab.Navigator>
    );
  };
  ...
```

탭 바의 배경색을 화면의 배경색과 동일한 색으로 변경하고, 화면과 명확히 구분되도록 하기 위해 경계선의 색과 두께를 조절했습니다. 어떤가요? 여러분도 탭 바의 스타일이 잘 변경되었나요?

그림 8-29 탭 바 스타일 수정

탭 바의 배경색은 잘 변경되었지만, 탭 버튼의 아이콘 색이 배경색과 어울리지 않아 수정이 필요해 보입니다. 탭 버튼의 아이콘은 선택되어 활성화된 상태의 색과 선택되지 않아 비활성화된 상태의 색을 각각 activeTintColor와 inactiveTintColor를 이용해 설정할 수 있습니다.

src/navigations/Tab.js

```
  ...
  const TabNavigation = () => {
    return (
      <Tab.Navigator
```

```
        initialRouteName="Settings"
        tabBarOptions={{
          labelPosition: 'beside-icon',
          showLabel: false,
          style: {
            backgroundColor: '#54b7f9',
            borderTopColor: '#ffffff',
            borderTopWidth: 2,
          },
          activeTintColor: '#ffffff',
          inactiveTintColor: '#0B92E9',
        }}
      >
        ...
      </Tab.Navigator>
    );
  };
  ...
```

만약 라벨이 렌더링되도록 설정되었다면 라벨의 색도 버튼의 활성화 상태에 따라 activeTint
Color와 inactiveTintColor에 설정된 값으로 나타납니다.

그림 8-30 탭 버튼 활성화 색 변경

앞에서 버튼의 아이콘을 설정하기 위해 barTabIcon에 설정한 함수에는 파라미터로 size, color, focused를 가진 객체가 전달됩니다. 이 값 중 focused는 버튼의 선택된 상태를 나타내는 값인데, 이 값을 이용하면 버튼의 활성화 상태에 따라 다른 버튼을 렌더링하거나 스타일을 변경할 수 있습니다.

이번에는 버튼의 활성화 상태에 따라 다른 아이콘이 렌더링되도록 변경해보겠습니다.

src/navigations/Tab.js

```
...
const TabNavigation = () => {
  return (
    <Tab.Navigator
      initialRouteName="Settings"
      tabBarOptions={{
        ...
        activeTintColor: '#ffffff',
        inactiveTintColor: '#cfcfcf',
      }}
    >
      <Tab.Screen
        name="Mail"
        component={Mail}
        options={{
          tabBarLabel: 'Inbox',
          tabBarIcon: props =>
            TabIcon({
              ...props,
              name: props.focused ? 'email' : 'email-outline',
            }),
        }}
      />
      <Tab.Screen
        name="Meet"
        component={Meet}
        options={{
          tabBarIcon: props =>
            TabIcon({
              ...props,
              name: props.focused ? 'video' : 'video-outline',
            }),
        }}
      />
```

```
    <Tab.Screen
      name="Settings"
      component={Settings}
      options={{
        tabBarIcon: props =>
          TabIcon({
            ...props,
            name: props.focused ? 'settings' : 'settings-outline',
          }),
      }}
    />
  </Tab.Navigator>
  );
};
...
```

focused의 값에 따라 버튼이 활성화되었을 때는 내부가 채워진 이미지가 렌더링되고, 비활성화 상태에서는 내부가 빈 아이콘이 렌더링되도록 작성했습니다. 버튼의 아이콘으로 활성화 상태를 구분할 수 있기 때문에 비활성화 상태의 색도 활성화 상태의 색과 비슷하게 변경했습니다. 어떤가요? 여러분도 활성화 상태에 따라 탭 버튼의 이미지가 잘 변경되나요?

그림 8-31 활성화 상태에 따른 변화

8.4 마치며

이번 장에서는 리액트 내비게이션을 이용해 리액트 네이티브에서 내비게이션을 구성하는 방법에 대해 알아봤습니다. 내비게이션은 애플리케이션의 흐름을 관리하기 때문에 중요한 요소이며, 애플리케이션을 만들기 전에 어떻게 구성할지 미리 계획을 세우는 것이 좋습니다.

리액트 내비게이션에는 이번 장에서 소개한 것 외에도 다양한 내비게이션이 있습니다. 화면 하단에 탭 바가 있는 탭 내비게이션뿐만 아니라 화면 상단에 탭 바가 있는 탭 내비게이션도 있고, 메뉴를 감춰서 공간을 절약하는 드로어 내비게이션도 있습니다. 내비게이션의 종류뿐 아니라 미처 소개하지 못한 설정과 기능들도 많으므로 다양하게 사용해보고 여러분에게 필요한 기능들을 활용하기 바랍니다.

나의 첫 번째 리액트 네이티브 프로젝트

저의 첫 번째 리액트 네이티브 프로젝트는 2016년 1월에 진행됐습니다. 당시 근무하던 회사에서 리액트 네이티브와 자마린^{Xamarin}에 대해 테스트를 진행하려고 했고, 평소 관심이 있던 리액트 네이티브를 담당해서 테스트를 진행했습니다.

제가 처음 리액트 네이티브를 사용했을 때는 버그도 많았고, 자료도 거의 찾아볼 수 없었기 때문에 리액트 네이티브가 구현된 코드를 보며 공부해야 했습니다. 리액트에 대한 지식도 없는 상태에서 시작했기 때문에 정말 어렵고 힘든 시간이었습니다.

특히 기억에 남는 것은 리스트와 스크롤에 관련된 일입니다. 당시에는 FlatList 컴포넌트가 없었고, FlatList 컴포넌트에서 제공하는 inverted 속성처럼 스크롤의 방향을 반대로 할 수 있는 옵션을 가진 컴포넌트도 없었습니다. 하지만 테스트 샘플을 완성하기 위해서는 스크롤의 방향을 반대로 해야 했습니다. 결국 목록을 렌더링하는 ListView 컴포넌트를 x축을 기준으로 회전시켜 컴포넌트 전체를 뒤집었고, 글자가 뒤집히는 것을 방지하기 위해 ListView 컴포넌트의 자식 컴포넌트들을 각각 x축을 기준으로 회전시킴으로써, 스크롤의 방향은 뒤집혀 있지만 글자는 뒤집히지 않은 상태를 억지로 만들었습니다. 주어진 조건에서 원하는 결과를 얻어내 뿌듯했지만 한편으로는 리액트 네이티브의 열악한 기능 지원에 많은 아쉬움을 느꼈던 기억이 있습니다.

그래서인지 당시 저는 리액트 네이티브를 별로 좋아하지 않았습니다. 하지만 한편으로 외국 자료까지 포함해서 몇 안 되는 완전한 샘플을 만들었다는 데 뿌듯함을 느꼈고 더 잘 만들고 싶다는 욕심과 함께 아쉬움을 느꼈습니다. 그렇게 리액트 네이티브에 지속적인 관심을 갖고 지켜보았고, 그동안 많은 회사들이 리액트 네이티브를 도입하는 모습과 리액트 네이티브가 발전해가는 모습을 볼 수 있었습니다. 이제는 리액트 네이티브도 많이 발전했고, 영어로 된 자료까지 포함한다면 참고할 수 있는 자료도 많아졌습니다.

여러분의 첫 번째 리액트 네이티브는 어떤가요? 여기까지 함께 온 분들 중에는 과거의 저처럼 리액트에 대해 모르는 상태에서 리액트 네이티브를 시작한 분들이 있을 것입니다. 하지만 관련 지식을 필요할 때마다 익히면서 해도 충분히 할 수 있었을 것입니다. 여기까지 함께 와준 분들께 감사와 응원의 말을 전하고 싶습니다.

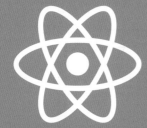

9장 채팅 애플리케이션 I

앞에서는 리액트 네이티브를 사용하기 위해 여러 가지 내용을 살펴봤습니다. 이번 장에서는 지금까지 공부한 내용을 바탕으로 간단한 채팅 애플리케이션을 만들어보겠습니다.

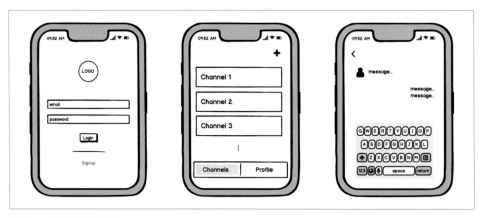

그림 9-1 채팅 애플리케이션

우리가 일상 생활 속에서 많이 사용하는 채팅 애플리케이션에는 다양한 기능이 들어 있습니다. 이처럼 다양한 기능을 모두 개발하면 좋겠지만, 이번 장에서는 채팅을 동작시키기 위한 최소한의 기능만 구현해보겠습니다.

- **로그인/회원가입**: 이메일과 비밀번호를 이용한 로그인과 회원가입
- **프로필**: 나의 정보 확인 및 변경
- **채널 생성**: 채널 생성 기능
- **채널 목록**: 생성된 채널들의 목록 조회
- **채널**: 실시간으로 메시지를 송수신하는 독립된 공간

9.1 프로젝트 준비

먼저 다음 명령어를 이용해 프로젝트를 생성하고 채팅 애플리케이션을 만들면서 필요한 내용에 대해 알아보겠습니다.

```
expo init react-native-simple-chat
```

9.1.1 내비게이션

우리가 만들 채팅 애플리케이션은 크게 세 부분으로 나눌 수 있습니다. 로그인 등 인증하는 화면, 채팅방의 목록 등을 확인할 수 있는 화면, 메시지를 주고받는 화면입니다. 화면은 유기적으로 연결되어 있으며 화면 간 이동이 잦습니다. 여기서는 8장에서 배운 리액트 내비게이션을 이용해서 채팅 애플리케이션의 화면을 구성하겠습니다. 다음 명령어를 이용해 리액트 내비게이션을 설치하고 진행합니다.

```
npm install @react-navigation/native
```

리액트 내비게이션 라이브러리 사용에 필요한 추가 라이브러리를 설치합니다.

```
expo install react-native-gesture-handler react-native-reanimated react-native-
screens react-native-safe-area-context @react-native-community/masked-view
```

우리가 만들 프로젝트는 다음과 같이 총 6개의 화면으로 이루어져 있습니다. 스택 내비게이션과 탭 내비게이션을 활용하여 화면 구조를 만들 예정이므로 추가로 필요한 라이브러리를 설치합니다.

```
npm install @react-navigation/stack @react-navigation/bottom-tabs
```

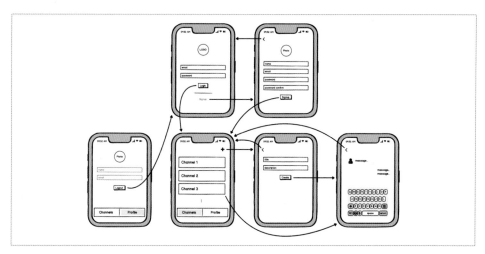

그림 9-2 프로젝트 화면 구조

9.1.2 라이브러리

이번 프로젝트에서는 리액트 내비게이션 외에도 몇 가지 라이브러리를 사용할 예정입니다. 먼저 스타일 작성을 위한 스타일드 컴포넌트 라이브러리와 타입 확인을 위한 prop-types 라이브러리를 설치합니다.

```
npm install styled-components prop-types
```

앞의 두 라이브러리 외에도 프로젝트를 진행하면서 다음과 같은 라이브러리를 사용할 예정입니다. 추가적인 라이브러리는 사용되는 곳을 명확하게 알기 위해 필요한 상황이 오면 설치하고 사용하겠습니다.

- **expo-image-picker**: https://bit.ly/expo-imagepicker
- **moment**: https://momentjs.com/
- **react-native-keyboard-aware-scroll-view**: https://bit.ly/keyboard-scroll
- **react-native-gifted-chat**: https://bit.ly/gifted-chat

expo-image-picker 라이브러리는 기기의 사진이나 영상을 가져올 수 있도록 시스템 UI에 접근할 수 있는 기능을 제공합니다. 이번 프로젝트에서 기기의 사진을 선택해 사용자의 사진을 설정 혹은 변경하기 위해 사용할 예정입니다.

moment 라이브러리는 시간을 다양한 형태로 변경하는 등 시간과 관련된 많은 기능을 제공하는 라이브러리로, 날짜와 관련된 라이브러리 중 가장 널리 알려져 있고 많이 사용되고 있습니다. 여기서는 타임스탬프를 사용자가 보기 편한 형태로 변경하기 위해 사용할 예정입니다.

react-native-keyboard-aware-scroll-view 라이브러리는 키보드가 화면을 가리면서 생기는 불편한 점을 해결하기 위해 사용되는 라이브러리입니다.

react-native-gifted-chat 라이브러리는 메시지를 주고받는 채팅 화면을 쉽게 구현할 수 있도록 돕는 라이브러리입니다.

9.1.3 프로젝트 파일 구조

이번에는 프로젝트의 파일 구조를 정리하겠습니다. 우선 모든 소스 파일을 관리할 src 폴더를 생성한 후 폴더 안에 theme.js 파일을 생성하고 다음과 같이 작성하겠습니다.

src/theme.js

```javascript
const colors = {
  white: '#ffffff',
  black: '#000000',
  grey_0: '#d5d5d5',
  grey_1: '#a6a6a6',
  red: '#e84118',
  blue: '#3679fe',
};

export const theme = {
  background: colors.white,
  text: colors.black,
};
```

공통으로 사용할 색을 정의하고 배경색과 글자의 색을 미리 정의했습니다. 이번에는 최상위 컴포넌트가 될 App 컴포넌트를 src 폴더 안에 작성하겠습니다.

src/App.js

```javascript
import React from 'react';
import { StatusBar } from 'react-native';
import { ThemeProvider } from 'styled-components/native';
import { theme } from './theme';

const App = () => {
  return (
    <ThemeProvider theme={theme}>
      <StatusBar barStyle="dark-content" />
    </ThemeProvider>
  );
};

export default App;
```

스타일드 컴포넌트의 ThemeProvider 컴포넌트를 사용해 스타일드 컴포넌트에서 정의된 theme을 사용할 수 있도록 작성했습니다. 이번에는 루트 디렉터리에 있는 App.js 파일을 수정해서 우리가 만든 App 컴포넌트가 메인 파일이 되도록 수정하겠습니다.

App.js

```
import App from './src/App';

export default App;
```

마지막으로 src 폴더 밑에 각 역할에 맞는 파일을 관리할 폴더를 다음과 같이 생성하겠습니다.

- **components**: 컴포넌트 파일 관리
- **contexts**: Context API 파일 관리
- **navigations**: 내비게이션 파일 관리
- **screens**: 화면 파일 관리
- **utils**: 프로젝트에서 이용할 기타 기능 관리

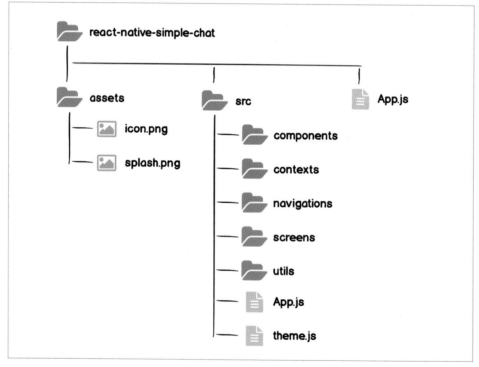

그림 9-3 프로젝트 파일 구조

9.2 파이어베이스

파이어베이스^{Firebase}는 인증^{Authentication}, 데이터베이스^{Database} 등의 다양한 기능을 제공하는 개발 플랫폼입니다. 파이어베이스가 제공하는 기능을 이용하면 대부분의 서비스에서 필요한 서버와 데이터베이스를 직접 구축하지 않아도 개발이 가능하다는 장점이 있습니다. 이번 장에서는 별도의 서버 구축 없이 파이어베이스를 이용해 프로젝트를 진행하겠습니다.

파이어베이스를 이용하려면 파이어베이스 콘솔에서 프로젝트를 생성해야 합니다. 다음 주소로 이동해서 프로젝트 추가 기능을 활용해 프로젝트를 생성하기 바랍니다.

- **파이어베이스 콘솔:** https://console.firebase.google.com/

프로젝트 생성이 완료되고 프로젝트 화면으로 이동하면 사용할 플랫폼을 선택해서 앱을 추가해야 합니다. "프로젝트 개요" 혹은 "프로젝트 설정 ▶ 일반 ▶ 내 앱"에서 "웹"을 선택하고 앱을 추가하기 바랍니다. 앱을 추가하는 과정에서 입력해야 하는 앱의 닉네임은 편의상 지정하는 내부용 식별자이므로 여러분이 지정하고 싶은 이름을 입력하면 됩니다.

그림 9-4 앱을 추가하여 시작하기

앱 추가가 완료된 후 "프로젝트 설정 ▶ 일반 ▶ 내 앱"에서 "Firebase SDK snippet"을 확인하면 파이어베이스를 사용하기 위한 설정값을 확인할 수 있습니다.

그림 9-5 파이어베이스 키

이 값들은 외부에 노출되면 안 되는 중요한 값들이므로 잘 관리해야 합니다. 이제 프로젝트의 루트 디렉터리에 firebase.json 파일을 생성한 후 이 코드를 다음과 같은 형태로 복사하고 .gitignore 파일에 firebase.json을 추가하겠습니다.

firebase.json

```
{
  "apiKey": "...",
  "authDomain": "...",
  "databaseURL": "...",
  "projectId": "...",
  "storageBucket": "...",
  "messagingSenderId": "...",
  "appId": "...",
}
```

.gitignore

```
...
# firebase
firebase.json
```

이제 프로젝트에서 파이어베이스를 사용하기 위한 준비가 완료되었습니다. 파이어베이스에서는 다양한 기능들을 제공하지만, 지면상의 이유도 있고 리액트 네이티브에 조금 더 집중하기 위해 파이어베이스의 모든 내용이나 사용하는 기능에 대한 자세한 설명은 생략합니다. 이번 장에서 진행하는 채팅 애플리케이션을 만들기 위해 알아야 할 인증, 데이터베이스, 스토리지 Storage 기능에 대해서만 간략하게 다루고 넘어가도록 하겠습니다.

9.2.1 인증

파이어베이스의 인증 기능에서는 다양한 인증 방법을 제공합니다. 우리는 이메일과 비밀번호를 이용하여 인증할 수 있는 기능을 만들 예정이므로 "이메일/비밀번호" 부분만 활성화하고 진행합니다.

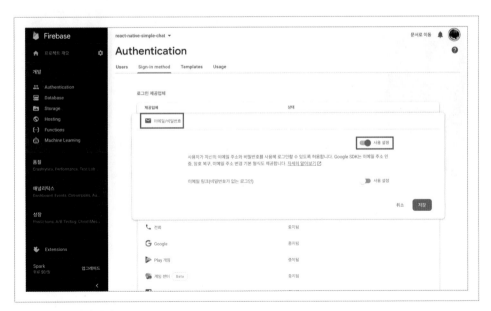

그림 9-6 인증 방법 선택

9.2.2 데이터베이스

여기서는 생성되는 채널과 각 채널에서 발생하는 메시지를, 파이어베이스의 데이터베이스를 이용하여 관리합니다. 데이터베이스의 경우 파이어스토어^{Cloud Firestore}와 실시간 데이터베이스 ^{Realtime Database} 두 가지 종류를 제공하는데, 우리는 파이어스토어를 이용할 것입니다. 데이터베이스를 사용하려면 데이터베이스 메뉴에서 데이터베이스 만들기를 진행해야 합니다. 데이터베이스 만들기의 첫 번째 단계인 보안 규칙은 뒤에서 조금 더 다루고, 두 번째 단계인 위치를 선택하는 화면에서는 여러분이 서비스하는 지역과 가장 가까운 지역을 선택하는 것이 좋습니다.

- **파이어베이스 위치:** https://bit.ly/location-firebase

한국에서 진행하는 분은 서울인 asia-northeast3을 선택하고, 한국이 아닌 분은 본인의 위치와 가까운 지역을 선택하여 진행하는 것을 추천합니다.

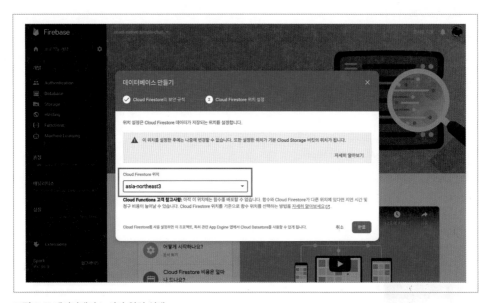

그림 9-7 데이터베이스 서버 위치 선택

9.2.3 스토리지

스토리지는 서버 코드 없이 사용자의 사진, 동영상 등을 저장할 수 있는 기능을 쉽게 개발할 수 있도록 기능을 제공합니다. 여기서는 스토리지를 이용해서 채팅 애플리케이션에 가입한 사용자의 사진을 저장하고 가져오는 기능을 만들 예정입니다. 이번에는 스토리지 메뉴에서 시작하기 버튼을 클릭해 스토리지를 사용하기 위한 설정을 진행하겠습니다. 데이터베이스와 마찬가지로 보안 규칙을 설정하는 화면이 나오고, 위치를 설정하는 화면이 나옵니다. 만약 책의 순서대로 데이터베이스에서 위치를 설정했다면, 데이터베이스에서 설정한 위치와 같은 위치로 나타납니다.

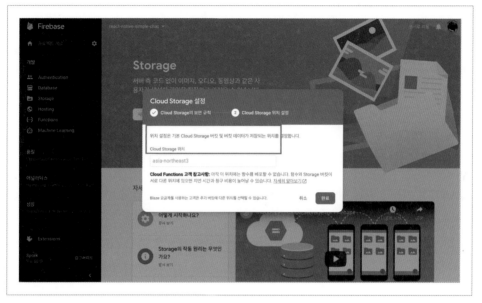

그림 9-8 스토리지 서버 위치 선택

9.2.4 라이브러리 설치

리액트 네이티브에서 파이어베이스를 사용하기 위해서는 라이브러리 설치가 필요합니다.

- **파이어베이스 라이브러리:** https://www.npmjs.com/package/firebase

다음 명령어를 이용해 파이어베이스 라이브러리를 설치합니다.

```
expo install firebase
```

라이브러리 설치가 완료되면 utils 폴더 아래에 firebase.js 파일을 생성하고 다음과 같이 작성합니다.

src/utils/firebase.js

```
import * as firebase from 'firebase';
import config from '../../firebase.json';

const app = firebase.initializeApp(config);
```

이제 파이어베이스를 사용할 준비가 완료되었습니다. 파이어베이스의 사용 방법은 프로젝트를 진행하면서 설명하겠습니다.

9.3 앱 아이콘과 로딩 화면

프로젝트의 기능과 화면 개발에 앞서 앱의 아이콘과 로딩 화면을 먼저 변경하겠습니다. 앱의 아이콘으로 사용할 1024×1024 크기의 icon.png 파일과 로딩 화면으로 사용할 1242×2436 크기의 splash.png 파일을 생성해서 assets 폴더에 자동으로 생성된 파일들과 교체하고 App 컴포넌트를 다음과 같이 수정합니다.

src/App.js

```
import React, { useState } from 'react';
import { StatusBar, Image } from 'react-native';
import { AppLoading } from 'expo';
import { Asset } from 'expo-asset';
import * as Font from 'expo-font';
import { ThemeProvider } from 'styled-components/native';
import { theme } from './theme';

const cacheImages = images => {
  return images.map(image => {
    if (typeof image === 'string') {
      return Image.prefetch(image);
    } else {
      return Asset.fromModule(image).downloadAsync();
    }
```

```
      });
    };
    const cacheFonts = fonts => {
      return fonts.map(font => Font.loadAsync(font));
    };

    const App = () => {
      const [isReady, setIsReady] = useState(false);

      const _loadAssets = async () => {
        const imageAssets = cacheImages([require('../assets/splash.png')]);
        const fontAssets = cacheFonts([]);

        await Promise.all([...imageAssets, ...fontAssets]);
      };

      return isReady ? (
        <ThemeProvider theme={theme}>
          <StatusBar barStyle="dark-content" />
        </ThemeProvider>
      ) : (
        <AppLoading
          startAsync={_loadAssets}
          onFinish={() => setIsReady(true)}
          onError={console.warn}
        />
      );
    };

    export default App;
```

앞으로 프로젝트에서 사용할 이미지와 폰트^{font}를 미리 불러와서 사용할 수 있도록 cacheImages
와 cacheFonts 함수를 작성하고 이를 이용해 _loadAssets 함수를 구성했습니다. 이미지나
폰트를 미리 불러오면 애플리케이션을 사용하는 환경에 따라 이미지나 폰트가 느리게 적용되
는 문제를 개선할 수 있습니다.

애플리케이션은 미리 불러와야 하는 항목들을 모두 불러오고 화면이 렌더링되도록 AppLoading
컴포넌트의 startAsync에 _loadAssets 함수를 지정하고, 완료되었을 때 isReady 상태를 변
경해서 화면이 렌더링되도록 작성했습니다.

이번에는 로딩 화면에서 기기의 크기에 따라 주변에 흰색 바탕이 보이는 것을 방지하기 위해, 로딩 화면의 배경색을 로딩 화면 이미지의 배경색과 동일하게 변경하겠습니다.

app.json

```json
{
  "expo": {
    ...
    "icon": "./assets/icon.png",
    "splash": {
      "image": "./assets/splash.png",
      "resizeMode": "contain",
      "backgroundColor": "#3679fe"
    },
    ...
  }
}
```

어떤가요? 여러분도 로딩 화면과 아이콘이 잘 변경되었나요?

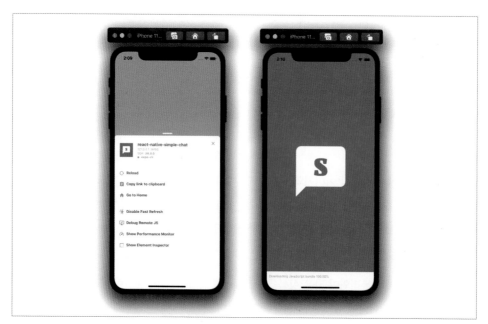

그림 9-9 아이콘과 로딩 화면

9.4 인증 화면

이번에는 파이어베이스의 인증 기능을 이용해서 로그인 화면과 회원가입 화면을 만들어보겠습니다.

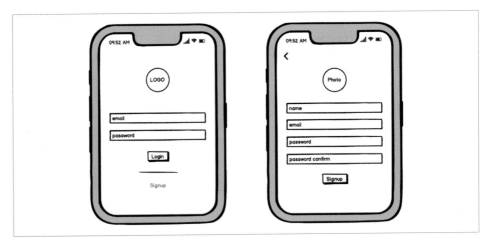

그림 9-10 로그인 화면과 회원가입 화면

인증을 위해 이메일과 비밀번호가 필요하므로 로그인 및 회원가입 화면에서는 이메일과 비밀번호를 필수로 입력받고, 회원가입 시 사용자가 서비스에서 사용할 이름과 프로필 사진을 받도록 화면을 구성하겠습니다.

9.4.1 내비게이션

먼저 로그인 화면과 회원가입 화면으로 사용할 컴포넌트를 screens 폴더 밑에 만듭니다. 먼저 로그인 화면을 다음과 같이 작성합니다.

src/screens/Login.js

```
import React from 'react';
import styled from 'styled-components/native';
import { Text, Button } from 'react-native';

const Container = styled.View`
  flex: 1;
```

```
    justify-content: center;
    align-items: center;
    background-color: ${(({ theme }) => theme.background};
  `;

  const Login = ({ navigation }) => {
    return (
      <Container>
        <Text style={{ fontSize: 30 }}>Login Screen</Text>
        <Button title="Signup" onPress={() => navigation.navigate('Signup')} />
      </Container>
    );
  };

  export default Login;
```

회원가입 화면으로 이동할 수 있는 버튼이 있는 간단한 로그인 화면을 만들었습니다. 이번에는
회원가입 화면을 만들어보겠습니다.

src/screens/Signup.js

```
  import React from 'react';
  import styled from 'styled-components/native';
  import { Text } from 'react-native';

  const Container = styled.View`
    flex: 1;
    justify-content: center;
    align-items: center;
    background-color: ${(({ theme }) => theme.background};
  `;

  const Signup = () => {
    return (
      <Container>
        <Text style={{ fontSize: 30 }}>Signup Screen</Text>
      </Container>
    );
  };

  export default Signup;
```

회원가입 화면도 로그인 화면과 마찬가지로 화면을 확인할 수 있는 텍스트가 있는 간단한 화면으로 구성했습니다. 두 화면이 완성되면 screens 폴더에 index.js 파일을 생성하고 다음과 같이 작성합니다.

src/screens/index.js

```jsx
import Login from './Login';
import Signup from './Signup';

export { Login, Signup };
```

이제 화면 준비가 완료되었으므로 내비게이션 파일을 작성해보겠습니다. 내비게이션 파일을 관리하는 navigations 폴더 아래에 스택 내비게이션을 이용해서 다음과 같이 작성하겠습니다.

src/navigations/AuthStack.js

```jsx
import React, { useContext } from 'react';
import { ThemeContext } from 'styled-components/native';
import { createStackNavigator } from '@react-navigation/stack';
import { Login, Signup } from '../screens';

const Stack = createStackNavigator();

const AuthStack = () => {
  const theme = useContext(ThemeContext);
  return (
    <Stack.Navigator
      initialRouteName="Login"
      screenOptions={{
        headerTitleAlign: 'center',
        cardStyle: { backgroundColor: theme.background },
      }}
    >
      <Stack.Screen name="Login" component={Login} />
      <Stack.Screen name="Signup" component={Signup} />
    </Stack.Navigator>
  );
};

export default AuthStack;
```

첫 화면을 로그인 화면으로 하고 로그인 화면과 회원가입 화면을 가진 내비게이션을 만들었습니다. 스타일드 컴포넌트에서 제공하는 ThemeContext와 useContext Hook 함수를 이용해 theme을 받아오고, 내비게이션 화면의 배경색을 theme에 정의된 배경색으로 설정했습니다. 마지막으로 헤더의 타이틀 위치를 안드로이드와 iOS에서 동일한 위치에 렌더링하기 위해 headerTitleAlign의 값을 center로 설정했습니다.

AuthStack 내비게이션 작성이 완료되면 navigations 폴더 안에 index.js 파일을 생성하고 다음과 같이 작성합니다.

src/navigations/index.js

```
import React from 'react';
import { NavigationContainer } from '@react-navigation/native';
import AuthStack from './AuthStack';

const Navigation = () => {
  return (
    <NavigationContainer>
      <AuthStack />
    </NavigationContainer>
  );
};

export default Navigation;
```

NavigationContainer 컴포넌트를 사용하고 자식 컴포넌트로 AuthStack 내비게이션을 사용했습니다. 이제 작성된 내비게이션이 렌더링되도록 App 컴포넌트를 다음과 같이 수정하겠습니다.

src/App.js

```
...
import Navigation from './navigations';

...
const App = () => {
  ...
  return isReady ? (
    <ThemeProvider theme={theme}>
      <StatusBar barStyle="dark-content" />
      <Navigation />
```

```
      </ThemeProvider>
    ) : (...);
  };
  ...
```

어떤가요? 여러분도 작성된 내비게이션이 잘 동작하나요?

그림 9-11 내비게이션 적용

9.4.2 로그인 화면

이번에는 로그인 화면에서 사용자의 이메일과 비밀번호를 입력받을 수 있도록 화면을 만들어
보겠습니다. 로그인 화면에서는 로고를 렌더링하는 컴포넌트와 사용자의 입력을 받는 컴포넌
트, 그리고 클릭과 그에 따른 이벤트가 발생하는 컴포넌트가 필요합니다.

Image 컴포넌트

먼저 url을 전달받아 원격에 있는 이미지를 렌더링하는 Image 컴포넌트를 만들어보겠습니다.

로그인 화면에서는 Image 컴포넌트를 이용해 애플리케이션의 로고를 렌더링합니다.

우선 Image 컴포넌트의 배경색으로 사용할 값을 theme.js 파일에 정의하고 진행합니다.

src/theme.js

```
...
export const theme = {
  background: colors.white,
  text: colors.black,

  imageBackground: colors.grey_0,
};
```

이제 Image 컴포넌트를 작성할 Image.js 파일을 components 폴더 안에 만들고 다음과 같이 작성합니다.

src/components/Image.js

```
import React from 'react';
import styled from 'styled-components/native';
import PropTypes from 'prop-types';

const Container = styled.View`
  align-self: center;
  margin-bottom: 30px;
`;
const StyledImage = styled.Image`
  background-color: ${({ theme }) => theme.imageBackground};
  width: 100px;
  height: 100px;
`;

const Image = ({ url, imageStyle }) => {
  return (
    <Container>
      <StyledImage source={{ uri: url }} style={imageStyle} />
    </Container>
  );
};

Image.propTypes = {
  uri: PropTypes.string,
  imageStyle: PropTypes.object,
```

```
};

export default Image;
```

props로 전달되는 url을 렌더링하고 imageStyle을 전달받아 컴포넌트의 스타일을 수정할 수 있는 Image 컴포넌트를 만들었습니다. Image 컴포넌트 작성이 완료되면 components 폴더에 index.js 파일을 생성하고 다음과 같이 작성합니다.

src/components/index.js

```
import Image from './Image';

export { Image };
```

이제 Image 컴포넌트를 사용해서 Login 화면을 수정해보겠습니다.

src/screens/Login.js

```
...
import { Button } from 'react-native';
import { Image } from '../components';

...
const Login = ({ navigation }) => {
  return (
    <Container>
      <Image />
      <Button title="Signup" onPress={() => navigation.navigate('Signup')} />
    </Container>
  );
};
...
```

로고 적용하기

이번에는 애플리케이션의 로고를 파이어베이스 스토리지에 업로드하고 로그인 화면에서 사용하도록 만들어보겠습니다. 앞에서 작성한 Image 컴포넌트의 크기인 100×100보다 큰 사이즈로 로고 이미지를 준비하고, 파일을 파이어베이스의 스토리지에 업로드합니다. 저는 200×200 사이즈의 이미지를 사용했습니다.

그림 9-12 로고 업로드

스토리지에 파일을 업로드하고 파일 정보에서 이름을 클릭하면 해당 파일의 url을 얻을 수 있습니다. 스토리지에 업로드된 이미지의 url을 관리하기 위해 utils 폴더 밑에 images.js 파일을 생성하고 앞에서 얻은 url을 이용해 다음과 같이 작성합니다.

src/utils/images.js

```
const prefix =
  'https://firebasestorage.googleapis.com/v0/b/react-native-simple-chat-558a0.
appspot.com/o';

export const images = {
  logo: `${prefix}/logo.png?alt=media`,
};
```

여기서 주의할 점은 앞의 코드처럼 복사된 주소의 쿼리 스트링^{query string}에서 token 부분을 제외하고 사용해야 한다는 것입니다. 쿼리 스트링에 있는 token은 현재 로그인된 사용자에게 발급된 값입니다. 실제 사용할 때는 token이 변경될 뿐만 아니라, 로그인 화면에서는 아직 로그인 전이므로 token이 없는 상태로 접근이 가능해야 합니다. 이제 로고 이미지도 로딩 과정에서 미리 불러오도록 App 컴포넌트를 다음과 같이 수정하겠습니다.

src/App.js

```
...
import { images } from './utils/images';

...
```

```
const App = () => {
  const [isReady, setIsReady] = useState(false);

  const _loadAssets = async () => {
    const imageAssets = cacheImages([
      require('../assets/splash.png'),
      ...Object.values(images),
    ]);
    const fontAssets = cacheFonts([]);

    await Promise.all([...imageAssets, ...fontAssets]);
  };

  return ...
};
...
```

마지막으로 로그인 화면에서 준비된 로고 이미지를 불러오겠습니다.

src/screens/Login.js

```
...
import { images } from '../utils/images';

...
const Login = ({ navigation }) => {
  return (
    <Container>
      <Image url={images.logo} />
      <Button title="Signup" onPress={() => navigation.navigate('Signup')} />
    </Container>
  );
};
...
```

결과를 보면 업로드한 이미지가 나타나지 않고 다음과 같은 경고 메시지가 나타납니다.

```
Error: Failed to load https://firebasestorage.googleapis.com/v0/b/react-native-
simple-chat-558a0.appspot.com/o/logo.png?alt=media
```

이 문제는 스토리지의 파일 접근 권한 문제로, 보안 규칙을 수정해서 해결해야 합니다. 스토리지 메뉴의 "Rules"탭에서 로그인하지 않아도 파일을 읽을 수 있도록 다음과 같이 규칙을 수정합니다.

```
service firebase.storage {
  match /b/{bucket}/o {
    match /logo.png {
      allow read;
    }
  }
}
```

그림 9-13 스토리지 규칙 수정

규칙을 적용시키고 화면을 다시 확인하면 스토리지에 업로드한 로고가 잘 나타나는 것을 볼 수 있습니다. 마지막으로 로그인 화면에서 Image 컴포넌트에 imageStyle을 전달해 렌더링되는 로고의 모습을 조금 변경하겠습니다.

```
...
const Login = ({ navigation }) => {
  return (
    <Container>
      <Image url={images.logo} imageStyle={{ borderRadius: 8 }} />
      <Button title="Signup" onPress={() => navigation.navigate('Signup')} />
    </Container>
  );
};
...
```

어떤가요? 여러분도 로고가 화면에 잘 나타나나요?

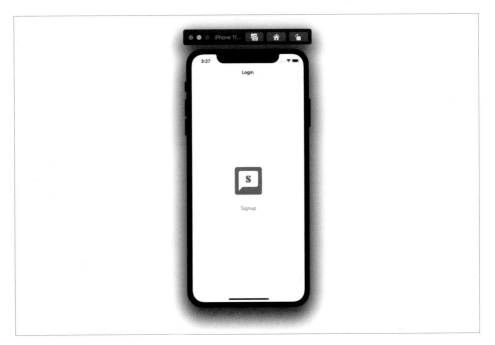

그림 9-14 로고 적용하기

Input 컴포넌트

이번에는 아이디와 비밀번호를 입력받을 수 있도록 Input 컴포넌트를 만들어보겠습니다. 먼저 Input 컴포넌트에서 placeholder 등에 사용할 색을 정의합니다.

src/theme.js

```
...
export const theme = {
  ...
  label: colors.grey_1,
  inputPlaceholder: colors.grey_1,
  inputBorder: colors.grey_1,
};
```

동일한 색을 사용했지만 이후 유지보수를 위해 적용되는 부분을 명확하게 알 수 있도록 정의했습니다. 이제 components 폴더 밑에 Input.js 파일을 생성하고 Input 컴포넌트를 만들어보겠습니다.

scr/components/Input.js

```
import React, { useState } from 'react';
import styled from 'styled-components/native';
import PropTypes from 'prop-types';

const Container = styled.View`
  flex-direction: column;
  width: 100%;
  margin: 10px 0;
`;
const Label = styled.Text`
  font-size: 14px;
  font-weight: 600;
  margin-bottom: 6px;
  color: ${({ theme, isFocused }) => (isFocused ? theme.text : theme.label)};
`;
const StyledTextInput = styled.TextInput.attrs(({ theme }) => ({
  placeholderTextColor: theme.inputPlaceholder,
}))`
  background-color: ${({ theme }) => theme.background};
  color: ${({ theme }) => theme.text};
  padding: 20px 10px;
  font-size: 16px;
  border: 1px solid
    ${({ theme, isFocused }) => (isFocused ? theme.text : theme.inputBorder)};
  border-radius: 4px;
`;
```

```
const Input = ({
  label,
  value,
  onChangeText,
  onSubmitEditing,
  onBlur,
  placeholder,
  isPassword,
  returnKeyType,
  maxLength,
}) => {
  const [isFocused, setIsFocused] = useState(false);

  return (
    <Container>
      <Label isFocused={isFocused}>{label}</Label>
      <StyledTextInput
        isFocused={isFocused}
        value={value}
        onChangeText={onChangeText}
        onSubmitEditing={onSubmitEditing}
        onFocus={() => setIsFocused(true)}
        onBlur={() => {
          setIsFocused(false);
          onBlur();
        }}
        placeholder={placeholder}
        secureTextEntry={isPassword}
        returnKeyType={returnKeyType}
        maxLength={maxLength}
        autoCapitalize="none"
        autoCorrect={false}
        textContentType="none" // iOS only
        underlineColorAndroid="transparent" // Android only
      />
    </Container>
  );
};

Input.defaultProps = {
  onBlur: () => {},
};

Input.propTypes = {
```

```
    label: PropTypes.string.isRequired,
    value: PropTypes.string.isRequired,
    onChangeText: PropTypes.func.isRequired,
    onSubmitEditing: PropTypes.func.isRequired,
    onBlur: PropTypes.func,
    placeholder: PropTypes.string,
    isPassword: PropTypes.bool,
    returnKeyType: PropTypes.oneOf(['done', 'next']),
    maxLength: PropTypes.number,
};

export default Input;
```

라벨을 TextInput 컴포넌트 위에 렌더링하고 포커스 여부에 따라 스타일이 변경되는 Input 컴포넌트를 만들었습니다. secureTextEntry 속성은 입력되는 문자를 감추는 기능으로 비밀 번호를 입력하는 곳에서 많이 사용됩니다. Input 컴포넌트 작성이 완료되면 components 폴 더의 index.js 파일을 다음과 같이 수정합니다.

src/components/index.js

```
import Image from './Image';
import Input from './Input';

export { Image, Input };
```

이제 사용자의 이메일과 비밀번호를 입력받을 수 있도록 Input 컴포넌트를 이용해 로그인 화 면을 다음과 같이 수정하겠습니다.

src/screens/Login.js

```
import React, { useState } from 'react';
import styled from 'styled-components/native';
import { Image, Input } from '../components';
import { images } from '../utils/images';

const Container = styled.View`
  flex: 1;
  justify-content: center;
  align-items: center;
  background-color: ${({ theme }) => theme.background};
  padding: 20px;
```

```
    `;

const Login = ({ navigation }) => {
  const [email, setEmail] = useState('');
  const [password, setPassword] = useState('');

  return (
    <Container>
      <Image url={images.logo} imageStyle={{ borderRadius: 8 }} />
      <Input
        label="Email"
        value={email}
        onChangeText={text => setEmail(text)}
        onSubmitEditing={() => {}}
        placeholder="Email"
        returnKeyType="next"
      />
      <Input
        label="Password"
        value={password}
        onChangeText={text => setPassword(text)}
        onSubmitEditing={() => {}}
        placeholder="Password"
        returnKeyType="done"
        isPassword
      />
    </Container>
  );
};

export default Login;
```

입력되는 이메일과 비밀번호를 관리할 email과 password를 useState 함수로 생성하고 각각
이메일과 비밀번호를 입력받는 Input 컴포넌트의 value로 지정했습니다. 비밀번호를 입력 받
는 Input 컴포넌트는 입력되는 값이 보이지 않도록 isPassword 속성을 추가했습니다.

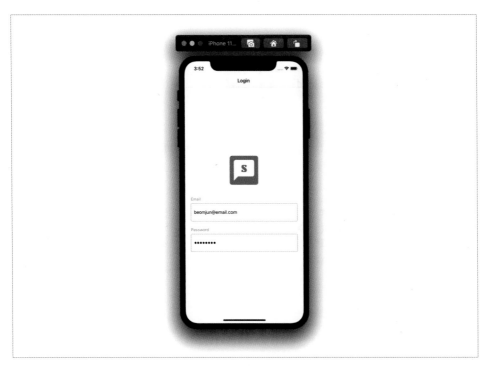

그림 9-15 Input 컴포넌트

로그인 화면에서 이메일을 입력받는 Input 컴포넌트의 returnKeyType을 next로 설정하고
비밀번호를 입력받는 Input 컴포넌트는 done으로 설정했습니다. 이번에는 useRef를 이용해
이메일을 입력받는 Input 컴포넌트에서 키보드의 next 버튼을 클릭하면 비밀번호를 입력하는
Input 컴포넌트로 포커스가 이동되는 기능을 추가하겠습니다.

src/screens/Login.js

```
import React, { useState, useRef } from 'react';
...
const Login = ({ navigation }) => {
  const [email, setEmail] = useState('');
  const [password, setPassword] = useState('');
  const passwordRef = useRef();

  return (
    <Container>
      <Image url={images.logo} imageStyle={{ borderRadius: 8 }} />
      <Input
```

```
      label="Email"
      value={email}
      onChangeText={text => setEmail(text)}
      onSubmitEditing={() => passwordRef.current.focus()}
      placeholder="Email"
      returnKeyType="next"
    />
    <Input
      ref={passwordRef}
      ...
    />
  </Container>
  );
};
...
```

useRef를 이용하여 passwordRef를 만들고 비밀번호를 입력하는 Input 컴포넌트의 ref로 지정했습니다. 이메일을 입력하는 Input 컴포넌트의 onSubmitEditing 함수를 passwordRef를 이용해서 비밀번호를 입력하는 Input 컴포넌트로 포커스가 이동되도록 수정했습니다.

이제 Input 컴포넌트에 전달된 ref를 이용해 TextInput 컴포넌트의 ref로 지정해야 합니다. 하지만 ref는 key처럼 리액트에서 특별히 관리되기 때문에 자식 컴포넌트의 props로 전달되지 않습니다. 이런 상황에서 forwardRef 함수를 이용하면 ref를 전달받을 수 있습니다.

src/components/Input.js

```
import React, { useState, forwardRef } from 'react';
...
const Input = forwardRef(
  (
    {
      label,
      value,
      onChangeText,
      onSubmitEditing,
      onBlur,
      placeholder,
      isPassword,
      returnKeyType,
      maxLength,
    },
    ref
```

```
  ) => {
    const [isFocused, setIsFocused] = useState(false);

    return (
      <Container>
        <Label isFocused={isFocused}>{label}</Label>
        <StyledTextInput
          ref={ref}
          ...
        />
      </Container>
    );
  }
);
...
```

어떤가요? 여러분도 비밀번호를 입력하는 Input 컴포넌트로 포커스 이동이 잘 되나요?

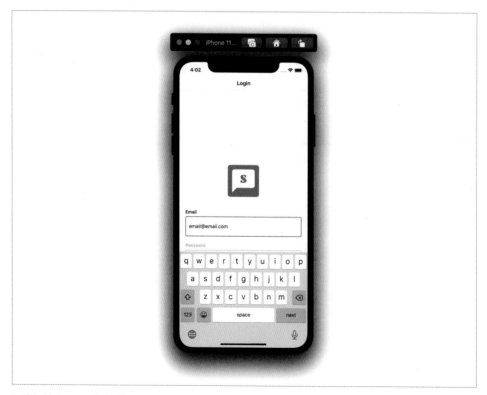

그림 9-16 forwardRef 적용

키보드 감추기

뭔가 입력하는 곳에서 입력 도중 다른 곳을 터치하면 키보드가 사라지는데, 이는 사용자 편의를 위한 일반적인 애플리케이션의 동작 방식입니다. 그리고 입력받는 컴포넌트의 위치에 따라 키보드가 내용을 가리고 있다면 스크롤을 통해 입력되는 모습을 사용자가 확인할 수 있도록 하는 것이 좋습니다. 이번에는 입력 도중 다른 곳을 터치하면 키보드가 사라지는 기능과 키보드가 입력받는 컴포넌트를 가리지 않도록 하는 방법에 대해 알아보겠습니다.

리액트 네이티브에서 제공하는 기능으로 다른 영역을 터치했을 때 키보드를 감추는 기능을 만들기 위해서는 TouchableWithoutFeedback 컴포넌트와 Keyboard API를 이용합니다. TouchableWithoutFeedback 컴포넌트는 클릭에 대해 상호 작용은 하지만 스타일 속성이 없고 반드시 하나의 자식 컴포넌트를 가져야 하는 특징이 있습니다. Keyboard API는 리액트 네이티브에서 제공하는 키보드 관련 API로 키보드 상태에 따른 이벤트 등록에 많이 사용되며, Keyboard API에서 제공하는 dismiss 함수는 활성화된 키보드를 닫는 기능입니다.

src/screens/Login.js

```
...
import { TouchableWithoutFeedback, Keyboard } from 'react-native';

...
const Login = ({ navigation }) => {
  ...

  return (
    <TouchableWithoutFeedback onPress={Keyboard.dismiss}>
      <Container>
        ...
      </Container>
    </TouchableWithoutFeedback>
  );
};
...
```

TouchableWithoutFeedback 컴포넌트와 Keyboard API를 이용해서 만든 화면을 확인해보면 입력 도중 다른 영역을 터치할 경우 키보드가 사라지는 것을 볼 수 있습니다. 하지만 위치에 따라 키보드가 Input 컴포넌트를 가리는 문제는 해결하지 못합니다.

react-native-keyboard-aware-scroll-view 라이브러리를 이용하면 이런 고민을 쉽게 해결할 수 있습니다. react-native-keyboard-aware-scroll-view 라이브러리는 포커스가 있는 TextInput 컴포넌트의 위치로 자동 스크롤되는 기능 등 Input 컴포넌트에 필요한 기능들을 제공합니다. 다음 명령어를 이용하여 라이브러리를 설치하고 로그인 화면에 적용해보겠습니다.

```
npm install react-native-keyboard-aware-scroll-view
```

src/screens/Login.js

```
...
import { images } from '../utils/images';
import { KeyboardAwareScrollView } from 'react-native-keyboard-aware-scroll-view';

...
const Login = ({ navigation }) => {
  ...
  return (
    <KeyboardAwareScrollView
      contentContainerStyle={{ flex: 1 }}
      extraScrollHeight={20}
    >
      <Container>
        ...
      </Container>
    </KeyboardAwareScrollView>
  );
};
...
```

react-native-keyboard-aware-scroll-view 라이브러리에서 제공하는 KeyboardAware ScrollView 컴포넌트를 로그인 화면에 적용하면, 입력 도중 다른 영역을 터치했을 때 키보드가 사라질 뿐만 아니라 포커스를 얻은 TextInput 컴포넌트의 위치에 맞춰 스크롤이 이동하는 것을 확인할 수 있습니다. 스크롤되는 위치를 조정하고 싶은 경우 extraScrollHeight의 값을 조절해서 원하는 위치로 스크롤되도록 설정할 수 있습니다.

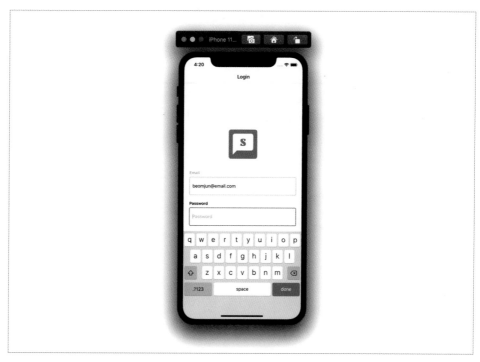

그림 9-17 react-native-keyboard-aware-scroll-view 적용

어떤가요? 여러분도 포커스가 있는 Input 컴포넌트로 스크롤이 잘 되나요?

오류 메시지

이번에는 Input 컴포넌트에 입력되는 값이 올바른 형태로 입력되었는지 확인하고, 잘못된 값이 입력되면 오류 메시지를 보여주는 기능을 만들어보겠습니다. 먼저 오류 메시지에서 사용할 색을 theme.js 파일에 정의하고 진행하겠습니다.

src/theme.js

```
...
export const theme = {
  background: colors.white,
  text: colors.black,
  errorText: colors.red,
  ...
};
```

색의 정의가 완료되면 utils 폴더에 common.js 파일을 생성하고 올바른 이메일 형식인지 확인하는 함수와 입력된 문자열에서 공백을 모두 제거하는 함수를 만들겠습니다.

src/utils/common.js

```
export const validateEmail = email => {
  const regex = /^[0-9?A-z0-9?]+(\.)?[0-9?A-z0-9?]+@[0-9?A-z]+\.[A-z]{2}.?[A-z]
              {0,3}$/;
  return regex.test(email);
};

export const removeWhitespace = text => {
  const regex = /\s/g;
  return text.replace(regex, '');
};
```

이제 로그인 화면에서 준비된 함수들을 이용해 입력되는 값이 올바른 이메일 형식인지 확인하고 알맞은 오류 메시지를 렌더링하도록 수정하겠습니다.

src/screens/Login.js

```
...
import { validateEmail, removeWhitespace } from '../utils/common';

...
const ErrorText = styled.Text`
  align-items: flex-start;
  width: 100%;
  height: 20px;
  margin-bottom: 10px;
  line-height: 20px;
  color: ${({ theme }) => theme.errorText};
`;

const Login = ({ navigation }) => {
  ...
  const [errorMessage, setErrorMessage] = useState('');

  const _handleEmailChange = email => {
    const changedEmail = removeWhitespace(email);
    setEmail(changedEmail);
    setErrorMessage(
      validateEmail(changedEmail) ? '' : 'Please verify your email.'
```

```
    );
  };
  const _handlePasswordChange = password => {
    setPassword(removeWhitespace(password));
  };

  return (
    <KeyboardAwareScrollView
      contentContainerStyle={{ flex: 1 }}
      extraScrollHeight={20}
    >
      <Container>
        <Image url={images.logo} imageStyle={{ borderRadius: 8 }} />
        <Input
          label="Email"
          value={email}
          onChangeText={_handleEmailChange}
          onSubmitEditing={() => passwordRef.current.focus()}
          placeholder="Email"
          returnKeyType="next"
        />
        <Input
          ref={passwordRef}
          label="Password"
          value={password}
          onChangeText={_handlePasswordChange}
          onSubmitEditing={() => {}}
          placeholder="Password"
          returnKeyType="done"
          isPassword
        />
        <ErrorText>{errorMessage}</ErrorText>
      </Container>
    </KeyboardAwareScrollView>
  );
};
...
```

이메일에는 공백이 존재하지 않으므로 email의 값이 변경될 때마다 공백을 제거하도록 수정하고, validateEmail 함수를 이용해 공백이 제거된 이메일이 올바른 형식인지 검사했습니다. 마지막으로 검사 결과에 따라 오류 메시지가 나타나도록 로그인 화면을 수정했습니다. 비밀번호도 공백을 허용하지 않기 위해 공백을 제거하는 코드가 추가되었습니다.

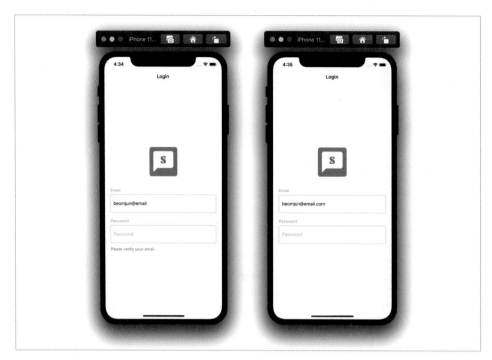

그림 9-18 이메일 유효성 검사

Button 컴포넌트

이번에는 로그인 버튼 등으로 활용될 Button 컴포넌트를 만들어보겠습니다. 먼저 버튼에서 사용할 색을 theme.js 파일에 정의합니다.

src/theme.js

```
...
export const theme = {
  ...
  buttonBackground: colors.blue,
  buttonTitle: colors.white,
  buttonUnfilledTitle: colors.blue,
};
```

버튼의 색은 로고의 색과 동일한 색을 사용하도록 작성했고, 내부가 채워지지 않은 버튼은 버튼의 타이틀 색을 다르게 사용하기 위한 값을 정의했습니다. 이제 정의된 색을 이용해 Button 컴포넌트를 만들어보겠습니다.

```javascript
import React from 'react';
import styled from 'styled-components/native';
import PropTypes from 'prop-types';

const TRANSPARENT = 'transparent';

const Container = styled.TouchableOpacity`
  background-color: ${({ theme, isFilled }) =>
    isFilled ? theme.buttonBackground : TRANSPARENT};
  align-items: center;
  border-radius: 4px;
  width: 100%;
  padding: 10px;
`;
const Title = styled.Text`
  height: 30px;
  line-height: 30px;
  font-size: 16px;
  color: ${({ theme, isFilled }) =>
    isFilled ? theme.buttonTitle : theme.buttonUnfilledTitle};
`;

const Button = ({ containerStyle, title, onPress, isFilled }) => {
  return (
    <Container style={containerStyle} onPress={onPress} isFilled={isFilled}>
      <Title isFilled={isFilled}>{title}</Title>
    </Container>
  );
};

Button.defaultProps = {
  isFilled: true,
};

Button.propTypes = {
  containerStyle: PropTypes.object,
  title: PropTypes.string,
  onPress: PropTypes.func.isRequired,
  isFilled: PropTypes.bool,
};

export default Button;
```

props로 전달된 isFilled의 값에 따라 버튼 내부를 채우거나 투명하게 처리하는 Button 컴포넌트를 만들었습니다. isFilled의 기본값을 true로 지정해서 색이 채워진 상태가 기본 상태로 되도록 하고, 버튼 내부가 채워지지 않았을 경우 props로 전달된 title의 색이 변경되도록 작성했습니다. 사용되는 곳에 따라 버튼의 스타일을 수정하기 위해 containerStyle을 props로 전달받아 적용하도록 작성했습니다. Button 컴포넌트의 작성이 완료되면 components 폴더의 index.js 파일을 다음과 같이 수정하겠습니다.

src/components/index.js

```
import Image from './Image';
import Input from './Input';
import Button from './Button';

export { Image, Input, Button };
```

이제 로그인 화면에서 Button 컴포넌트를 사용해보겠습니다.

src/screens/Login.js

```
import React, { useState, useRef } from 'react';
import styled from 'styled-components/native';
import { Image, Input, Button } from '../components';
...
const Login = ({ navigation }) => {
  ...
  const _handleLoginButtonPress = () => {};

  return (
    <KeyboardAwareScrollView
      contentContainerStyle={{ flex: 1 }}
      extraScrollHeight={20}
    >
      <Container>
        ...
        <Input
          ref={passwordRef}
          label="Password"
          value={password}
          onChangeText={_handlePasswordChange}
          onSubmitEditing={_handleLoginButtonPress}
          placeholder="Password"
          returnKeyType="done"
```

```
        isPassword
      />
      <ErrorText>{errorMessage}</ErrorText>
      <Button title="Login" onPress={_handleLoginButtonPress} />
      <Button
        title="Sign up with email"
        onPress={() => navigation.navigate('Signup')}
        isFilled={false}
      />
    </Container>
  </KeyboardAwareScrollView>
  );
};
...
```

Button 컴포넌트를 사용해서 로그인 버튼과 회원가입 화면으로 이동하는 버튼을 만들었습니다. 로그인 버튼을 클릭했을 때 해야 하는 작업과 비밀번호를 입력받는 Input 컴포넌트의 onSubmitEditing 함수가 하는 역할이 같으므로 동일한 작업이 수행되도록 수정했습니다.

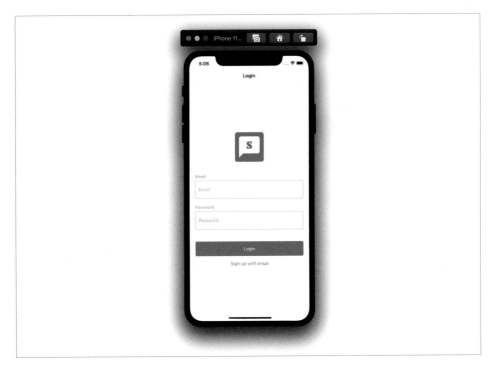

그림 9-19 Button 컴포넌트

이번에는 이메일과 비밀번호가 입력되지 않으면 Button 컴포넌트가 동작하지 않도록 수정하겠습니다. Button 컴포넌트의 onPress에 전달하는 함수에서 버튼의 클릭 가능 여부를 확인하는 방법이 있지만, 사용자에게 버튼 동작 여부를 시각적으로 명확하게 알리도록 하겠습니다.

src/components/Button.js

```
...
const Container = styled.TouchableOpacity`
  ...
  opacity: ${({ disabled }) => (disabled ? 0.5 : 1)};
`;
...
const Button = ({ containerStyle, title, onPress, isFilled, disabled }) => {
  return (
    <Container
      style={containerStyle}
      onPress={onPress}
      isFilled={isFilled}
      disabled={disabled}
    >
      <Title isFilled={isFilled}>{title}</Title>
    </Container>
  );
};
...
Button.propTypes = {
  ...
  disabled: PropTypes.bool,
};
...
```

Button 컴포넌트에서 props를 통해 전달되는 disabled의 값에 따라 버튼 스타일이 변경되도록 수정했습니다. Button 컴포넌트를 구성하는 TouchableOpacity 컴포넌트에 disabled 속성을 전달하면 값에 따라 클릭 등의 상호 작용이 동작하지 않기 때문에 disabled 값을 props로 전달하는 것으로 버튼 비활성화 기능을 추가했습니다. 이제 로그인 화면에서 입력되는 값을 확인하고 버튼의 활성화 여부를 결정하도록 코드를 수정하겠습니다.

```javascript
import React, { useState, useRef, useEffect } from 'react';
...
const Login = ({ navigation }) => {
  ...
  const [disabled, setDisabled] = useState(true);

  useEffect(() => {
    setDisabled(!(email && password && !errorMessage));
  }, [email, password, errorMessage]);

  ...
  return (
    <KeyboardAwareScrollView
      contentContainerStyle={{ flex: 1 }}
      extraScrollHeight={20}
    >
      <Container>
        ...
        <ErrorText>{errorMessage}</ErrorText>
        <Button
          title="Login"
          onPress={_handleLoginButtonPress}
          disabled={disabled}
        />
        <Button
          title="Sign up with email"
          onPress={() => navigation.navigate('Signup')}
          isFilled={false}
        />
      </Container>
    </KeyboardAwareScrollView>
  );
};
...
```

useState를 사용해 버튼의 활성화 상태를 관리하는 disabled를 생성하고 useEffect를 이용해 email, password, errorMessage의 상태가 변할 때마다 조건에 맞게 disabled의 상태가 변경되도록 작성했습니다. 로그인 버튼은 이메일과 비밀번호가 입력되어 있고, 오류 메시지가 없는 상태에서만 활성화되어야 합니다. 마지막으로 로그인 버튼의 Button 컴포넌트에 disabled를 전달해서 값에 따라 버튼의 활성화 여부가 결정되도록 작성했습니다.

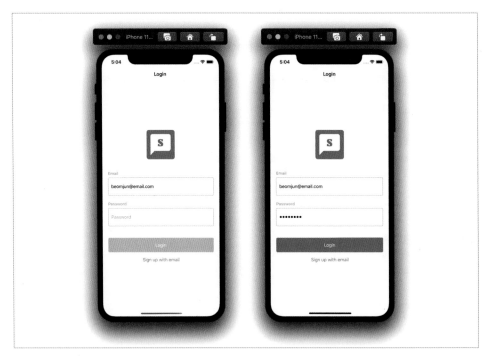

그림 9-20 Button 컴포넌트 활성화 상태

어떤가요? 여러분도 입력되는 값의 결과에 따라 버튼의 활성화 여부가 잘 변경되나요?

헤더 수정하기

현재 화면은 스택 내비게이션을 사용해서 로그인 화면과 회원가입 화면에 모두 헤더가 있습니다. 애플리케이션의 첫 화면인 로그인 화면에는 헤더가 굳이 필요하지 않으므로 헤더를 감추겠습니다.

src/navigations/AuthStack.js

```
...
const AuthStack = () => {
  const theme = useContext(ThemeContext);
  return (
    <Stack.Navigator
      ...
    >
      <Stack.Screen
```

```
      name="Login"
      component={Login}
      options={{ headerShown: false }}
    />
    <Stack.Screen name="Signup" component={Signup} />
  </Stack.Navigator>
  );
};
...
```

로그인 화면에서는 헤더가 렌더링되지 않도록 headerShown을 이용해 헤더를 감췄습니다.

이번에는 회원가입 화면의 헤더에 나타나는 뒤로 가기 버튼의 타이틀을 감추고, 버튼과 타이틀의 색이 일치되도록 수정하겠습니다. 먼저 헤더에서 사용할 색을 theme.js 파일에 정의합니다.

src/theme.js

```
...
export const theme = {
  ...
  headerTintColor: colors.black,
};
```

헤더에서 사용할 색을 정의한 후 AuthStack 내비게이션을 다음과 같이 수정합니다.

src/navigations/AuthStack.js

```
...
const AuthStack = () => {
  const theme = useContext(ThemeContext);
  return (
    <Stack.Navigator
      initialRouteName="Login"
      screenOptions={{
        headerTitleAlign: 'center',
        cardStyle: { backgroundColor: theme.background },
        headerTintColor: theme.headerTintColor,
      }}
    >
      ...
      <Stack.Screen
        name="Signup"
        component={Signup}
```

```
        options={{ headerBackTitleVisible: false }}
      />
    </Stack.Navigator>
  );
};
...
```

회원가입 화면의 헤더에서 뒤로 가기 버튼의 타이틀을 감추고 헤더에서 사용되는 색을 하나로 통일시켰습니다. 어떤가요? 여러분도 헤더 수정이 잘 되었나요?

그림 9-21 헤더 수정하기

노치 디자인 대응

내비게이션의 헤더를 감추면 노치 디자인에 대한 문제가 발생할 수 있습니다. 로그인 화면에서 스타일드 컴포넌트를 이용해 정의된 Container 컴포넌트의 스타일에서 "justify-content: center;"를 삭제해보면 로고가 노치 디자인에 의해 가려지는 것을 확인할 수 있습니다.

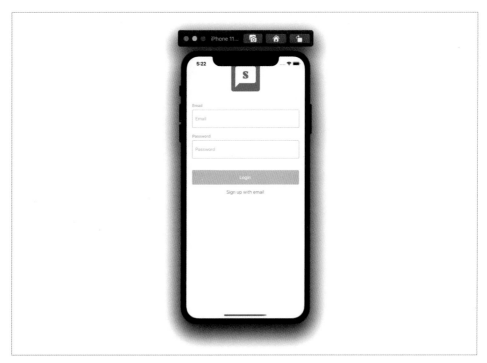

그림 9-22 노치 디자인 문제

우리가 알고 있는 SafeAreaView 컴포넌트를 이용하는 방법 외에도 노치 디자인에 대응하기 위해 스타일에 설정해야 하는 padding값을 얻는 방법이 있습니다. 리액트 내비게이션 라이브 러리를 설치하는 과정에서 추가로 함께 설치한 react-native-safe-area-context 라이브러 리가 제공하는 useSafeAreaInsets Hook 함수를 이용하면 됩니다. useSafeAreaInsets 함 수를 이용해 로그인 화면을 다음과 같이 수정해보겠습니다.

src/screens/Login.js

```
...
import { useSafeAreaInsets } from 'react-native-safe-area-context';

const Container = styled.View`
  flex: 1;
  align-items: center;
  background-color: ${({ theme }) => theme.background};
  padding: 0 20px;
  padding-top: ${({ insets: { top } }) => top}px;
  padding-bottom: ${({ insets: { bottom } }) => bottom}px;
```

```
  `;
  ...
  const Login = ({ navigation }) => {
    const insets = useSafeAreaInsets();
    ...
    return (
      <KeyboardAwareScrollView
        contentContainerStyle={{ flex: 1 }}
        extraScrollHeight={20}
      >
        <Container insets={insets}>
          ...
        </Container>
      </KeyboardAwareScrollView>
    );
  };
  ...
```

노치 디자인을 해결하기 위해 padding의 top과 bottom의 값을 useSafeAreaInsets 함
수가 알려주는 값만큼 설정하고, 양 옆은 우리의 디자인에 맞게 20px로 설정했습니다.
useSafeAreaInsets 함수의 장점은 iOS뿐만 아니라 안드로이드에서도 적용 가능한 padding
값을 전달한다는 점입니다.

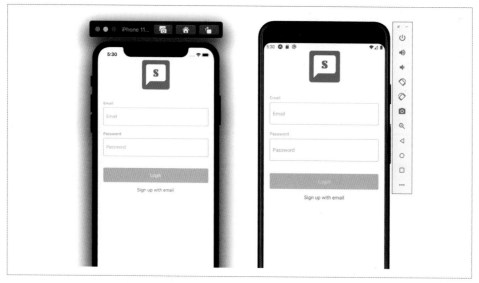

그림 9-23 useSafeAreaInsets Hook

결과를 보면 iOS와 안드로이드 모두 적절하게 padding값이 설정된 것을 볼 수 있습니다. 이렇게 useSafeAreaInsets를 사용하면 조금 더 세밀하게, 원하는 곳에 원하는 만큼만 padding을 설정해서 노치 디자인 문제를 해결할 수 있다는 장점이 있습니다.

마지막으로 테스트를 위해 Container 컴포넌트에서 삭제했던 "justify-content: center;"를 다시 작성하겠습니다.

src/screens/Login.js

```
...
const Container = styled.View`
  flex: 1;
  justify-content: center;
  align-items: center;
  background-color: ${({ theme }) => theme.background};
  padding: 0 20px;
  padding-top: ${({ insets: { top } }) => top}px;
  padding-bottom: ${({ insets: { bottom } }) => bottom}px;
`;
...
```

9.4.3 회원가입 화면

이번에는 회원가입 화면을 만들어보겠습니다. 회원가입 화면은 로그인 화면 제작 과정에서 만든 컴포넌트를 재사용하면 굉장히 쉽고 빠르게 만들 수 있습니다.

먼저 회원가입 화면에서 사용자의 사진을 원형으로 렌더링하기 위해 Image 컴포넌트에서 props를 통해 전달되는 값에 따라 이미지가 원형으로 렌더링되도록 수정합니다.

src/components/Image.js

```
...
const StyledImage = styled.Image`
  background-color: ${({ theme }) => theme.imageBackground};
  width: 100px;
  height: 100px;
  border-radius: ${({ rounded }) => (rounded ? 50 : 0)}px;
`;
```

```
const Image = ({ url, imageStyle, rounded }) => {
  return (
    <Container>
      <StyledImage source={{ uri: url }} style={imageStyle} rounded={rounded} />
    </Container>
  );
};

Image.defaultProps = {
  rounded: false,
};

Image.propTypes = {
  url: PropTypes.string,
  imageStyle: PropTypes.object,
  rounded: PropTypes.bool,
};
...
```

props를 통해 rounded값을 전달받아 이미지를 원형으로 렌더링할 수 있도록 수정했습니다. 이제 회원가입 화면을 만들어보겠습니다.

src/screens/Signup.js

```
import React, { useState, useRef, useEffect } from 'react';
import styled from 'styled-components/native';
import { Image, Input, Button } from '../components';
import { KeyboardAwareScrollView } from 'react-native-keyboard-aware-scroll-view';
import { validateEmail, removeWhitespace } from '../utils/common';

const Container = styled.View`
  flex: 1;
  justify-content: center;
  align-items: center;
  background-color: ${({ theme }) => theme.background};
  padding: 0 20px;
`;
const ErrorText = styled.Text`
  align-items: flex-start;
  width: 100%;
  height: 20px;
  margin-bottom: 10px;
  line-height: 20px;
```

```
    color: ${({ theme }) => theme.errorText};
`;

const Signup = () => {
  const [name, setName] = useState('');
  const [email, setEmail] = useState('');
  const [password, setPassword] = useState('');
  const [passwordConfirm, setPasswordConfirm] = useState('');
  const [errorMessage, setErrorMessage] = useState('');
  const [disabled, setDisabled] = useState(true);

  const emailRef = useRef();
  const passwordRef = useRef();
  const passwordConfirmRef = useRef();

  useEffect(() => {
    let _errorMessage = '';
    if (!name) {
      _errorMessage = 'Please enter your name.';
    } else if (!validateEmail(email)) {
      _errorMessage = 'Please verify your email.';
    } else if (password.length < 6) {
      _errorMessage = 'The password must contain 6 characters at least.';
    } else if (password !== passwordConfirm) {
      _errorMessage = 'Passwords need to match.';
    } else {
      _errorMessage = '';
    }
    setErrorMessage(_errorMessage);
  }, [name, email, password, passwordConfirm]);

  useEffect(() => {
    setDisabled(
      !(name && email && password && passwordConfirm && !errorMessage)
    );
  }, [name, email, password, passwordConfirm, errorMessage]);

  const _handleSignupButtonPress = () => {};

  return (
    <KeyboardAwareScrollView
      contentContainerStyle={{ flex: 1 }}
      extraScrollHeight={20}
    >
```

```jsx
<Container>
  <Image rounded />
  <Input
    label="Name"
    value={name}
    onChangeText={text => setName(text)}
    onSubmitEditing={() => {
      setName(name.trim());
      emailRef.current.focus();
    }}
    onBlur={() => setName(name.trim())}
    placeholder="Name"
    returnKeyType="next"
  />
  <Input
    ref={emailRef}
    label="Email"
    value={email}
    onChangeText={text => setEmail(removeWhitespace(text))}
    onSubmitEditing={() => passwordRef.current.focus()}
    placeholder="Email"
    returnKeyType="next"
  />
  <Input
    ref={passwordRef}
    label="Password"
    value={password}
    onChangeText={text => setPassword(removeWhitespace(text))}
    onSubmitEditing={() => passwordConfirmRef.current.focus()}
    placeholder="Password"
    returnKeyType="done"
    isPassword
  />
  <Input
    ref={passwordConfirmRef}
    label="Password Confirm"
    value={passwordConfirm}
    onChangeText={text => setPasswordConfirm(removeWhitespace(text))}
    onSubmitEditing={_handleSignupButtonPress}
    placeholder="Password"
    returnKeyType="done"
    isPassword
  />
  <ErrorText>{errorMessage}</ErrorText>
```

```
    <Button
      title="Signup"
      onPress={_handleSignupButtonPress}
      disabled={disabled}
    />
  </Container>
</KeyboardAwareScrollView>
  );
};

export default Signup;
```

회원가입 화면은 사용자에게 입력받아야 하는 내용이 많아진 것을 제외하면 로그인 화면과 거의 같은 모습입니다. 입력받아야 하는 값이 많아진 만큼 유효성 검사와 오류 메시지의 종류가 많아지므로 useEffect를 이용해 관련된 값이 변할 때마다 적적한 오류 메시지가 렌더링되도록 작성했습니다.

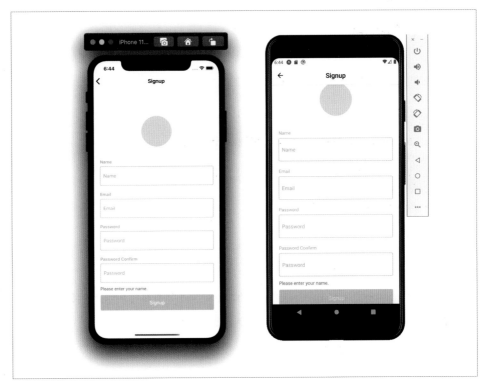

그림 9-24 회원가입 화면

화면이 잘 구성된 것처럼 보이지만 기기의 크기에 따라 화면의 위아래가 잘려서 보이는 문제가 있습니다. 또한, 아직 어떤 값도 입력하지 않았는데 오류 메시지가 렌더링되는 문제도 있습니다.

화면 스크롤

이번에는 화면 크기에 따라 내용이 화면을 넘어가는 문제를 해결해보겠습니다. 이것은 KeyboardAwareScrollView 컴포넌트에 contentContainerStyle을 이용하여 "flex:1"을 스타일에 적용시키면서 발생한 문제입니다. flex: 1 스타일을 설정하면 컴포넌트가 차지하는 영역이 부모 컴포넌트 영역만큼으로 한정되므로, 컴포넌트의 크기에 따라 화면을 넘어가서 스크롤이 생성되도록 flex:1을 삭제합니다.

src/screens/Signup.js

```
...
const Container = styled.View`
  ...
  padding: 40px 20px;
`;
...
const Signup = () => {
  ...

  return (
    <KeyboardAwareScrollView extraScrollHeight={20}>
      <Container>
        ...
      </Container>
    </KeyboardAwareScrollView>
  );
};
...
```

문제가 되었던 contentContainerStyle을 삭제하고 화면의 위아래에 약간의 여유 공간을 두기 위해 Container 컴포넌트의 padding값을 수정했습니다.

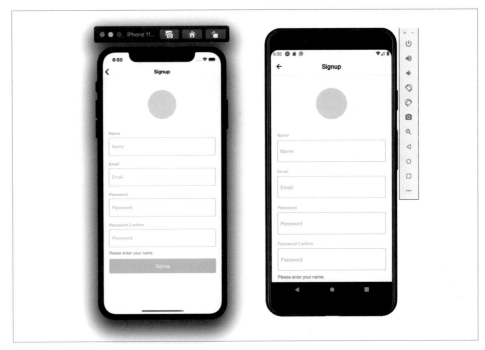

그림 9-25 스크롤 문제 해결

어떤가요? 여러분도 이제 회원가입 화면에서 스크롤이 잘 동작하나요?

오류 메시지

회원가입 화면에서 입력되는 값에 따라 오류 메시지의 변화가 많아, useEffect를 이용해 오류 메시지를 한곳에서 관리하도록 작성했습니다. 하지만 회원가입 화면이 처음 렌더링될 때도 오류 메시지가 나타난다는 문제가 있습니다. 이것은 useEffect의 특성 때문에 컴포넌트가 마운트될 때도 useEffect에 정의된 함수가 실행되면서 나타나는 문제입니다. 이는 useRef를 응용하여 해결할 수 있습니다.

src/screens/Signup.js

```
...
const Signup = () => {
  ...
  const didMountRef = useRef();
```

```
useEffect(() => {
  if (didMountRef.current) {
    let _errorMessage = '';
    if (!name) {
      _errorMessage = 'Please enter your name.';
    } else if (!validateEmail(email)) {
      _errorMessage = 'Please verify your email.';
    } else if (password.length < 6) {
      _errorMessage = 'The password must contain 6 characters at least.';
    } else if (password !== passwordConfirm) {
      _errorMessage = 'Passwords need to match.';
    } else {
      _errorMessage = '';
    }
    setErrorMessage(_errorMessage);
  } else {
    didMountRef.current = true;
  }
}, [name, email, password, passwordConfirm]);
...
};
...
```

useRef 함수를 이용해서 생성된 didMountRef에 어떤 값도 대입하지 않다가, 컴포넌트가 마운트되었을 때 실행되는 useEffect 함수에서 didMountRef에 값을 대입하는 방법으로 컴포넌트의 마운트 여부를 확인하도록 수정했습니다.

사진 입력받기

이번에는 회원가입 화면에서 사용자에게 사진을 입력받는 기능을 만들어보겠습니다. 먼저 사진이 선택되지 않았을 때 보여줄 기본 이미지를 스토리지에 업로드하고 규칙을 수정해서 로그인하지 않아도 접근이 가능하도록 하겠습니다. 저는 파일명을 photo.png로 업로드하고 규칙을 다음과 같이 수정했습니다. 여러분도 기본 이미지로 사용할 파일을 업로드한 후 규칙을 수정해보세요.

```
rules_version = '2';
service firebase.storage {
  match /b/{bucket}/o {
    ...
    match /photo.png {
      allow read;
    }
  }
}
```

그림 9-26 기본 사진 이미지 규칙 수정

이미지 업로드와 규칙 수정이 완료되면 로고 이미지와 마찬가지로 utils 폴더에 있는 images. js 파일에 기본 이미지의 url을 추가합니다.

src/utils/images.js

```
const prefix =
  'https://firebasestorage.googleapis.com/v0/b/react-native-simple-chat-558a0.
appspot.com/o';

export const images = {
  logo: `${prefix}/logo.png?alt=media`,
  photo: `${prefix}/photo.png?alt=media`,
};
```

로고 이미지와 마찬가지로 쿼리 스트링의 token 부분은 제외하고 기본 이미지의 주소를 추가했습니다. 이제 회원가입 화면에서 추가된 기본 이미지를 이용하도록 수정하겠습니다.

src/screens/Signup.js

```
...
import { images } from '../utils/images';

...
const Signup = () => {
  const [photoUrl, setPhotoUrl] = useState(images.photo);
  ...
  return (
    <KeyboardAwareScrollView extraScrollHeight={20}>
      <Container>
        <Image rounded url={photoUrl} />
        ...
      </Container>
    </KeyboardAwareScrollView>
  );
};
...
```

Image 컴포넌트를 이용해 렌더링할 주소를 관리하는 photoUrl을 useState로 생성하고, 앞에서 준비한 기본 이미지를 초깃값으로 설정했습니다. 여러분도 업로드한 기본 이미지가 잘 나타나나요?

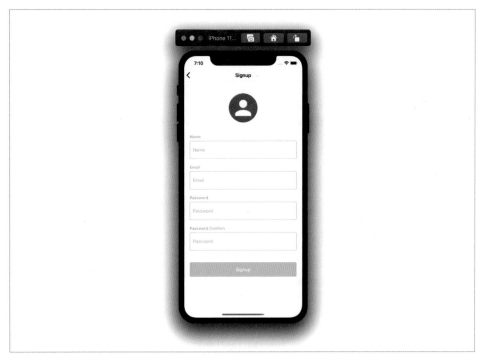

그림 9-27 회원가입 기본 이미지

이번에는 Image 컴포넌트에 버튼을 추가하여 기기의 사진을 이용하는 기능을 만들겠습니다. 먼저 추가되는 버튼에서 사용할 색을 theme.js 파일에 정의합니다.

src/theme.js

```
...
export const theme = {
  background: colors.white,
  text: colors.black,
  errorText: colors.red,

  imageBackground: colors.grey_0,
  imageButtonBackground: colors.grey_1,
  imageButtonIcon: colors.white,
  ...
};
```

색의 정의가 완료되면 Image 컴포넌트를 다음과 같이 수정합니다.

```
...
import { MaterialIcons } from '@expo/vector-icons';


...
const ButtonContainer = styled.TouchableOpacity`
  background-color: ${({ theme }) => theme.imageButtonBackground};
  position: absolute;
  bottom: 0;
  right: 0;
  width: 30px;
  height: 30px;
  border-radius: 15px;
  justify-content: center;
  align-items: center;
`;
const ButtonIcon = styled(MaterialIcons).attrs({
  name: 'photo-camera',
  size: 22,
})`
  color: ${({ theme }) => theme.imageButtonIcon};
`;
const PhotoButton = ({ onPress }) => {
  return (
    <ButtonContainer onPress={onPress}>
      <ButtonIcon />
    </ButtonContainer>
  );
};

const Image = ({ url, imageStyle, rounded, showButton }) => {
  return (
    <Container>
      <StyledImage source={{ uri: url }} style={imageStyle} rounded={rounded} />
      {showButton && <PhotoButton />}
    </Container>
  );
};

Image.defaultProps = {
  rounded: false,
  showButton: false,
};
```

```
Image.propTypes = {
  ...
  showButton: PropTypes.bool,
};
...
```

Image 컴포넌트에서 사진 변경하기 버튼으로 사용할 PhotoButton 컴포넌트를 만들었습니다. 추가된 버튼은 Image 컴포넌트의 props로 전달되는 showButton의 값에 따라 렌더링 여부가 결정되도록 작성했습니다. 이제 회원가입 화면에서 Image 컴포넌트에 버튼이 렌더링 되도록 수정하겠습니다.

src/screens/Signup.js

```
...
const Signup = () => {
  ...
  return (
    <KeyboardAwareScrollView extraScrollHeight={20}>
      <Container>
        <Image rounded url={photoUrl} showButton />
        ...
      </Container>
    </KeyboardAwareScrollView>
  );
};
...
```

어떤가요? 여러분도 Image 컴포넌트에 버튼이 잘 나타나나요?

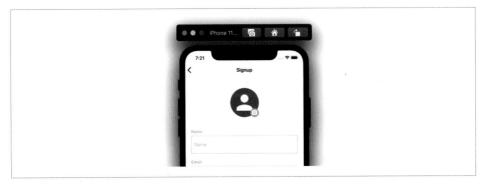

그림 9-28 사진 변경 버튼 추가

이제 버튼을 클릭하면 기기의 사진첩에 접근해서 선택된 사진의 정보를 가져오는 기능을 추가해보겠습니다. 다음 명령어를 통해 expo-image-picker 라이브러리를 설치하고 사진첩 접근 기능을 구현합니다.

```
expo install expo-image-picker
```

설치가 완료되면 Image 컴포넌트에서 설치된 라이브러리를 사용해 기기의 사진첩에 접근하는 기능을 추가합니다.

src/components/Image.js

```js
import React, { useEffect } from 'react';
import { Platform, Alert } from 'react-native';
import * as ImagePicker from 'expo-image-picker';
import * as Permissions from 'expo-permissions';
...
const Image = ({ url, imageStyle, rounded, showButton, onChangeImage }) => {
  useEffect(() => {
    (async () => {
      try {
        if (Platform.OS === 'ios') {
          const { status } = await Permissions.askAsync(
            Permissions.CAMERA_ROLL
          );
          if (status !== 'granted') {
            Alert.alert(
              'Photo Permission',
              'Please turn on the camera roll permissions.'
            );
          }
        }
      } catch (e) {
        Alert.alert('Photo Permission Error', e.message);
      }
    })();
  }, []);

  const _handleEditButton = async () => {
    try {
      const result = await ImagePicker.launchImageLibraryAsync({
        mediaTypes: ImagePicker.MediaTypeOptions.Images,
```

```
        allowsEditing: true,
        aspect: [1, 1],
        quality: 1,
      });

      if (!result.cancelled) {
        onChangeImage(result.uri);
      }
    } catch (e) {
      Alert.alert('Photo Error', e.message);
    }
  };

  return (
    <Container>
      <StyledImage source={{ uri: url }} style={imageStyle} rounded={rounded} />
      {showButton && <PhotoButton onPress={_handleEditButton />}
    </Container>
  );
};

Image.defaultProps = {
  ...
  onChangeImage: () => {},
};

Image.propTypes = {
  ...
  onChangeImage: PropTypes.func,
};
...
```

iOS에서는 사진첩에 접근하기 위해 사용자에게 권한을 요청하는 과정이 필요하므로 권한을 요청하는 부분이 추가되었습니다. 안드로이드는 특별한 설정 없이 사진에 접근할 수 있기 때문에 iOS에서만 동작하도록 작성했습니다.

> **NOTE_**
>
> Expo 프로젝트에서 안드로이드는 기본적으로 모든 권한을 포함하고 있어 특별한 설정이 필요 없습니다. 프로젝트를 배포하는 과정에서 필요한 권한만 지정하는 방법은 10장에서 살펴보겠습니다.

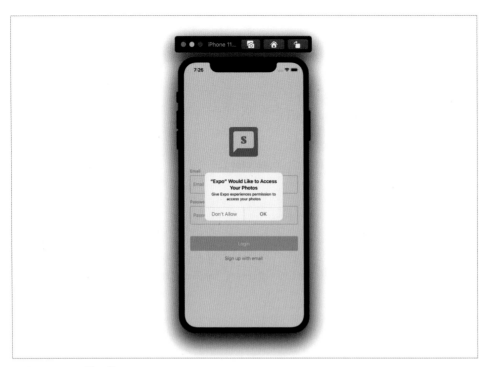

그림 9-29 iOS 권한 요청

화면을 확인하면 권한을 요청하는 창의 메시지가 서비스에 적절하지 않은 것을 확인할 수 있습니다. 권한을 요청할 때 나타나는 창의 메시지는 app.json 파일을 수정해서 변경할 수 있지만, 배포를 위한 빌드 과정을 거쳐야 적용되므로 개발 단계에서 확인이 어렵습니다. 권한 요청 메시지 수정과 배포에 관련된 내용은 10장에서 살펴보겠습니다.

사진 변경 버튼을 클릭하면 호출되는 함수에서 기기의 사진에 접근하기 위해 호출되는 라이브러리 함수는 다음과 같은 값들을 포함한 객체를 파라미터로 전달받습니다.

- **mediaTypes**: 조회하는 자료의 타입
- **allowsEditing**: 이미지 선택 후 편집 단계 진행 여부
- **aspect**: 안드로이드 전용 옵션으로 이미지 편집 시 사각형의 비율([x, y])
- **quality**: 0~1 사이의 값을 받으며 압축 품질을 의미(1 : 최대 품질)

조회하는 자료는 사진으로 설정하고, 크기가 다양한 사진을 편집하기 위해 편집 단계를 진행하도록 설정했습니다. iOS는 정사각형이므로 안드로이드에서도 1:1 비율로 편집되도록 설정했고 품질은 최대로 설정했습니다.

기기의 사진에 접근하는 함수는 결과를 반환하는데, 반환된 결과의 cancelled값을 통해 선택 여부를 확인할 수 있습니다. 만약 사용자가 사진을 선택했다면 반환된 결과의 uri를 통해 선택된 사진의 주소를 알 수 있습니다.

```
{
  "cancelled": true,
}

{
  "cancelled": false,
  "height": 000,
  "type": "image",
  "uri": "file:.../....jpg",
  "width": 000,
}
```

결과에 따라 선택된 사진의 uri를 props로 전달된 onChangeImage 함수에 파라미터로 전달하며 호출하도록 작성했습니다. 이제 회원가입 화면을 수정해서 선택된 사진이 Image 컴포넌트에 렌더링되도록 수정하겠습니다.

src/screens/Signup.js

```
...
const Signup = () => {
  ...
  return (
    <KeyboardAwareScrollView extraScrollHeight={20}>
      <Container>
        <Image
          rounded
          url={photoUrl}
          showButton
          onChangeImage={url => setPhotoUrl(url)}
        />
        ...
      </Container>
    </KeyboardAwareScrollView>
  );
};
...
```

테스트 중인 기기에서 권한 요청을 수락하면 기기의 사진에 접근할 수 있고, 사진을 선택하면 Image 컴포넌트에서 선택된 사진이 렌더링되는 것을 확인할 수 있습니다.

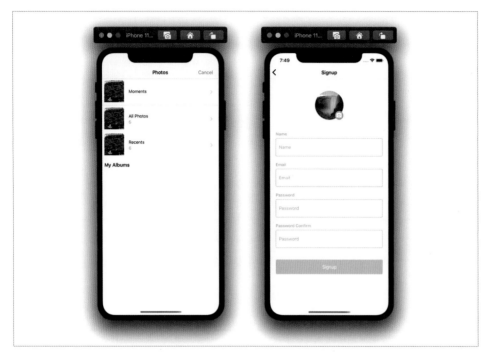

그림 9-30 사진 변경

9.4.4 로그인과 회원가입

지금까지 로그인 화면과 회원가입 화면을 만들었습니다. 이번에는 파이어베이스의 인증을 이용해 로그인 기능과 회원가입 기능을 만들어보겠습니다.

로그인

아직 생성된 사용자가 없으므로 파이어베이스 콘솔에서 사용자를 추가하고 로그인 기능을 만들겠습니다. 여러분도 자신의 파이어베이스 콘솔에서 사용자를 추가하여 테스트를 진행해보세요.

그림 9-31 사용자 추가

이메일과 비밀번호를 이용해서 인증받는 함수는 signInWithEmailAndPassword입니다. 함수의 이름은 길지만, 그만큼 역할을 명확하게 알 수 있다는 것이 장점입니다. 이제 사용자 추가가 완료되면 utils 폴더 밑에 있는 firebase.js 파일에 다음과 같이 로그인하는 함수를 만들겠습니다.

src/utils/firebase.js

```
import * as firebase from 'firebase';
import config from '../../firebase.json';

const app = firebase.initializeApp(config);

const Auth = app.auth();

export const login = async ({ email, password }) => {
  const { user } = await Auth.signInWithEmailAndPassword(email, password);
  return user;
};
```

이제 작성된 함수를 이용해서 로그인 화면을 다음과 같이 수정하겠습니다.

src/screens/Login.js

```
...
import { Alert } from 'react-native';
import { login } from '../utils/firebase';
```

```
...
const Login = ({ navigation }) => {
  ...
  const _handleLoginButtonPress = async () => {
    try {
      const user = await login({ email, password });
      Alert.alert('Login Success', user.email);
    } catch (e) {
      Alert.alert('Login Error', e.message);
    }
  };

  return (...);
};
...
```

어떤가요? 여러분도 로그인 기능이 잘 동작하나요?

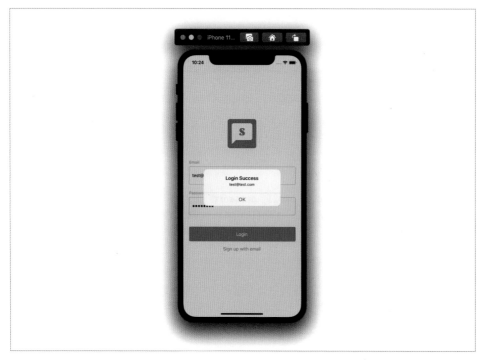

그림 9-32 로그인 기능

회원가입

이번에는 회원가입 기능을 만들어보겠습니다. 파이어베이스에서 제공하는 함수 중 이메일과 비밀번호를 이용해서 사용자를 생성하는 함수는 createUserWithEmailAndPassword입니다. 이 함수를 이용해 firebase.js 파일에서 회원가입 기능을 만들겠습니다.

src/utils/firebase.js

```
...
export const signup = async ({ email, password }) => {
  const { user } = await Auth.createUserWithEmailAndPassword(email, password);
  return user;
};
```

이제 작성된 함수를 이용해 회원가입 화면을 다음과 같이 수정하겠습니다.

src/screens/Signup.js

```
...
import { Alert } from 'react-native';
import { signup } from '../utils/firebase';

...
const Signup = () => {
  ...
  const _handleSignupButtonPress = async () => {
    try {
      const user = await signup({ email, password });
      console.log(user);
      Alert.alert('Signup Success', user.email);
    } catch (e) {
      Alert.alert('Signup Error', e.message);
    }
  };

  return (...);
};
...
```

회원가입 기능을 이용해 사용자를 추가하면 파이어베이스 콘솔에서 추가된 사용자를 확인할 수 있습니다. 어떤가요? 여러분도 회원가입 기능이 잘 동작하나요?

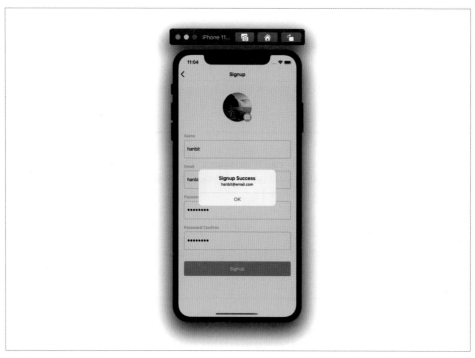

그림 9-33 회원가입 기능

사용자는 정상적으로 추가되지만, 우리는 사용자의 사진과 이름을 이용하지 않고 이메일과 비밀번호만으로 사용자를 생성했습니다. 파이어베이스에서 제공하는 사용자 생성 함수는 이메일과 비밀번호만 파라미터로 받는데 어떻게 사용자의 사진과 이름을 지정할 수 있을까요? signup 함수에서 반환되는 user 객체를 보면 우리가 입력한 이메일과 함께 다음과 같은 내용을 확인할 수 있습니다.

```
{
  "displayName": null,
  "email": "hanbit@email.com",
  "photoURL": null,
  "uid": "...",
  ...
}
```

email은 우리가 입력한 사용자의 이메일 주소고, uid는 사용자마다 갖고 있는 유일한 키 값으로 사용자를 식별하는 데 사용됩니다. 우리는 displayName에 사용자의 이름을, photoURL

에 사용자 사진의 url을 입력해서 생성된 사용자의 정보를 추가할 수 있습니다.

사용자 이름은 문자열로 입력할 수 있지만, 사진은 약간의 변화가 필요합니다. 라이브러리를 이용해서 받은 선택된 사진의 내용은 "file://..."로 진행되는 값을 갖고 있어 바로 사용할 수 없습니다. 이 문제는 사용자에 의해 선택된 사진을 스토리지에 업로드하고 업로드된 사진의 url을 이용하는 방법으로 해결할 수 있습니다. 이번에는 사진을 스토리지에 업로드하는 함수를 만들고 signup 함수를 수정해서 생성되는 사용자의 사진과 이름을 설정하도록 수정하겠습니다.

src/utils/firebase.js

```
...
const uploadImage = async uri => {
  const blob = await new Promise((resolve, reject) => {
    const xhr = new XMLHttpRequest();
    xhr.onload = function () {
      resolve(xhr.response);
    };
    xhr.onerror = function (e) {
      reject(new TypeError('Network request failed'));
    };
    xhr.responseType = 'blob';
    xhr.open('GET', uri, true);
    xhr.send(null);
  });

  const user = Auth.currentUser;
  const ref = app.storage().ref(`/profile/${user.uid}/photo.png`);
  const snapshot = await ref.put(blob, { contentType: 'image/png' });

  blob.close();
  return await snapshot.ref.getDownloadURL();
};

export const signup = async ({ email, password, name, photoUrl }) => {
  const { user } = await Auth.createUserWithEmailAndPassword(email, password);
  const storageUrl = photoUrl.startsWith('https')
    ? photoUrl
    : await uploadImage(photoUrl);
  await user.updateProfile({
    displayName: name,
    photoURL: storageUrl,
  });
```

```
    return user;
  };
```

스토리지에 사진을 업로드하고 url을 반환하는 uploadImage 함수를 만들었습니다. 스토리지에 업로드할 때, 현재 인증된 사용자의 정보를 담은 currentUser의 uid를 이용해 사진이 저장될 주소를 구분하도록 작성했습니다. 이렇게 사용자의 uid를 이용해서 파일이 저장되는 주소를 지정하면 규칙 수정을 통해 파일의 접근 권한을 설정하기 쉬울 뿐 아니라, 해당 사용자의 사진을 쉽게 찾을 수 있다는 장점이 있습니다.

signup 함수는 사용자의 이름과 선택된 사진 주소를 추가로 전달받도록 수정되었습니다. 사용자가 사진을 선택하지 않고 진행할 경우, 앞에서 스토리지에 업로드한 기본 이미지의 주소를 갖고 있으므로 업로드를 따로 진행하지 않도록 작성했습니다.

firebase.js 파일 수정이 완료되면 회원가입 화면을 다음과 같이 수정합니다.

src/screens/Signup.js

```
...
const Signup = () => {
  ...
  const _handleSignupButtonPress = async () => {
    try {
      const user = await signup({ email, password, name, photoUrl });
      console.log(user);
      Alert.alert('Signup Success', user.email);
    } catch (e) {
      Alert.alert('Signup Error', e.message);
    }
  };

  return (...);
};
...
```

회원가입 화면 수정이 완료되면 쓰기 권한은 사용자 본인만 가능하도록 하고 읽기 권한은 누구나 가능하도록 스토리지의 보안 규칙을 다음과 같이 수정합니다.

```
rules_version = '2';
service firebase.storage {
  match /b/{bucket}/o {
    ...
    match /profile/{userId}/photo.png {
      allow read;
      allow write: if request.auth.uid == userId;
    }
  }
}
```

그림 9-34 스토리지 규칙 수정

규칙 수정에서 "시뮬레이션 유형"을 변경하면서 다양한 상황을 만들 수 있고, 임의의 uid를 지정해서 인증된 사용자의 접근 여부를 테스트할 수 있으므로 여러분도 다양한 상황을 테스트해 보기 바랍니다.

규칙 수정이 완료되면 회원가입 화면에서 선택한 사진과 입력된 이름이 생성되는 사용자의 정보에 추가된 것을 확인할 수 있습니다.

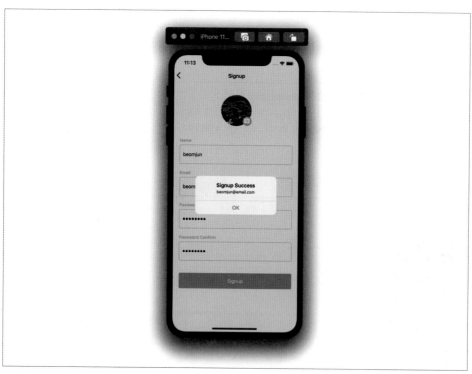

그림 9-35 사용자 사진과 이름 설정

```
{
  "displayName": "beomjun",
  "email": "beomjun@email.com",
  "photoURL": "https://firebasestorage.googleapis.com/v0/b/...",
  "uid": "...",
  ...
}
```

어떤가요? 여러분도 사용자 생성 기능과 사용자 정보 수정 기능이 잘 동작하나요?

Spinner 컴포넌트

이번에는 로그인 혹은 회원가입이 진행되는 동안 데이터를 수정하거나 버튼을 추가로 클릭하는 일이 발생하지 않도록 Spinner 컴포넌트를 만들어 사용자의 잘못된 입력이나 클릭을 방지하는 기능을 만들어보겠습니다. 먼저 Spinner 컴포넌트에서 사용할 색을 정의하고 진행합니다.

src/theme.js

```
...
export const theme = {
  ...
  spinnerBackground: colors.black,
  spinnerIndicator: colors.white,
};
```

이제 components 폴더에 Spinner 컴포넌트를 만듭니다. Spinner 컴포넌트는 리액트 네이티브에서 제공하는 ActivityIndicator 컴포넌트를 이용해서 쉽게 만들 수 있습니다.

src/components/Spinner.js

```
import React, { useContext } from 'react';
import { ActivityIndicator } from 'react-native';
import styled, { ThemeContext } from 'styled-components/native';

const Container = styled.View`
  position: absolute;
  z-index: 2;
  opacity: 0.3;
  width: 100%;
  height: 100%;
  justify-content: center;
  background-color: ${({ theme }) => theme.spinnerBackground};
`;

const Spinner = () => {
  const theme = useContext(ThemeContext);
  return (
    <Container>
      <ActivityIndicator size={'large'} color={theme.spinnerIndicator} />
    </Container>
  );
};

export default Spinner;
```

Spinner 컴포넌트는 화면 전체를 차지하면서 사용자가 다른 행동을 취할 수 없도록 다른 컴포넌트보다 위에 있게 작성했습니다. Spinner 컴포넌트 작성이 완료되면 components 폴더의 index.js 파일을 다음과 같이 수정합니다.

src/components/index.js

```
...
import Spinner from './Spinner';

export { Image, Input, Button, Spinner };
```

Spinner 컴포넌트를 AuthStack 내비게이션의 하위 컴포넌트로 사용하면 내비게이션을 포함한 화면 전체를 차지할 수 없습니다. 내비게이션을 포함한 화면 전체를 감싸기 위해 navigations 폴더의 index.js에서 AuthStack 내비게이션과 같은 위치에 Spinner 컴포넌트를 사용하겠습니다.

src/navigations/index.js

```
import React from 'react';
import { NavigationContainer } from '@react-navigation/native';
import AuthStack from './AuthStack';
import { Spinner } from '../components';

const Navigation = () => {
  return (
    <NavigationContainer>
      <AuthStack />
      <Spinner />
    </NavigationContainer>
  );
};

export default Navigation;
```

결과를 보면 Spinner 컴포넌트가 화면 전체를 감싸서 어떤 행동도 할 수 없는 상태가 된 것을 볼 수 있습니다. 어떤가요? 여러분도 Spinner 컴포넌트가 화면 전체를 차지하고 있나요?

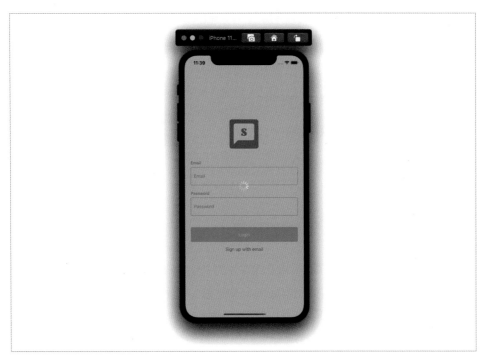

그림 9-36 Spinner 컴포넌트

Spinner 컴포넌트는 로그인 버튼을 클릭했을 때나 회원가입 버튼을 클릭했을 때처럼 여러 화면에서 발생하는 특정 상황에서만 렌더링되어야 합니다. 우리는 이렇게 여러 화면에서 하나의 상태를 이용하기 위해 전역적으로 상태를 관리하는 방법으로 Context API를 알고 있습니다. 이번에는 Context API를 이용해 Spinner 컴포넌트의 렌더링 상태를 전역적으로 관리하도록 만들어보겠습니다.

먼저 contexts 폴더 안에 Progress.js 파일을 생성하고 다음과 같이 작성합니다.

src/contexts/Progress.js

```
import React, { useState, createContext } from 'react';

const ProgressContext = createContext({
  inProgress: false,
  spinner: () => {},
});

const ProgressProvider = ({ children }) => {
```

```
    const [inProgress, setInProgress] = useState(false);
    const spinner = {
      start: () => setInProgress(true),
      stop: () => setInProgress(false),
    };
    const value = { inProgress, spinner };
    return (
      <ProgressContext.Provider value={value}>
        {children}
      </ProgressContext.Provider>
    );
  };

export { ProgressContext, ProgressProvider };
```

createContext 함수를 이용해 Context를 생성하고, Provider 컴포넌트의 value에 Spinner 컴포넌트의 렌더링 상태를 관리할 inProgress 상태 변수와 상태를 변경할 수 있는 함수를 전달했습니다. 상태를 변경하는 함수는 사용자가 명확하게 렌더링 여부를 관리할 수 있도록 start 함수와 stop 함수를 만들어서 전달했습니다.

ProgressContext 작성이 완료되면 contexts 폴더에 index.js 파일을 생성하고 다음과 같이 작성합니다.

src/contexts/index.js

```
import { ProgressContext, ProgressProvider } from './Progress';

export { ProgressContext, ProgressProvider };
```

이제 App 컴포넌트에서 ProgressProvider 컴포넌트를 이용해 애플리케이션 전체를 감싸도록 수정하겠습니다.

src/App.js

```
...
import { ProgressProvider } from './contexts';

...
const App = () => {
  ...
  return isReady ? (
```

```
        <ThemeProvider theme={theme}>
          <ProgressProvider>
            <StatusBar barStyle="dark-content" />
            <Navigation />
          </ProgressProvider>
        </ThemeProvider>
      ) : (...);
    };
    ...
```

이제 Spinner 컴포넌트가 ProgressContext의 inProgress 상태에 따라 렌더링되도록
navigations의 index.js 파일을 다음과 같이 수정하겠습니다.

src/navigations/index.js

```
    import React, { useContext } from 'react';
    import { NavigationContainer } from '@react-navigation/native';
    import AuthStack from './AuthStack';
    import { Spinner } from '../components';
    import { ProgressContext } from '../contexts';

    const Navigation = () => {
      const { inProgress } = useContext(ProgressContext);

      return (
        <NavigationContainer>
          <AuthStack />
          {inProgress && <Spinner />}
        </NavigationContainer>
      );
    };

    export default Navigation;
```

inProgress의 초깃값이 false이므로 Spinner 컴포넌트가 나타나지 않습니다. 이번에는 로그
인 화면에서 로그인 버튼을 클릭했을 때 inProgress 상태를 변경하여 Spinner 컴포넌트가 렌
더링되도록 수정하겠습니다.

src/screens/Login.js

```
    import React, { useState, useRef, useEffect, useContext } from 'react';
    import { ProgressContext } from '../contexts';
```

```
...
const Login = ({ navigation }) => {
  const { spinner } = useContext(ProgressContext);
  ...
  const _handleLoginButtonPress = async () => {
    try {
      spinner.start();
      const user = await login({ email, password });
      Alert.alert('Login Success', user.email);
    } catch (e) {
      Alert.alert('Login Error', e.message);
    } finally {
      spinner.stop();
    }
  };

  return (...);
};

export default Login;
```

login 함수를 호출하기 전에 Spinner 컴포넌트가 렌더링되도록 상태를 변경하고, 성공 여부
와 상관없이 작업이 완료되면 Spinner 컴포넌트가 렌더링되지 않게 상태를 변경하도록 작성
했습니다.

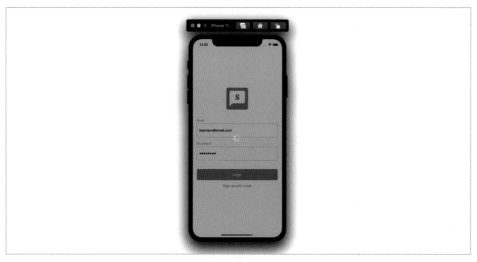

그림 9-37 ProgressContext와 Spinner 컴포넌트

마지막으로 회원가입 화면에서도 signup 함수를 호출하기 전에 Spinner 컴포넌트가 렌더링되도록 수정합니다.

src/screens/Signup.js

```
import React, { useState, useRef, useEffect, useContext } from 'react';
import { ProgressContext } from '../contexts';
...
const Signup = () => {
  const { spinner } = useContext(ProgressContext);
  ...
  const _handleSignupButtonPress = async () => {
    try {
      spinner.start();
      const user = await signup({ email, password, name, photoUrl });
      console.log(user);
      Alert.alert('Signup Success', user.email);
    } catch (e) {
      Alert.alert('Signup Error', e.message);
    } finally {
      spinner.stop();
    }
  };

  return (...);
};
...
```

어떤가요? 여러분도 Spinner 컴포넌트의 렌더링이 잘 되고 있나요?

9.5 메인 화면

대부분의 애플리케이션에서 사용자의 데이터 혹은 서비스의 데이터를 이용하려면 데이터에 접근할 수 있는 유효한 사용자라는 것을 증명해야 하므로 어떤 방법으로든 인증해야 합니다. 인증 후에는 서비스를 이용할 수 있는 화면이 렌더링되고, 로그아웃 등으로 인증 상태를 해제하면 다시 인증을 위한 화면으로 이동합니다.

우리가 지금까지 만든 AuthStack 내비게이션에서 사용되는 화면들은 인증 이전에 사용되는,

인증을 위한 화면입니다. 이 화면들은 인증 후 사용되지 않다가 인증 상태가 해제되면 다시 렌더링되어야 합니다. 이번 절에서는 인증 후에 사용될 화면과 화면들을 관리하는 내비게이션을 만들어보겠습니다.

여기서 사용할 화면 중 인증 후에 렌더링되어야 하는 화면은 총 4가지인데, 채널과 관련된 3개의 화면과 사용자의 정보를 보여주는 프로필 화면이 있습니다. 채널과 관련된 화면은 스택 내비게이션을 이용하여 구성하고, 채널 관련 화면과 프로필 화면은 탭 내비게이션을 이용해 화면을 이동할 수 있도록 구성하겠습니다.

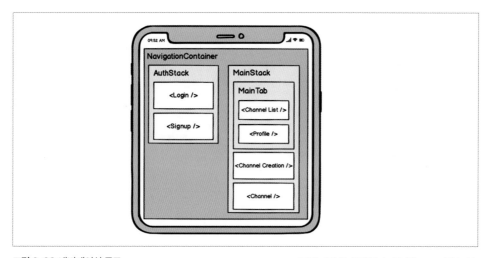

그림 9-38 내비게이션 구조　　　　　　　　　　　　＊ 구분을 위해 화면을 "〈화면 이름 /〉"으로 표시했습니다.

9.5.1 내비게이션

먼저 인증에 성공하면 AuthStack 내비게이션 대신 렌더링할 MainStack 내비게이션의 화면들을 만들어 보겠습니다. MainStack 내비게이션은 채널 목록 화면과 프로필 화면으로 구성된 MainTab 내비게이션을 첫 번째 화면으로 가지며 그 외에 채널 생성 화면과 채널 화면으로 구성됩니다.

MainStack 내비게이션

이번에는 MainStack 내비게이션을 구성하기 위해 채널 생성 화면과 채널 화면을 만들겠습니다.

src/screens/ChannelCreation.js

```javascript
import React from 'react';
import styled from 'styled-components/native';
import { Text, Button } from 'react-native';

const Container = styled.View`
  flex: 1;
  background-color: ${({ theme }) => theme.background};
`;

const ChannelCreation = ({ navigation }) => {
  return (
    <Container>
      <Text style={{ fontSize: 24 }}>Channel Creation</Text>
      <Button title="Channel" onPress={() => navigation.navigate('Channel')} />
    </Container>
  );
};

export default ChannelCreation;
```

채널 화면으로 이동할 수 있는 버튼을 가진 간단한 채널 생성 화면을 만들었습니다. 이번에는 채널 화면을 만들어보겠습니다.

src/screens/Channel.js

```javascript
import React from 'react';
import styled from 'styled-components/native';
import { Text } from 'react-native';

const Container = styled.View`
  flex: 1;
  background-color: ${({ theme }) => theme.background};
`;

const Channel = () => {
  return (
    <Container>
      <Text style={{ fontSize: 24 }}>Channel</Text>
    </Container>
  );
};

export default Channel;
```

화면 작성이 모두 완료되면 screens 폴더의 index.js 파일을 다음과 같이 수정합니다.

src/screens/index.js

```
import Login from './Login';
import Signup from './Signup';
import Channel from './Channel';
import ChannelCreation from './ChannelCreation';

export { Login, Signup, Channel, ChannelCreation };
```

이제 navigations 폴더 밑에 MainStack.js 파일을 생성하고 준비된 화면을 이용해서 MainStack 내비게이션을 작성해보겠습니다.

src/navigations/MainStack.js

```
import React, { useContext } from 'react';
import { ThemeContext } from 'styled-components/native';
import { createStackNavigator } from '@react-navigation/stack';
import { Channel, ChannelCreation } from '../screens';

const Stack = createStackNavigator();

const MainStack = () => {
  const theme = useContext(ThemeContext);

  return (
    <Stack.Navigator
      screenOptions={{
        headerTitleAlign: 'center',
        headerTintColor: theme.headerTintColor,
        cardStyle: { backgroundColor: theme.background },
        headerBackTitleVisible: false,
      }}
    >
      <Stack.Screen name="Channel Creation" component={ChannelCreation} />
      <Stack.Screen name="Channel" component={Channel} />
    </Stack.Navigator>
  );
};

export default MainStack;
```

헤더의 타이틀은 중앙으로 정렬하고, 버튼의 타이틀은 렌더링되지 않도록 설정했습니다. headerTintColor는 AuthStack 내비게이션과 동일하게 설정했습니다. 이제 navigations 폴더의 index.js 파일을 수정해서 MainStack 내비게이션이 잘 동작하는지 확인하겠습니다.

src/navigations/index.js

```
...
import MainStack from './MainStack';

const Navigation = () => {
  const { inProgress } = useContext(ProgressContext);

  return (
    <NavigationContainer>
      <MainStack />
      {inProgress && <Spinner />}
    </NavigationContainer>
  );
};

export default Navigation;
```

MainStack 내비게이션의 동작을 확인하기 위해 AuthStack 내비게이션 대신 렌더링되도록 index.js 파일을 수정했습니다. 어떤가요? 여러분도 MainStack 내비게이션이 잘 동작하나요?

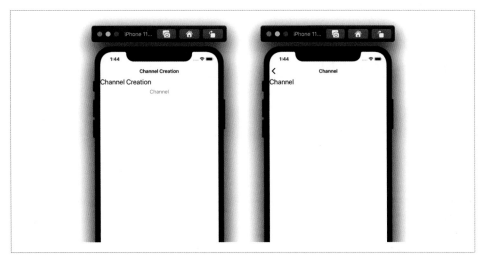

그림 9-39 MainStack 내비게이션

MainTab 내비게이션

일반적으로 Screen 컴포넌트에는 화면으로 사용될 컴포넌트를 지정하지만, 내비게이션도 결국 컴포넌트이기 때문에 화면으로 사용할 수 있습니다. 이번에는 MainStack 내비게이션에서 화면으로 사용되는 MainTab 내비게이션을 만들어보겠습니다. 먼저 MainTab 내비게이션을 구성하는 채널 목록 화면과 프로필 화면을 작성합니다.

src/screens/ChannelList.js

```javascript
import React from 'react';
import styled from 'styled-components/native';
import { Text, Button } from 'react-native';

const Container = styled.View`
  flex: 1;
  background-color: ${({ theme }) => theme.background};
`;

const ChannelList = ({ navigation }) => {
  return (
    <Container>
      <Text style={{ fontSize: 24 }}>Channel List</Text>
      <Button
        title="Channel Creation"
        onPress={() => navigation.navigate('Channel Creation')}
      />
    </Container>
  );
};

export default ChannelList;
```

화면을 확인할 수 있는 문자열과 채널 생성 화면으로 이동하는 버튼을 가진 채널 목록 화면을 만들었습니다. 이번에는 채널 목록 화면과 함께 MainTab 내비게이션의 화면으로 사용될 프로필 화면을 만들겠습니다.

src/screens/Profile.js

```javascript
import React from 'react';
import styled from 'styled-components/native';
import { Text } from 'react-native';
```

```
const Container = styled.View`
  flex: 1;
  background-color: ${({ theme }) => theme.background};
`;

const Profile = () => {
  return (
    <Container>
      <Text style={{ fontSize: 24 }}>Profile</Text>
    </Container>
  );
};

export default Profile;
```

프로필 화면 작성까지 완료되면 screens 폴더의 index.js 파일을 다음과 같이 수정합니다.

src/screens/index.js

```
...
import ChannelList from './ChannelList';
import Profile from './Profile';

export { Login, Signup, Channel, ChannelCreation, ChannelList, Profile };
```

이제 navigations 폴더 밑에 MainTab.js 파일을 생성하고 앞에서 작성한 두 화면을 이용해 다음과 같이 작성하겠습니다.

src/navigations/MainTab.js

```
import React from 'react';
import { createBottomTabNavigator } from '@react-navigation/bottom-tabs';
import { Profile, ChannelList } from '../screens';

const Tab = createBottomTabNavigator();

const MainTab = () => {
  return (
    <Tab.Navigator>
      <Tab.Screen name="Channel List" component={ChannelList} />
      <Tab.Screen name="Profile" component={Profile} />
    </Tab.Navigator>
  );
```

```
  };

  export default MainTab;
```

이제 MainTab 내비게이션을 이용해서 MainStack 내비게이션을 다음과 같이 수정하겠습
니다.

src/navigations/MainStack.js

```
  ...
  import MainTab from './MainTab';

  const Stack = createStackNavigator();

  const MainStack = () => {
    const theme = useContext(ThemeContext);

    return (
      <Stack.Navigator
        initialRouteName="Main"
        screenOptions={{...}}
      >
        <Stack.Screen name="Main" component={MainTab} />
        <Stack.Screen name="Channel Creation" component={ChannelCreation} />
        <Stack.Screen name="Channel" component={Channel} />
      </Stack.Navigator>
    );
  };
  ...
```

MainTab 내비게이션을 MainStack 내비게이션의 첫 번째 화면으로 렌더링되도록 수정했습
니다. 어떤가요? 여러분도 첫 화면으로 MainTab 내비게이션이 나타나나요? 화면 이동이 잘
동작하는지 테스트해보세요.

그림 9-40 MainTab 내비게이션

9.5.2 인증과 화면 전환

이번에는 인증 상태에 따라 MainStack 내비게이션과 AuthStack 내비게이션을 렌더링하는 방법에 대해 알아보겠습니다. 애플리케이션이 시작되면 AuthStack 내비게이션이 렌더링되고, 로그인 혹은 회원가입을 통해 인증에 성공하면 MainStack 내비게이션이 렌더링되어야 합니다. 인증 후 로그아웃을 통해 인증 상태가 사라지면 다시 AuthStack 내비게이션이 렌더링되어야 합니다.

이렇게 여러 곳에서 상태를 변경해야 할 경우 어떻게 관리하는 것이 좋을까요? 앞에서 Spinner 컴포넌트의 렌더링 상태를 관리했던 것처럼 Context API를 이용하면 수월하게 전역적으로 관리할 수 있습니다. 이번에는 UserContext를 만들고 인증 상태에 따라 적절한 내비게이션이 렌더링되도록 만들겠습니다.

src/contexts/User.js

```javascript
import React, { useState, createContext } from 'react';

const UserContext = createContext({
  user: { email: null, uid: null },
  dispatch: () => {},
});

const UserProvider = ({ children }) => {
  const [user, setUser] = useState({});
  const dispatch = ({ email, uid }) => {
    setUser({ email, uid });
  };
  const value = { user, dispatch };
  return <UserContext.Provider value={value}>{children}</UserContext.Provider>;
};

export { UserContext, UserProvider };
```

UserContext를 만들고 사용자의 이메일과 uid를 가진 user 객체와 user 객체를 수정할 수 있는 dispatch 함수를 value로 전달하는 UserProvider 컴포넌트를 만들었습니다. 이제 contexts 폴더의 index.js 파일을 다음과 같이 수정하겠습니다.

src/contexts/index.js

```javascript
import { ProgressContext, ProgressProvider } from './Progress';
import { UserContext, UserProvider } from './User';

export { ProgressContext, ProgressProvider, UserContext, UserProvider };
```

이제 앞에서 만든 UserProvider 컴포넌트를 이용해서 App 컴포넌트에 작성된 컴포넌트를 모두 감쌀 수 있도록 수정하겠습니다.

src/App.js

```javascript
...
import { ProgressProvider, UserProvider } from './contexts';

...
const App = () => {
  ...
```

```
    return isReady ? (
      <ThemeProvider theme={theme}>
        <UserProvider>
          <ProgressProvider>
            <StatusBar barStyle="dark-content" />
            <Navigation />
          </ProgressProvider>
        </UserProvider>
      </ThemeProvider>
    ) : (...);
  };
  ...
```

이제 UserContext의 user 상태에 따라 인증 여부를 확인할 수 있습니다. 인증 여부에 따라 MainStack 내비게이션 혹은 AuthStack 내비게이션이 렌더링되도록 navigations 폴더의 index.js 파일을 수정하겠습니다.

src/navigations/index.js

```
...
import { ProgressContext, UserContext } from '../contexts';
import MainStack from './MainStack';

const Navigation = () => {
  const { inProgress } = useContext(ProgressContext);
  const { user } = useContext(UserContext);

  return (
    <NavigationContainer>
      {user?.uid && user?.email ? <MainStack /> : <AuthStack />}
      {inProgress && <Spinner />}
    </NavigationContainer>
  );
};

export default Navigation;
```

UserContext의 user에 uid와 email 값이 존재하면 인증된 것으로 판단하고 MainStack 내비게이션을 렌더링하도록 작성했습니다. 이제 인증되면 UserContext의 user를 수정하도록 로그인 화면을 수정하겠습니다.

src/screens/Login.js

```javascript
import React, { useState, useRef, useEffect, useContext } from 'react';
import { ProgressContext, UserContext } from '../contexts';
...
const Login = ({ navigation }) => {
  const { dispatch } = useContext(UserContext);
  ...
  const _handleLoginButtonPress = async () => {
    try {
      spinner.start();
      const user = await login({ email, password });
      dispatch(user);
    } catch (e) {
      Alert.alert('Login Error', e.message);
    } finally {
      spinner.stop();
    }
  };

  return (...);
};
...
```

로그인에 성공하면 UserContext의 dispatch 함수를 이용해 user의 상태가 인증된 사용자 정보로 변경되도록 작성했습니다. 이제 회원가입 화면에서도 회원가입 성공 시 UserContext의 user 상태가 변경되도록 수정하겠습니다.

src/screens/Signup.js

```javascript
import React, { useState, useRef, useEffect, useContext } from 'react';
import { ProgressContext, UserContext } from '../contexts';
...
const Signup = () => {
  const { dispatch } = useContext(UserContext);
  ...
  const _handleSignupButtonPress = async () => {
    try {
      spinner.start();
      const user = await signup({ email, password, name, photoUrl });
      dispatch(user);
    } catch (e) {
      Alert.alert('Signup Error', e.message);
```

```
      } finally {
        spinner.stop();
      }
    };

    return (...);
  };
  ...
```

회원가입 화면도 로그인 화면과 마찬가지로 사용자 생성에 성공했을 때 반환되는 사용자 정보를 이용해서 UserContext의 user 상태가 변경되도록 dispatch 함수를 호출했습니다. 결과를 보면 인증 상태에 따라 렌더링되는 내비게이션이 변경되는 것을 확인할 수 있습니다.

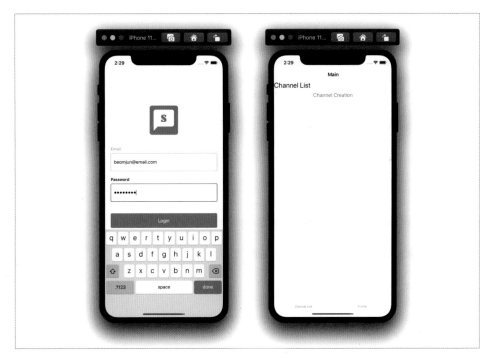

그림 9-41 인증 여부에 따른 렌더링

인증에 성공한 후 뒤로 가기 버튼을 통해 로그인 화면으로 돌아간다면 어색한 동작이 되겠죠? 이렇게 렌더링되는 내비게이션 전체를 변경하면, 스와이프 혹은 기기에 있는 뒤로 가기 버튼을 클릭해도 이전 내비게이션으로 돌아가지 않습니다.

이번에는 로그아웃을 통해 인증 상태를 해제하고 다시 AuthStack 내비게이션이 렌더링되도록 만들어보겠습니다. 먼저 firebase.js 파일에 로그아웃 함수를 다음과 같이 만듭니다.

src/utils/firebase.js

```
...
export const logout = async () => {
  return await Auth.signOut();
};
```

프로필 화면에서 Button 컴포넌트를 이용해 로그아웃 버튼을 생성하고 앞에서 작성한 logout 함수를 호출하도록 작성하겠습니다.

src/screens/Profile.js

```
import React, { useContext } from 'react';
import styled from 'styled-components/native';
import { Button } from '../components';
import { logout } from '../utils/firebase';
import { UserContext } from '../contexts';

const Container = styled.View`
  flex: 1;
  background-color: ${({ theme }) => theme.background};
`;

const Profile = () => {
  const { dispatch } = useContext(UserContext);

  const _handleLogoutButtonPress = async () => {
    try {
      await logout();
    } catch (e) {
      console.log('[Profile] logout: ', e.message);
    } finally {
      dispatch({});
    }
  };

  return (
    <Container>
      <Button title="logout" onPress={_handleLogoutButtonPress} />
    </Container>
```

```
    );
  };

  export default Profile;
```

프로필 화면에 로그아웃 버튼을 추가하고 firebase.js 파일에 작성된 logout 함수가 호출되도록 작성했습니다. logout 함수가 완료되면 UserContext의 dispatch 함수를 이용해 user의 상태를 변경하고 AuthStack 내비게이션이 렌더링되도록 만들었습니다. 사용자 인증을 했을 때와 마찬가지로 로그아웃을 통해 인증을 해제한 후에는 스와이프나 뒤로 가기 버튼을 통해 다시 이전 내비게이션 화면으로 돌아갈 수 없습니다.

어떤가요? 여러분도 인증 상태에 따라 렌더링되는 내비게이션이 잘 변경되나요?

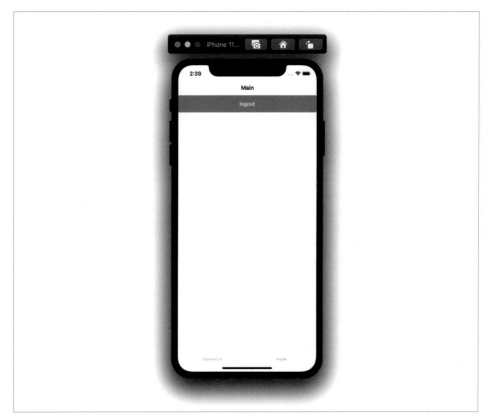

그림 9-42 프로필 화면 로그아웃 버튼

9.5.3 프로필 화면

이번에는 MainTab 내비게이션의 탭 버튼을 수정하고 프로필 화면을 만들어보겠습니다. 탭 버튼은 아이콘을 추가하고, 프로필 화면에서는 사용자의 사진을 변경할 수 있는 기능을 추가해 디자인을 변경하겠습니다.

탭 버튼 변경

먼저 탭 버튼에서 사용할 색을 theme.js 파일에 정의하고 진행합니다.

src/theme.js

```
export const theme = {
  ...
  headerTintColor: colors.black,
  tabActiveColor: colors.blue,
  tabInactiveColor: colors.grey_1,
  ...
};
```

이제 MainTab 내비게이션을 수정해서 탭 버튼에 아이콘을 추가하고 활성화 상태에서 사용하는 색을 변경합니다.

src/navigations/MainTab.js

```
import React, { useContext } from 'react';
import { createBottomTabNavigator } from '@react-navigation/bottom-tabs';
import { Profile, ChannelList } from '../screens';
import { MaterialIcons } from '@expo/vector-icons';
import { ThemeContext } from 'styled-components/native';

const Tab = createBottomTabNavigator();

const TabBarIcon = ({ focused, name }) => {
  const theme = useContext(ThemeContext);
  return (
    <MaterialIcons
      name={name}
      size={26}
      color={focused ? theme.tabActiveColor : theme.tabInactiveColor}
    />
```

```
    );
  };

const MainTab = () => {
  const theme = useContext(ThemeContext);
  return (
    <Tab.Navigator
      tabBarOptions={{
        activeTintColor: theme.tabActiveColor,
        inactiveTintColor: theme.tabInactiveColor,
      }}
    >
      <Tab.Screen
        name="Channel List"
        component={ChannelList}
        options={{
          tabBarIcon: ({ focused }) =>
            TabBarIcon({
              focused,
              name: focused ? 'chat-bubble' : 'chat-bubble-outline',
            }),
        }}
      />
      <Tab.Screen
        name="Profile"
        component={Profile}
        options={{
          tabBarIcon: ({ focused }) =>
            TabBarIcon({
              focused,
              name: focused ? 'person' : 'person-outline',
            }),
        }}
      />
    </Tab.Navigator>
  );
};

export default MainTab;
```

어떤가요? 여러분도 탭 버튼이 잘 변경되었나요?

그림 9-43 탭 버튼 수정

프로필 화면

이번에는 프로필 화면을 만들어보겠습니다. 프로필 화면은 사용자의 정보를 확인할 수 있고 사진을 변경할 수 있는 기능과 로그아웃 기능을 제공합니다.

먼저 프로필 화면에 있는 로그아웃 버튼의 배경색으로 사용할 값을 theme.js 파일에 정의합니다.

src/theme.js

```
...
export const theme = {
  ...
  buttonBackground: colors.blue,
  buttonTitle: colors.white,
  buttonUnfilledTitle: colors.blue,
  buttonLogout: colors.red,
  ...
};
```

이번에는 현재 접속한 사용자의 정보를 반환하는 함수와 사용자의 사진을 수정하는 함수를 firebase.js 파일에 작성하겠습니다.

src/utils/firebase.js

```
...
export const getCurrentUser = () => {
  const { uid, displayName, email, photoURL } = Auth.currentUser;
  return { uid, name: displayName, email, photoUrl: photoURL };
};

export const updateUserPhoto = async photoUrl => {
  const user = Auth.currentUser;
  const storageUrl = photoUrl.startsWith('https')
    ? photoUrl
    : await uploadImage(photoUrl);
  await user.updateProfile({ photoURL: storageUrl });
  return { name: user.displayName, email: user.email, photoUrl: user.photoURL };
};
```

현재 접속한 사용자의 정보가 있는 currentUser에서 필요한 값을 받아오는 함수를 작성하고, 스토리지에 선택된 사진을 업로드하는 함수를 이용해서 사용자의 사진을 수정하는 함수를 만들었습니다. 이제 준비된 함수들을 이용해 프로필 화면을 만들어보겠습니다.

src/screens/Profile.js

```
import React, { useContext, useState } from 'react';
import styled, { ThemeContext } from 'styled-components/native';
import { Button, Image, Input } from '../components';
import { logout, getCurrentUser, updateUserPhoto } from '../utils/firebase';
import { UserContext, ProgressContext } from '../contexts';
import { Alert } from 'react-native';

const Container = styled.View`
  flex: 1;
  background-color: ${({ theme }) => theme.background};
  justify-content: center;
  align-items: center;
  padding: 0 20px;
`;

const Profile = () => {
```

```
const { dispatch } = useContext(UserContext);
const { spinner } = useContext(ProgressContext);
const theme = useContext(ThemeContext);

const user = getCurrentUser();
const [photoUrl, setPhotoUrl] = useState(user.photoUrl);

const _handleLogoutButtonPress = async () => {
  try {
    spinner.start();
    await logout();
  } catch (e) {
    console.log('[Profile] logout: ', e.message);
  } finally {
    dispatch({});
    spinner.stop();
  }
};

const _handlePhotoChange = async url => {
  try {
    spinner.start();
    const updatedUser = await updateUserPhoto(url);
    setPhotoUrl(updatedUser.photoUrl);
  } catch (e) {
    Alert.alert('Photo Error', e.message);
  } finally {
    spinner.stop();
  }
};

return (
  <Container>
    <Image
      url={photoUrl}
      onChangeImage={_handlePhotoChange}
      showButton
      rounded
    />
    <Input label="Name" value={user.name} />
    <Input label="Email" value={user.email} />
    <Button
      title="logout"
      onPress={_handleLogoutButtonPress}
```

```
      containerStyle={{ marginTop: 30, backgroundColor: theme.buttonLogout }}
    />
  </Container>
 );
};

export default Profile;
```

사용자의 사진은 현재 접속한 사용자의 사진이 렌더링 되도록 getCurrentUser 함수를 통해
받아온 user의 photoUrl을 사용했습니다. 추가적으로 사진 변경 버튼을 렌더링해서 사용자
가 사진을 변경할 수 있도록 만들었습니다. getCurrentUser 함수가 반환한 내용으로 사용자
의 이름과 이메일을 Input 컴포넌트로 렌더링하고, 로그아웃 버튼의 스타일을 수정했습니다.
마지막으로, 사용자가 사진 변경이나 로그아웃을 할 때 필요한 작업이 완료될 때까지 Spinner
컴포넌트가 렌더링되도록 작성했습니다.

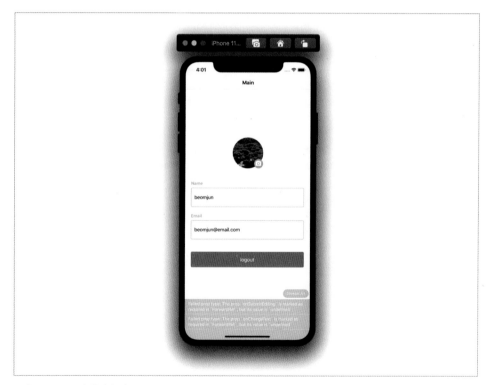

그림 9-44 프로필 화면 수정

프로필 화면에서는 사용자의 이름이나 이메일을 수정하는 기능을 제공하지 않으므로 Input 컴포넌트에서 입력이 불가능하도록 수정되어야 합니다. 추가적으로 Input 컴포넌트에서 반드시 전달되어야 하는 props가 전달되지 않아 경고 메시지가 나타나는 문제도 해결해야 합니다.

먼저 비활성화된 Input 컴포넌트의 배경색을 theme.js에 정의하겠습니다.

src/theme.js

```
...
export const theme = {
  ...
  label: colors.grey_1,
  inputPlaceholder: colors.grey_1,
  inputBorder: colors.grey_1,
  inputDisabledBackground: colors.grey_0,
  ...
};
```

이제 정의된 색을 이용해서 Input 컴포넌트를 다음과 같이 수정하겠습니다.

src/components/Input.js

```
...
const StyledTextInput = styled.TextInput.attrs(({ theme }) => ({
  placeholderTextColor: theme.inputPlaceholder,
}))`
  background-color: ${({ theme, editable }) =>
    editable ? theme.background : theme.inputDisabledBackground};
  ...
`;

const Input = forwardRef(
  (
    {
      ...
      disabled,
    },
    ref
  ) => {
    const [isFocused, setIsFocused] = useState(false);

    return (
      <Container>
```

```
        <Label isFocused={isFocused}>{label}</Label>
        <StyledTextInput
          ...
          editable={!disabled}
        />
      </Container>
    );
  }
);

Input.defaultProps = {
  onBlur: () => {},
  onChangeText: () => {},
  onSubmitEditing: () => {},
};

Input.propTypes = {
  label: PropTypes.string.isRequired,
  value: PropTypes.string.isRequired,
  onChangeText: PropTypes.func,
  onSubmitEditing: PropTypes.func,
  ...
  disabled: PropTypes.bool,
};

export default Input;
```

propTypes에 필수로 지정되어 있던 onChangeText와 onSubmitEditing을 수정하고 사용 가능 여부를 결정하는 disabled를 추가했습니다. props로 전달되는 disabled를 이용해 리액트 네이티브의 TextInput 컴포넌트 활성화 여부를 결정하는 editable의 값이 변경되도록 하고, editable 값에 따라 배경색이 다르게 나타나도록 수정했습니다. 이제 프로필 화면에서 사용 중인 Input 컴포넌트를 수정할 수 없도록 하겠습니다.

src/screens/Profile.js

```
  ...
  const Profile = () => {
    ...
    return (
      <Container>
        <Image ... />
        <Input label="Name" value={user.name} disabled />
```

```
      <Input label="Email" value={user.email} disabled />
      <Button ... />
    </Container>
  );
};
...
```

이제 경고 메시지도 없어지고 Input 컴포넌트도 비활성화되는 것을 확인할 수 있습니다. 어떤 가요? 여러분도 프로필 화면이 잘 동작하나요? 사진을 변경하고 파이어베이스 콘솔에도 정상적으로 반영되었는지 확인해보세요.

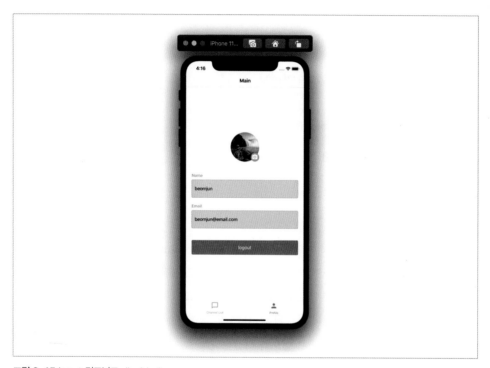

그림 9-45 Input 컴포넌트 disabled

헤더 변경

MainStack 내비게이션에서 MainTab 내비게이션이 화면으로 사용되는 Screen 컴포넌트의 name은 "Main"으로 설정되어 있습니다. 헤더의 타이틀과 관련해 특별히 설정하지 않으면

Screen 컴포넌트의 name에 설정된 값이 헤더의 타이틀로 되기 때문에, 프로필 화면과 채널 목록 화면 모두 "Main"으로 타이틀이 나타나는 것을 볼 수 있습니다. 이번에는 내비게이션이 화면으로 지정되었을 때 헤더의 타이틀을 변경하는 방법에 대해 알아보겠습니다.

MainTab 내비게이션은 MainStack 내비게이션의 화면으로 사용되었기 때문에 다른 화면들과 마찬가지로 props를 통해 navigation과 route를 전달받습니다. 일반적인 화면과 달리 MainTab 내비게이션처럼 Navigator 컴포넌트가 화면으로 사용되는 경우 route에 state가 추가적으로 포함되어 전달됩니다. route에 포함된 state는 화면의 내비게이션 상태를 확인할 수 있으며 다음과 같은 값들을 갖고 있습니다.

```
{
  "index": 0,
  "routeNames": [
    "Channel List",
    "Profile",
  ],
  "type": "tab",
  ...
}
```

index는 현재 렌더링되는 화면의 인덱스이며 Screen 컴포넌트가 사용된 순서대로 0부터 지정됩니다. MainTab 내비게이션의 경우 첫 번째 하위 컴포넌트인 채널 목록 화면이 0, 프로필 화면이 1이 됩니다.

routeNames는 화면으로 사용되는 Navigator 컴포넌트에서 Screen 컴포넌트들의 name 속성을 배열로 갖고 있습니다. MainTab 내비게이션은 Screen 컴포넌트로 채널 목록 화면과 프로필 화면을 갖고 있고, 각 컴포넌트의 name으로 사용되는 "Channel List"와 "Profile"을 배열로 갖고 있습니다.

type은 현재 화면으로 사용되는 Navigator 컴포넌트의 타입이며, MainTab 내비게이션은 탭 내비게이션이기 때문에 "tab"을 값으로 갖습니다. 만약 스택 내비게이션으로 만든 Navigator 컴포넌트인 경우 값으로 "stack"을 갖습니다.

이번에는 route의 state로 전달되는 값들을 이용해 현재 렌더링되는 화면을 확인하고 navigation을 이용해서 헤더의 타이틀이 화면의 이름으로 나타나도록 수정해보겠습니다.

```
import React, { useContext, useEffect } from 'react';
...
const MainTab = ({ navigation, route }) => {
  const theme = useContext(ThemeContext);

  useEffect(() => {
    const titles = route.state?.routeNames || ['Channels'];
    const index = route.state?.index || 0;
    navigation.setOptions({ headerTitle: titles[index] });
  }, [route]);

  return (
    <Tab.Navigator ... >
      <Tab.Screen
        name="Channels"
        ...
      />
      <Tab.Screen ... />
    </Tab.Navigator>
  );
};
...
```

채널 목록 화면의 name을 Channels로 변경했습니다. useEffect 함수를 이용해 route의 값이 변경될 때마다 state의 index값을 확인해서 헤더의 타이틀이 MainTab 내비게이션의 Screen 컴포넌트에 지정된 name으로 렌더링되도록 작성했습니다. route의 state는 처음 렌더링되었을 때 전달되지 않으므로 state가 없는 경우 첫 화면의 이름이 렌더링되도록 만들었습니다. 어떤가요? 여러분도 탭을 이동할 때마다 헤더의 타이틀이 잘 변경되나요?

그림 9-46 헤더 타이틀 변경

9.5.4 채널 생성 화면

이번에는 채널을 생성하는 채널 생성 화면을 만들고 생성된 채널을 파이어베이스로 관리하는 방법에 대해 알아보겠습니다.

데이터베이스

여기서는 서버를 구축하지 않기 때문에 채널 데이터를 관리하기 위해 파이어베이스의 데이터베이스를 활용하겠습니다. 파이어베이스에서 제공하는 파이어스토어는 NoSQL 문서 중심의 데이터베이스로 SQL 데이터베이스와 달리 테이블이나 행이 없고 컬렉션collection, 문서document, 필드field로 구성됩니다. 컬렉션은 문서의 컨테이너 역할을 하며 모든 문서는 항상 컬렉션에 저장되어야 합니다. 문서는 파이어스토어의 저장 단위로 값이 있는 필드를 갖습니다. 문서의 가장 큰 특징은 컬렉션을 필드로 가질 수 있다는 점입니다. 그리고 파이어스토어는 일반적인 데이터베이스와 달리 데이터베이스의 내용이 수정되면 실시간으로 변경된 내용을 알 수 있다는 특징을 갖고 있습니다.

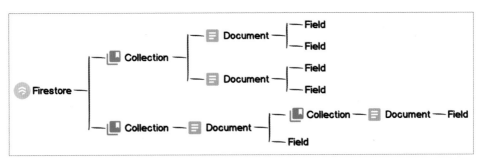

그림 9-47 데이터베이스 구조

컬렉션과 문서는 항상 유일한 ID를 갖고 있어야 한다는 규칙이 있습니다. 여기서는 channels라는 ID를 가진 하나의 컬렉션을 만들고 생성되는 채널들을 channels 컬렉션에 문서로 저장하겠습니다. 파이어스토어는 채널 생성 시 ID를 지정하지 않으면 자동으로 중복되지 않는 ID를 생성해서 문서의 ID로 이용합니다. 따라서 자동으로 생성되는 문서의 ID를 이용해 채널의 문서 ID가 중복되지 않도록 관리하겠습니다. 마지막으로 인증에 성공한 사용자만 데이터베이스를 읽거나 쓸 수 있도록 데이터베이스의 보안 규칙을 다음과 같이 수정하겠습니다.

```
rules_version = '2';
service cloud.firestore {
  match /databases/{database}/documents {
    match /channels/{channel} {
        allow read, write: if request.auth.uid != null;
    }
  }
}
```

그림 9-48 데이터베이스 규칙 수정

채널 생성 버튼

이번에는 채널 목록 화면의 헤더에 채널 생성 화면으로 이동할 수 있는 채널 생성 버튼을 만들겠습니다.

src/navigations/MainTab.js

```
...
const MainTab = ({ navigation, route }) => {
  const theme = useContext(ThemeContext);

  useEffect(() => {
    const titles = route.state?.routeNames || ['Channels'];
    const index = route.state?.index || 0;
    navigation.setOptions({
```

```
    headerTitle: titles[index],
    headerRight: () =>
      index === 0 && (
        <MaterialIcons
          name="add"
          size={26}
          style={{ margin: 10 }}
          onPress={() => navigation.navigate('Channel Creation')}
        />
      ),
  });
}, [route]);

return (...);
};
...
```

채널 생성 버튼은 채널 목록 화면의 헤더에만 나타나도록 state의 index값에 따라 렌더링 여부가 결정되도록 만들었습니다. 어떤가요? 여러분도 채널 목록 화면에서만 헤더에 버튼이 나타나나요?

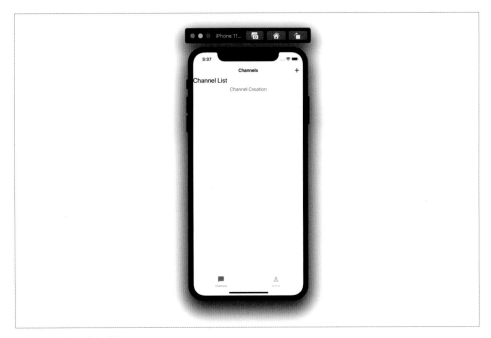

그림 9-49 채널 생성 버튼

채널 생성

이번에는 채널 생성 화면을 수정하고 데이터베이스에 채널 문서를 생성하는 기능을 만들어보겠습니다. 채널 생성 화면은 앞에서 만든 컴포넌트들을 이용하면 쉽고 빠르게 만들 수 있습니다.

src/screens/ChannelCreation.js

```javascript
import React, { useState, useRef, useEffect } from 'react';
import styled from 'styled-components/native';
import { Input, Button } from '../components';
import { KeyboardAwareScrollView } from 'react-native-keyboard-aware-scroll-view';

const Container = styled.View`
  flex: 1;
  background-color: ${({ theme }) => theme.background};
  justify-content: center;
  align-items: center;
  padding: 0 20px;
`;
const ErrorText = styled.Text`
  align-items: flex-start;
  width: 100%;
  height: 20px;
  margin-bottom: 10px;
  line-height: 20px;
  color: ${({ theme }) => theme.errorText};
`;

const ChannelCreation = () => {
  const [title, setTitle] = useState('');
  const [description, setDescription] = useState('');
  const descriptionRef = useRef();
  const [errorMessage, setErrorMessage] = useState('');
  const [disabled, setDisabled] = useState(true);

  useEffect(() => {
    setDisabled(!(title && !errorMessage));
  }, [title, description, errorMessage]);

  const _handleTitleChange = title => {
    setTitle(title);
    setErrorMessage(title.trim() ? '' : 'Please enter the title.');
  };
```

```jsx
const _handleCreateButtonPress = () => {};

return (
  <KeyboardAwareScrollView
    contentContainerStyle={{ flex: 1 }}
    extraScrollHeight={20}
  >
    <Container>
      <Input
        label="Title"
        value={title}
        onChangeText={_handleTitleChange}
        onSubmitEditing={() => {
          setTitle(title.trim());
          descriptionRef.current.focus();
        }}
        onBlur={() => setTitle(title.trim())}
        placeholder="Title"
        returnKeyType="next"
        maxLength={20}
      />
      <Input
        ref={descriptionRef}
        label="Description"
        value={description}
        onChangeText={text => setDescription(text)}
        onSubmitEditing={() => {
          setDescription(description.trim());
          _handleCreateButtonPress();
        }}
        onBlur={() => setDescription(description.trim())}
        placeholder="Description"
        returnKeyType="done"
        maxLength={40}
      />
      <ErrorText>{errorMessage}</ErrorText>
      <Button
        title="Create"
        onPress={_handleCreateButtonPress}
        disabled={disabled}
      />
    </Container>
  </KeyboardAwareScrollView>
);
```

```
};

export default ChannelCreation;
```

Input 컴포넌트를 사용할 때 자동으로 스크롤의 위치를 이동하여 키보드가 Input 컴포넌트를 가리지 않도록 KeyboardAwareScrollView 컴포넌트를 사용했습니다. 채널 설명은 빈 값을 허용하지만 채널 제목은 반드시 값이 입력되도록 조건을 설정하고, 너무 긴 제목과 설명이 입력되는 것을 방지하기 위해 Input 컴포넌트에 입력할 수 있는 최대 길이를 지정했습니다.

어떤가요? 앞에서 만들었던 화면들과 비슷한 구성이고 이미 재사용할 수 있게 만들어놓은 컴포넌트들을 이용하니 쉽게 완성되지 않나요?

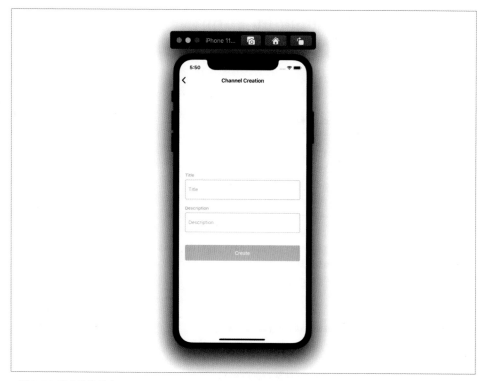

그림 9-50 채널 생성 화면

이번에는 firebase.js 파일에서 데이터베이스에 채널을 생성하는 함수를 만들겠습니다.

src/utils/firebase.js

```javascript
import * as firebase from 'firebase';
import 'firebase/firestore';
...
export const DB = firebase.firestore();

export const createChannel = async ({ title, description }) => {
  const newChannelRef = DB.collection('channels').doc();
  const id = newChannelRef.id;
  const newChannel = {
    id,
    title,
    description,
    createdAt: Date.now(),
  };
  await newChannelRef.set(newChannel);
  return id;
};
```

컬렉션에서 문서를 생성할 때 ID를 지정하지 않으면 파이어스토어에서 자동으로 중복되지 않는 ID를 생성해 문서의 ID로 사용합니다. 자동으로 생성된 문서의 ID는 문서의 필드로도 저장하고, 사용자에게 입력받은 채널의 제목과 설명을 필드로 사용합니다. 마지막으로 채널이 생성된 시간을 함수가 호출된 시점의 타임스탬프로 저장하도록 작성했습니다. 이제 작성된 함수를 이용해서 채널 생성 화면을 다음과 같이 수정하겠습니다.

src/screens/ChannelCreation.js

```javascript
import React, { useState, useRef, useEffect, useContext } from 'react';
import { Alert } from 'react-native';
import { ProgressContext } from '../contexts';
import { createChannel } from '../utils/firebase';
...
const ChannelCreation = ({ navigation }) => {
  const { spinner } = useContext(ProgressContext);
  ...
  const _handleCreateButtonPress = async () => {
    try {
      spinner.start();
      const id = await createChannel({ title, description });
      navigation.replace('Channel', { id, title });
```

```
    } catch (e) {
      Alert.alert('Creation Error', e.message);
    } finally {
      spinner.stop();
    }
  };

  return (...);
};
...
```

채널 생성이 완료되면 채널 생성 화면을 남겨놓은 상태에서 생성된 채널로 이동하는 것이 아니라, 채널 생성 화면을 제거하고 새로 생성된 채널로 이동하는 것이 일반적입니다. 채널 생성 화면에서도 동일하게 동작하도록 navigation의 replace 함수를 이용했습니다. replace 함수는 navigate 함수처럼 화면을 이동하지만, 현재 화면을 스택에 유지하지 않고 새로운 화면과 교체하면서 화면을 이동한다는 특징이 있습니다.

채널이 생성되는 동안 사용자의 추가 행동을 방지하기 위해 ProgressContext를 이용하여 Spinner 컴포넌트가 렌더링되도록 하고, 채널 생성이 완료되면 채널 화면으로 이동하면서 현재 입장하는 채널의 ID와 제목을 params로 함께 전달했습니다.

이제 채널 화면에서 params로 전달되는 내용을 확인할 수 있도록 다음과 같이 수정하겠습니다.

src/screens/Channel.js

```
...
const Channel = ({ route }) => {
  return (
    <Container>
      <Text style={{ fontSize: 24 }}>ID: {route.params?.id}</Text>
      <Text style={{ fontSize: 24 }}>Title: {route.params?.title}</Text>
    </Container>
  );
};
...
```

여러분도 채널 생성 기능이 잘 동작하나요? 여러분의 파이어베이스 콘솔의 데이터베이스 메뉴에서 추가된 채널을 확인해보세요.

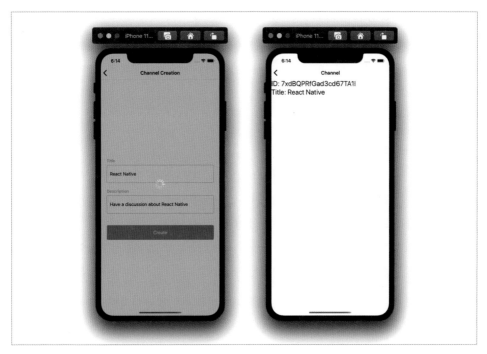

그림 9-51 채널 생성 화면

채널을 생성하면 생성된 채널의 정보와 함께 채널 화면으로 이동하고, 뒤로 가기 버튼을 클릭하면 채널 생성 화면이 아니라 채널 목록 화면으로 이동하는 것을 확인할 수 있습니다. 파이어베이스 콘솔에서도 생성된 채널 문서와 내용을 확인할 수 있습니다. 어떤가요? 여러분도 채널생성이 잘 동작하나요?

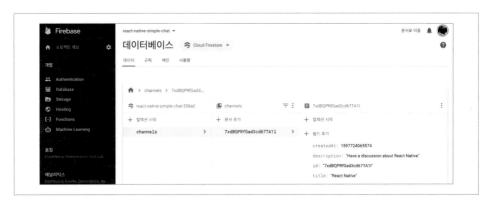

그림 9-52 파이어베이스 콘솔 데이터베이스

9.5.5 채널 목록 화면

이번에는 생성된 채널을 보여주는 채널 목록 화면을 만들겠습니다. 많은 양의 채널을 목록으로 사용자에게 보여줄 수 있으며, 채널이 새로 생성되면 자동으로 채널 목록에 추가되도록 화면을 만들어보겠습니다.

FlatList 컴포넌트

지금까지 많은 양의 데이터를 렌더링할 때 ScrollView 컴포넌트를 이용해 화면이 넘어가도 스크롤이 생성되어 확인할 수 있도록 만들었습니다. ScrollView 컴포넌트와 같은 역할을 하는 컴포넌트로 리액트 네이티브에서 제공하는 FlatList 컴포넌트가 있습니다. 두 컴포넌트 모두 많은 양의 데이터를 목록으로 보여주는 상황에서 자주 사용되고, 렌더링된 내용이 화면을 넘어가면 스크롤이 생성된다는 공통점이 있습니다.

ScrollView 컴포넌트는 렌더링해야 하는 모든 데이터를 한번에 렌더링하므로 렌더링해야 하는 데이터의 양을 알고 있을 때 사용하는 것이 좋습니다. 렌더링하는 데이터가 매우 많을 경우 한번에 모든 데이터를 렌더링하면 렌더링 속도가 느려지고 메모리 사용량이 증가하는 등 성능이 저하된다는 문제가 있습니다.

반면에 FlatList 컴포넌트는 화면에 적절한 양의 데이터만 렌더링하고 스크롤의 이동에 맞춰 필요한 부분을 추가적으로 렌더링하는 특징이 있습니다. 이런 특징 덕분에 데이터의 길이가 가변적이고 양을 예측할 수 없는 상황에서 사용하기 좋습니다.

여기서는 채널 목록 화면에서 FlatList 컴포넌트를 이용해 생성된 채널들을 렌더링하도록 만들겠습니다. 먼저 채널 목록 화면에서 사용할 색을 theme.js 파일에 정의합니다.

src/theme.js

```
...
export const theme = {
  ...
  listBorder: colors.grey_0,
  listTime: colors.grey_1,
  listDescription: colors.grey_1,
  listIcon: colors.black,
};
```

FlatList 컴포넌트를 사용하려면 3개의 속성을 지정해야 합니다. 먼저 렌더링할 항목의 데이터를 배열로 전달해야 하고, 전달된 배열의 항목을 이용해 항목을 렌더링하는 함수를 작성해야 합니다. 마지막으로 각 항목에 키를 추가하기 위해 고유한 값을 반환하는 함수를 전달해야 합니다. 아직 충분히 많은 채널이 준비된 것은 아니므로 임의로 1000개의 채널 데이터를 생성해 채널 목록 화면을 만들어보겠습니다.

src/screens/ChannelList.js

```javascript
import React, { useContext } from 'react';
import { FlatList } from 'react-native';
import styled, { ThemeContext } from 'styled-components/native';
import { MaterialIcons } from '@expo/vector-icons';

const Container = styled.View`
  flex: 1;
  background-color: ${({ theme }) => theme.background};
`;
const ItemContainer = styled.TouchableOpacity`
  flex-direction: row;
  align-items: center;
  border-bottom-width: 1px;
  border-color: ${({ theme }) => theme.listBorder};
  padding: 15px 20px;
`;
const ItemTextContainer = styled.View`
  flex: 1;
  flex-direction: column;
`;
const ItemTitle = styled.Text`
  font-size: 20px;
  font-weight: 600;
`;
const ItemDescription = styled.Text`
  font-size: 16px;
  margin-top: 5px;
  color: ${({ theme }) => theme.listDescription};
`;
const ItemTime = styled.Text`
  font-size: 12px;
  color: ${({ theme }) => theme.listTime};
`;
```

```
const channels = [];
for (let idx = 0; idx < 1000; idx++) {
  channels.push({
    id: idx,
    title: `title ${idx}`,
    description: `description ${idx}`,
    createdAt: idx,
  });
}

const Item = ({ item: { id, title, description, createdAt }, onPress }) => {
  const theme = useContext(ThemeContext);
  console.log(`Item: ${id}`);

  return (
    <ItemContainer onPress={() => onPress({ id, title })}>
      <ItemTextContainer>
        <ItemTitle>{title}</ItemTitle>
        <ItemDescription>{description}</ItemDescription>
      </ItemTextContainer>
      <ItemTime>{createdAt}</ItemTime>
      <MaterialIcons
        name="keyboard-arrow-right"
        size={24}
        color={theme.listIcon}
      />
    </ItemContainer>
  );
};

const ChannelList = ({ navigation }) => {
  const _handleItemPress = params => {
    navigation.navigate('Channel', params);
  };

  return (
    <Container>
      <FlatList
        keyExtractor={item => item['id'].toString()}
        data={channels}
        renderItem={({ item }) => (
          <Item item={item} onPress={_handleItemPress} />
        )}
```

```
      />
    </Container>
  );
};

export default ChannelList;
```

생성한 임의의 데이터를 FlatList 컴포넌트에 항목으로 사용할 데이터로 설정했습니다. render Item에 작성되는 함수는 파라미터로 항목의 데이터를 가진 item이 포함된 객체가 전달됩니다. 파라미터로 전달되는 데이터를 이용해서 각 항목의 내용을 렌더링하고 클릭 시 채널 화면으로 이동하도록 만들었습니다. 마지막으로 각 항목의 id값을 키로 이용하도록 keyExtractor를 설정했습니다. 어떤가요? 여러분도 채널 목록 화면이 잘 나타나나요?

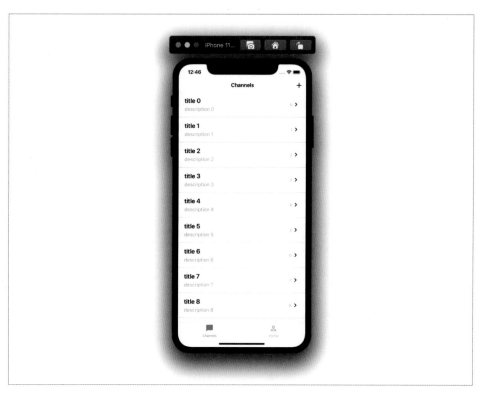

그림 9-53 채널 목록 화면

windowSize

Item 함수에 작성된 로그를 터미널에서 확인하면 FlatList 컴포넌트의 특징 때문에 우리가 만든 1000개의 데이터 중 id 0번부터 100번까지 101개만 렌더링된 것을 알 수 있습니다. 화면에는 9개의 항목이 보이므로 화면을 넘어가는 데이터 92개가 추가로 렌더링되어 있다는 것을 알 수 있습니다.

> **NOTE_**
>
> 화면의 크기에 따라 렌더링되는 항목의 수와 터미널을 통해 확인되는 렌더링된 데이터의 양에 차이가 있을 수 있습니다.

그러면 왜 101개만 렌더링되었을까요? FlatList 컴포넌트에서 렌더링되는 데이터의 수는 windowSize 속성에 의해 결정됩니다. windowSize의 기본값은 21이고, 이 값은 현재 화면(1)과 현재 화면보다 앞쪽에 있는 데이터(10), 그리고 현재 화면보다 뒤쪽에 있는 데이터(10)를 의미합니다. 예를 들어 한 화면에 10개의 항목이 렌더링되고 현재 화면의 앞뒤로 충분히 많은 데이터가 있다고 가정하겠습니다. 현재 화면보다 이전 데이터 중에서 화면 10개만큼 렌더링할 수 있는 100개의 데이터를 렌더링하고, 이후 데이터 중에서도 화면 10개만큼 렌더링할 수 있는 100개의 데이터를 렌더링하여 총 210개의 데이터를 렌더링합니다.

```
현재 화면(10 items) + 이전 데이터(10 items × 10 screens) + 이후 데이터(10 items
× 10 screens) = 210
```

화면은 가장 앞쪽 데이터이므로 이전 화면을 위해 렌더링할 데이터는 없으며 이후 화면들을 위한 데이터(9 items × 10 screens)를 렌더링합니다. 추가적으로 가장 아래에 약 20%정도 보이는 10번째 항목을 0.2개로 보면 총 101.2개의 데이터가 렌더링되어야 하므로 101개의 데이터가 렌더링되는 것입니다.

```
현재 화면(9.2 items) + 이전 데이터(0 items) + 이후 데이터(9.2 items × 10 screens)
= 101.2
```

여러분도 화면을 스크롤하면서 터미널을 통해 렌더링되는 데이터를 확인해보세요.

만약 렌더링되는 데이터의 양을 조절하고 싶다면 windowSize의 값을 원하는 값으로 설정합니다. windowSize의 값을 작은 값으로 변경하면 렌더링되는 데이터가 줄어들어 메모리의 소비를 줄이고 성능을 향상시킬 수 있지만, 빠르게 스크롤하는 상황에서 미리 렌더링되지 않은 부분은 순간적으로 빈 내용이 나타날 수 있다는 단점이 있습니다. 여기서는 채널 목록 화면에서 windowSize의 값을 3으로 변경하여 현재 화면과 앞뒤로 한 화면만큼만 렌더링되도록 조절하겠습니다.

src/screens/ChannelList.js

```
...
const ChannelList = ({ navigation }) => {
  const _handleItemPress = params => {
    navigation.navigate('Channel', params);
  };

  return (
    <Container>
      <FlatList
        keyExtractor={item => item['id'].toString()}
        data={channels}
        renderItem={({ item }) => (
          <Item item={item} onPress={_handleItemPress} />
        )}
        windowSize={3}
      />
    </Container>
  );
};
...
```

여러분도 터미널을 통해 렌더링되는 데이터의 양이 변한 것을 확인해보세요.

React.memo

windowSize를 수정해서 렌더링되는 양을 줄였지만 스크롤을 이동해보면 비효율적인 부분이 보입니다.

그림 9-54 반복해서 렌더링 되는 항목

스크롤이 이동하면 windowSize 값에 맞춰 현재 화면과 이전 및 이후 데이터를 렌더링하는 것이 맞지만, 이미 렌더링된 항목도 다시 렌더링되는 것을 확인할 수 있습니다. React.memo를 이용하면 이런 비효율적인 반복 작업을 해결할수 있습니다. React.memo는 6장에서 공부한 useMemo Hook 함수와 매우 흡사하지만, 불필요한 함수의 재연산을 방지하는 useMemo와 달리 React.memo는 컴포넌트의 리렌더링을 방지한다는 차이가 있습니다.

src/screens/ChannelList.js

```
...
const Item = React.memo(
  ({ item: { id, title, description, createdAt }, onPress }) => {
    const theme = useContext(ThemeContext);
    console.log(`Item: ${id}`);

    return (
      <ItemContainer onPress={() => onPress({ id, title })}>
        <ItemTextContainer>
          <ItemTitle>{title}</ItemTitle>
          <ItemDescription>{description}</ItemDescription>
        </ItemTextContainer>
        <ItemTime>{createdAt}</ItemTime>
```

```
      <MaterialIcons
        name="keyboard-arrow-right"
        size={24}
        color={theme.listIcon}
      />
    </ItemContainer>
  );
}
);
...
```

React.memo를 이용해 컴포넌트를 감싸는 것으로 간단히 적용할 수 있습니다. 이제 Item 컴 포넌트는 props가 변경될 때까지 리렌더링되지 않습니다. 결과를 확인해보면 스크롤을 이동 해도 이미 렌더링된 컴포넌트의 리렌더링이 발생하지 않는 것을 볼 수 있습니다.

그림 9-55 React.memo 적용

채널 데이터 수신

이번에는 채널 목록 화면에서 파이어베이스의 데이터베이스로부터 데이터를 받아 채널 목록을 렌더링하도록 만들겠습니다.

먼저 채널 목록 화면에 렌더링할 데이터를 생성해볼까요? 필수는 아니지만, 테스트를 위해 일 정 수준 이상의 데이터가 준비된 상태에서 진행하는 것이 좋습니다. 앞에서 만든 채널 생성 화면을 이용하거나 파이어베이스 콘솔의 데이터베이스 메뉴에서 문서 추가를 이용하면 데이터를 추가할 수 있습니다. 파이어베이스 콘솔에서 데이터를 추가하는 경우 title과 description 필드의 타입을 문자열로 입력하고, 문서의 ID는 자동으로 생성되는 값을 사용하여 그 값을 문서의 id 필드에 저장해주세요. 마지막으로 createdAt 필드의 타입은 숫자 타입으로 지정해야 하며 정상적인 값이 추가되도록 자바스크립트 함수를 이용합니다.

채널 목록으로 사용할 데이터 준비가 완료되면 채널 목록 화면에서 데이터베이스의 채널 데이터를 받아오도록 만들겠습니다.

src/screens/ChannelList.js

```
import React, { useContext, useState, useEffect } from 'react';
import { DB } from '../utils/firebase';
...
const ChannelList = ({ navigation }) => {
  const [channels, setChannels] = useState([]);

  useEffect(() => {
    const unsubscribe = DB.collection('channels')
      .orderBy('createdAt', 'desc')
      .onSnapshot(snapshot => {
        const list = [];
        snapshot.forEach(doc => {
          list.push(doc.data());
        });
        setChannels(list);
      });

    return () => unsubscribe();
  }, []);

  const _handleItemPress = params => {...};

  return (
    <Container>
      <FlatList
        keyExtractor={item => item['id']}
        ...
      />
    </Container>
  );
};
...
```

렌더링할 데이터를 데이터베이스에서 받아온 후 useState 함수를 이용해서 관리할 channels 를 생성했고, 테스트를 위해 생성한 임의의 100개 데이터는 삭제했습니다. 항목의 키도 데이터 베이스에서 받아온 채널 문서의 ID를 이용하면서 타입을 변환하는 코드가 필요 없어져 삭제했 습니다.

useEffect 함수를 이용해서 채널 목록 화면이 마운트될 때 onSnapshot 함수를 이용하여 데 이터베이스에서 데이터를 수신하도록 작성했습니다. onSnapshot 함수는 수신 대기 상태로 있다가 데이터베이스에 문서가 추가되거나 수정될 때마다 지정된 함수가 호출됩니다. 최근에 만들어진 채널이 가장 위에 나올 수 있도록 데이터 조회 조건으로 createadAt 필드값의 내림 차순을 설정했습니다.

채널 목록 화면이 마운트될 때 채널 데이터 수신 대기 상태가 되도록 하고, 화면이 언마운트될 때 수신 대기 중인 상태를 해제하도록 만들었습니다. 수신 대기 상태를 해제하지 않으면 다시 채널 목록 화면이 마운트될 때 수신 대기 이벤트가 추가되면서 데이터를 중복으로 받는 문제가 발생하므로 주의해야 합니다.

어떤가요? 여러분도 입력한 채널 데이터가 잘 조회되나요? 다른 기기로 채널을 생성해도 목록 이 잘 업데이트되는지 확인해보세요.

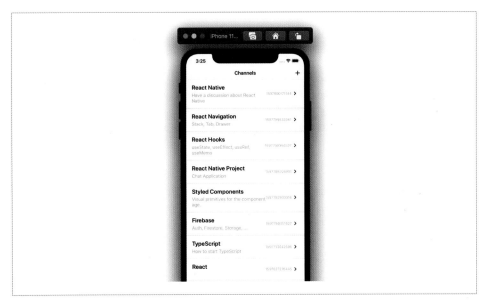

그림 9-56 채널 데이터 수신

moment 라이브러리

렌더링된 채널 목록을 보면 생성된 시간이 타임스탬프로 나타나 정확한 시간을 알아볼 수 없습니다. 이번에는 타임스탬프를 사용자가 알아볼 수 있는 시간 형태로 수정해보겠습니다.

자바스크립트에 내장된 함수를 이용하면 타임스탬프를 우리에게 익숙한 시간이나 날짜 형태로 변경할 수 있습니다. 하지만 자바스크립트에서 제공하는 기능만으로 기능을 구현하다 보면 조건에 따라 굉장히 복잡해지고 생각하지 못한 버그들도 많이 생깁니다.

moment 라이브러리를 사용하면 시간 및 날짜와 관련된 함수를 쉽게 작성할 수 있습니다. moment 라이브러리를 사용해본 적 없는 분들은 이번 기회에 경험해보기 바랍니다. 날짜 관련 라이브러리 중 가장 유명하며 많은 기능을 제공하고 있어 유용하게 사용할 수 있습니다. 다음 명령을 이용해 moment 라이브러리를 설치하고 진행합니다.

```
npm install moment
```

설치가 완료되면 moment 라이브러리를 이용해 createdAt 필드에 저장된 타임스탬프를 보기 좋은 형식으로 변경합니다.

src/screens/ChannelList.js

```
...
import moment from 'moment';

...
const getDateOrTime = ts => {
  const now = moment().startOf('day');
  const target = moment(ts).startOf('day');
  return moment(ts).format(now.diff(target, 'days') > 0 ? 'MM/DD' : 'HH:mm');
};

const Item = React.memo(
  ({ item: { id, title, description, createdAt }, onPress }) => {
    const theme = useContext(ThemeContext);

    return (
      <ItemContainer onPress={() => onPress({ id, title })}>
        ...
        <ItemTime>{getDateOrTime(createdAt)}</ItemTime>
        ...
```

```
        </ItemContainer>
      );
    }
  );
  ...
```

채널이 생성된 날짜가 오늘과 같으면 시간을 렌더링하고, 하루 이상 차이가 나면 생성된 날짜를 렌더링하도록 수정했습니다.

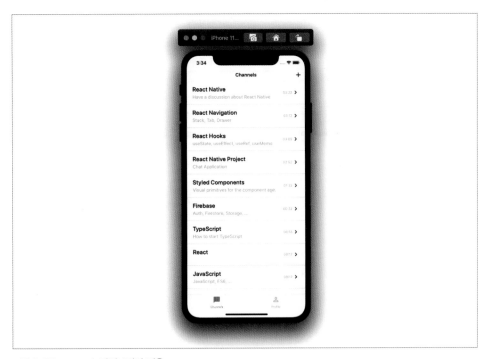

그림 9-57 moment 라이브러리 적용

저는 임의로 createdAt 필드의 값을 변경해서 다양한 날짜와 시간이 잘 나타나는지 테스트했습니다. 여러분도 값을 변경하면서 시간과 날짜가 모두 잘 나타나는지 확인해보세요.

9.5.6 채널 화면

이번에는 사용자가 메시지를 주고받을 수 있는 채널 화면을 만들어보겠습니다.

데이터베이스

여기서는 channels 컬렉션 아래에서 채널들을 문서로 관리하고 있습니다. 각 채널 아래에서 메시지들을 관리하려면 어떻게 해야 할까요? 파이어스토어의 문서가 보유한 특징 중 하나인 컬렉션을 가질 수 있다는 점을 활용하여 각 채널 문서에 messages 컬렉션을 만들면 메시지 데이터를 관리할 수 있습니다. 이렇게 채널별로 발생한 메시지를 모아서 관리하면 채널에서 주고받는 메시지를 편하게 저장하고 불러올 수 있습니다.

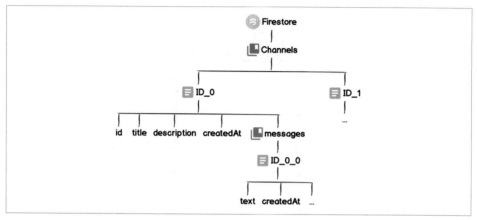

그림 9-58 데이터베이스 구조

추가될 데이터베이스의 구조에 맞춰 보안 규칙도 수정해보겠습니다. channels 컬렉션의 문서 아래에 있는 컬렉션에 대한 규칙은 데이터베이스의 구조처럼 channels 컬렉션 규칙 안에 해당 규칙을 작성하면 됩니다.

```
rules_version = '2';
service cloud.firestore {
  match /databases/{database}/documents {
    match /channels/{channel} {
      allow read, write: if request.auth.uid != null;
      match /messages/{message} {
        allow read, write: if request.auth.uid != null;
      }
    }
  }
}
```

그림 9-59 데이터베이스 규칙 수정

메시지 데이터

이번에는 채널 화면도 채널 목록 화면처럼 메시지 데이터의 변화를 실시간으로 전달받기 위해 onSnapshot 함수를 이용하여 수신 대기 상태가 되도록 수정하겠습니다. 그리고 채널 화면으로 이동할 때 route의 params를 통해 전달된 채널의 문서 ID를 이용하여 채널 문서에 있는 messages 컬렉션의 문서 변화에 대해 수신 대기 상태가 되도록 작성하겠습니다.

src/screens/Channel.js

```
import React, { useState, useEffect, useLayoutEffect } from 'react';
import { DB } from '../utils/firebase';
import styled from 'styled-components/native';
import { Text, FlatList } from 'react-native';

const Container = styled.View`
  flex: 1;
  background-color: ${(({ theme }) => theme.background};
`;

const Channel = ({ navigation, route: { params } }) => {
  const [messages, setMessages] = useState([]);
```

```
useEffect(() => {
  const unsubscribe = DB.collection('channels')
    .doc(params.id)
    .collection('messages')
    .orderBy('createdAt', 'desc')
    .onSnapshot(snapshot => {
      const list = [];
      snapshot.forEach(doc => {
        list.push(doc.data());
      });
      setMessages(list);
    });

  return () => unsubscribe();
}, []);

useLayoutEffect(() => {
  navigation.setOptions({ headerTitle: params.title || 'Channel' });
}, []);

return (
  <Container>
    <FlatList
      keyExtractor={item => item['id']}
      data={messages}
      renderItem={({ item }) => (
        <Text style={{ fontSize: 24 }}>{item.text}</Text>
      )}
    />
  </Container>
);
};
...
```

메시지 데이터도 채널 데이터와 마찬가지로 최신 데이터부터 받아오기 위해 createdAt 필드 값의 내림차순으로 정렬했습니다. 수신 대기 상태는 언마운트 시 꼭 해제해야 한다는 것을 잊지 마시기 바랍니다.

채널 화면의 헤더 타이틀을 채널의 이름이 렌더링되도록 하여 사용자가 대화하는 채널을 인지할 수 있도록 수정했습니다. 마지막으로 FlatList 컴포넌트를 이용해 메시지가 렌더링되도록 작성했습니다.

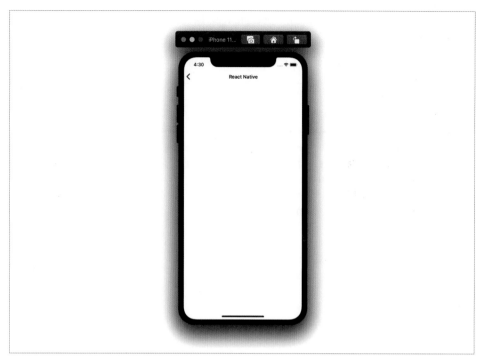

그림 9-60 채널 화면 수정

메시지 전송

이번에는 메시지를 전송하는 기능을 만들어보겠습니다. 먼저 firebase.js 파일에 메시지를 생성하는 함수를 작성합니다.

src/utils/firebase.js

```
...
export const createMessage = async ({ channelId, text }) => {
  return await DB.collection('channels')
    .doc(channelId)
    .collection('messages')
    .add({
      text,
      createdAt: Date.now(),
    });
};
```

메시지가 저장될 messages 컬렉션이 위치한 채널 문서를 찾기 위해 채널 문서의 ID를 전달받도록 작성했습니다. add 함수를 이용하여 문서의 내용만 전달하면 파이어베이스에서 자동으로 문서의 ID를 생성하여 적용해줍니다. 이제 채널 화면에 Input 컴포넌트를 추가하고 입력되는 메시지를 데이터베이스에 저장해보겠습니다.

src/screens/Channel.js

```javascript
import React, { useState, useEffect, useLayoutEffect } from 'react';
import { DB, createMessage } from '../utils/firebase';
import styled from 'styled-components/native';
import { Text, FlatList } from 'react-native';
import { Input } from '../components';
...
const Channel = ({ navigation, route: { params } }) => {
  const [messages, setMessages] = useState([]);
  const [text, setText] = useState([]);

  useEffect(() => {
    const unsubscribe = DB.collection('channels')
      .doc(params.id)
      .collection('messages')
      .orderBy('createdAt', 'desc')
      .onSnapshot(snapshot => {
        const list = [];
        snapshot.forEach(doc => {
          list.push(doc.data());
        });
        setMessages(list);
      });

    return () => unsubscribe();
  }, []);

  useLayoutEffect(() => {
    navigation.setOptions({ headerTitle: params.title || 'Channel' });
  }, []);

  return (
    <Container>
      ...
      <Input
        value={text}
```

```
        onChangeText={text => setText(text)}
        onSubmitEditing={() => createMessage({ channelId: params.id, text })}
      />
    </Container>
  );
};
...
```

Input 컴포넌트로 사용자에게 메시지를 입력받고 firebase.js 파일에 작성한 createMessage 함수를 이용해서 메시지 문서를 생성하도록 만들었습니다.

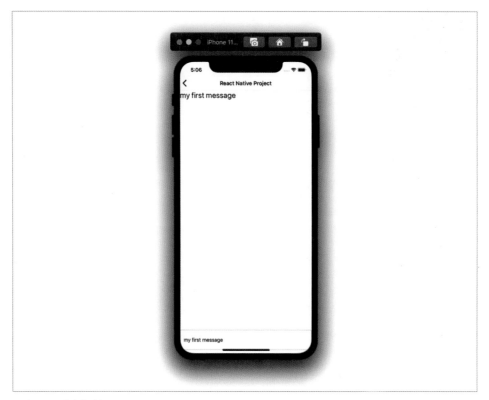

그림 9-61 메시지 전송

나타나는 경고 메시지는 일단 무시하고 메시지를 생성해보세요. 파이어베이스 콘솔에도 정상적으로 생성되며 onSnapshot 함수를 통해 생성된 메시지가 잘 전달되나요?

그림 9-62 messages 컬렉션

GiftedChat 컴포넌트

메시지를 주고받는 화면은 일반적인 모바일 화면과 스크롤 방향이 반대입니다. 페이스북, 인스타그램 등 스크롤 기능이 있는 대부분의 애플리케이션은 최신 데이터가 가장 위에 나오고 스크롤은 아래로 내려가도록 구성되어 있습니다. 하지만 채팅 애플리케이션에서 메시지를 주고받는 화면은 최신 데이터가 가장 아래에 나타나고 스크롤의 방향은 위로 올라가도록 화면이 구성됩니다.

FlatList 컴포넌트를 이용하여 아래부터 데이터를 렌더링하려면 어떻게 해야 할까요? FlatList 컴포넌트에는 inverted 속성이 있는데, 이 값에 따라 FlatList 컴포넌트를 뒤집은 것처럼 스크롤 방향이 변경됩니다.

src/screens/Channel.js

```
...
const Channel = ({ navigation, route: { params } }) => {
  ...
  return (
    <Container>
      <FlatList
```

```
      ...
      inverted={true}
    />
    ...
  </Container>
);
};
...
```

채널 화면에서 FlatList 컴포넌트의 inverted 값을 true로 설정하면 위에 나타나던 메시지가 아래에 나타나는 것을 확인할 수 있습니다.

그림 9-63 FlatList 컴포넌트 inverted

어떤가요? 여러분도 스크롤의 방향이 반대로 나타나나요? 우리가 만든 채널 목록 화면의 FlatList 컴포넌트도 inverted 값을 수정해서 스크롤의 방향을 변경해보세요.

기획이나 디자인에 따라 차이는 있겠지만, 메시지를 주고받는 화면에는 스크롤 방향 외에도 많은 것들이 필요합니다. 예를 들면 메시지를 보낸 사람에 따라 메시지의 렌더링 위치가 달라집니다. 본인이 보낸 메시지는 오른쪽에 이미지 없이 나타나고, 다른 사람이 보낸 메시지는 이미지 및 사용자 이름과 함께 왼쪽에 나타나는 것이 우리가 흔히 사용하는 채팅 애플리케이션의 모습입니다. 애플리케이션 따라 다르지만, 사용자 사진의 경우 연속된 메시지에서는 한 번만 렌더링하는 경우도 있습니다. 그 외에도 다양한 것들이 있습니다.

우리가 직접 다양한 컴포넌트를 생성해서 언급된 화면의 모습을 만들 수도 있지만 많은 시간과 노력이 필요합니다. 그래서 이번에는 언급된 내용뿐만 아니라 채팅 화면에서 사용할 수 있는 기능을 다양하게 제공하는 react-native-gifted-chat 라이브러리를 사용해서 화면을 구성하겠습니다. 다음 명령어를 이용해 라이브러리를 설치하고 진행하겠습니다.

```
npm install react-native-gifted-chat
```

react-native-gifted-chat 라이브러리의 GiftedChat 컴포넌트는 다양한 설정이 가능하도록 많은 속성을 제공합니다. 입력된 내용을 설정된 사용자의 정보 및 자동으로 생성된 ID와 함께 전달하는 기능뿐 아니라, 전송 버튼을 수정하는 기능이나 스크롤의 위치에 따라 스크롤 위치를 변경하는 버튼을 렌더링할 수도 있습니다.

먼저 GiftedChat 컴포넌트를 이용해 채널 화면을 수정하면서 사용할 색을 theme.js 파일에 정의하고 진행하겠습니다.

src/theme.js

```
...
export const theme = {
  ...
  sendButtonActivate: colors.blue,
  sendButtonInactivate: colors.grey_1,
};
```

이제 정의된 색과 GiftedChat 컴포넌트를 이용해 채널 화면을 수정하겠습니다.

src/screens/Channel.js

```
import React, { useState, useEffect, useLayoutEffect, useContext } from 'react';
import { DB, createMessage, getCurrentUser } from '../utils/firebase';
import styled, { ThemeContext } from 'styled-components/native';
```

```
import { Alert } from 'react-native';
import { GiftedChat, Send } from 'react-native-gifted-chat';
import { MaterialIcons } from '@expo/vector-icons';

const Container = styled.View`
  flex: 1;
  background-color: ${({ theme }) => theme.background};
`;

const SendButton = props => {
  const theme = useContext(ThemeContext);

  return (
    <Send
      {...props}
      disabled={!props.text}
      containerStyle={{
        width: 44,
        height: 44,
        alignItems: 'center',
        justifyContent: 'center',
        marginHorizontal: 4,
      }}
    >
      <MaterialIcons
        name="send"
        size={24}
        color={
          props.text ? theme.sendButtonActivate : theme.sendButtonInactivate
        }
      />
    </Send>
  );
};

const Channel = ({ navigation, route: { params } }) => {
  const theme = useContext(ThemeContext);
  const { uid, name, photoUrl } = getCurrentUser();
  const [messages, setMessages] = useState([]);

  ...
  const _handleMessageSend = () => {};

  return (
```

```
  <Container>
    <GiftedChat
      listViewProps={{
        style: { backgroundColor: theme.background },
      }}
      placeholder="Enter a message..."
      messages={messages}
      user={{ _id: uid, name, avatar: photoUrl }}
      onSend={_handleMessageSend}
      alwaysShowSend={true}
      textInputProps={{
        autoCapitalize: 'none',
        autoCorrect: false,
        textContentType: 'none',
        underlineColorAndroid: 'transparent',
      }}
      multiline={false}
      renderUsernameOnMessage={true}
      scrollToBottom={true}
      renderSend={props => <SendButton {...props} />}
    />
  </Container>
  );
};
...
```

기존에 화면을 구성하던 FlatList 컴포넌트와 Input 컴포넌트를 제거하고 GiftedChat 컴포넌트를 이용해서 화면을 구성했습니다.

GiftedChat 컴포넌트의 user에 다음과 같은 형태로 사용자의 정보를 입력해두면 onSend에 정의한 함수가 호출될 때 입력된 메시지와 사용자의 정보를 포함한 객체를 전달합니다.

```
User {
  _id: string | number;
  name: string;
  avatar: string | renderFunction;
}
```

onSend에 작성된 함수는 파라미터로 다음과 같은 형태의 메시지 객체가 배열로 전달되며 전송 버튼을 클릭하면 호출됩니다.

```
Message {
  _id: string | number;
  text: string;
  createdAt: Date | number;
  user: User;
  ...
}
```

메시지 객체에 자동으로 생성된 _id의 값은 UUID를 이용해 생성됩니다. 만약 _id 생성 방법을 변경하고 싶다면 messageIdGenerator에 _id를 생성하는 함수를 작성하면 됩니다.

- **uuid 라이브러리:** https://github.com/uuidjs/uuid

TextInput 컴포넌트는 여러 줄을 입력할 수 없게 설정하고, 전송 버튼을 작성된 SendButton 컴포넌트로 렌더링하도록 작성했습니다. SendButton 컴포넌트는 입력된 텍스트의 유무에 따라 다른 색으로 렌더링하도록 작성했습니다. 마지막으로 스크롤이 일정 수준 이상 올라가면 스크롤의 위치를 가장 아래로 이동시키는 버튼이 나타나도록 설정했습니다.

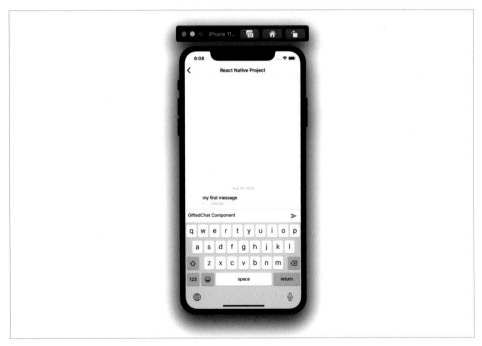

그림 9-64 GiftedChat 컴포넌트

결과를 보면 앞에서 보낸 메시지에는 사용자 정보가 없으므로 현재 사용자와 다른 사용자라고 판단해서 왼쪽에 메시지가 렌더링되었습니다. GiftedChat 컴포넌트의 기능 중 메시지에 있는 createdAt값을 이용해 날짜를 렌더링하는 기능도 확인할 수 있습니다. 마지막으로 스크롤 방향이 반대인 것과 메시지를 입력하면 전송 버튼의 색이 변경되는 것도 볼 수 있습니다.

어떤가요? 채팅 화면이 굉장히 쉽게 완성되지 않았나요?

메시지 생성 수정

여기서는 데이터베이스에 메시지 문서를 생성할 때 파이어베이스에서 생성하는 ID를 사용하도록 만들었습니다. 이번에는 우리가 사용하는 GiftedChat 컴포넌트에서 생성한 고유의 값을 이용하도록 메시지 생성 함수를 수정하겠습니다.

먼저 채널 화면에서 onSend에 정의된 함수를 다음과 같이 수정합니다.

src/screens/Channel.js

```
...
const Channel = ({ navigation, route: { params } }) => {
  ...
  const _handleMessageSend = async messageList => {
    const newMessage = messageList[0];
    try {
      await createMessage({ channelId: params.id, message: newMessage });
    } catch (e) {
      Alert.alert('Send Message Error', e.message);
    }
  };

  return (...);
};
...
```

onSend에 정의된 함수에 파라미터로 전달되는 값을 이용해서 createMessage 함수를 호출하도록 작성했습니다. 전달되는 메시지에는 자동으로 생성된 _id와 입력된 메시지, 사용자의 정보를 담은 객체가 포함되어 있어 메시지를 전송한 사람의 정보를 전달하는 작업을 추가할 필요가 없습니다. 이제 firebase.js 파일에서 createMessage 함수를 전달되는 값에 맞게 변경하겠습니다.

```
...
export const createMessage = async ({ channelId, message }) => {
  return await DB.collection('channels')
    .doc(channelId)
    .collection('messages')
    .doc(message._id)
    .set({
      ...message,
      createdAt: Date.now(),
    });
};
```

전달되는 파라미터가 message 객체로 변경되었고, 생성되는 메시지 문서도 전달된 객체에 포함된 _id의 값으로 사용하도록 수정했습니다. 이제 완성된 화면에서 메시지를 주고받아보겠습니다.

그림 9-65 메시지 전송과 스크롤 이동 버튼

메시지에 함께 저장된 사용자 정보를 바탕으로 본인의 메시지는 오른쪽에, 상대방의 메시지는 왼쪽에 렌더링되었으며 메시지의 배경색도 다르게 적용되었습니다. 연속된 메시지에서는 하나의 이미지만 렌더링되었고, 상대방의 메시지에는 사용자 이름과 메시지가 생성된 시간이 렌더링되었습니다. 스크롤을 위로 이동시켜 일정 높이 이상 올라가면, 오른쪽 아래에 스크롤을 가장 아래로 내리는 버튼이 생성되는 것을 확인할 수 있습니다. 여러분도 테스트를 진행해보고 파이어베이스 콘솔에서도 저장된 메시지 문서를 확인해보세요.

만약 렌더링되는 메시지를 변경하고 싶다면 renderBubble에 함수를 작성해서 변경합니다. react-native-gifted-chat 라이브러리에서는 지금까지 소개한 기능 외에도 프로젝트의 기획에 맞춰 다양하게 수정할 수 있는 설정과, 채팅 화면에서 사용할 수 있는 여러 가지 기능을 제공하므로 라이브러리의 깃허브를 확인해보기 바랍니다.

9.6 마치며

축하합니다. 이제 여러분은 실시간으로 대화를 주고받을 수 있는 채팅 애플리케이션을 완성했습니다. 이번에 만든 프로젝트는 많은 기능이 포함되지 않은 작은 프로젝트지만, 이것을 시작으로 여러분이 원하는 기능이 다양하게 포함된 프로젝트를 시작할 수 있을 것이라 생각합니다.

이번 장에서는 프로젝트를 진행하면서 몇 가지 라이브러리를 사용했습니다. 이번에 사용한 라이브러리 외에도 다양한 것이 많으므로 필요에 따라 활용하면 생산성에 큰 도움이 될 것입니다. 라이브러리에는 분명히 많은 장점이 있지만 동작 방식과 원리를 이해하지 못한 채 당장의 편의를 위해 사용하는 것은 오히려 독이 된다고 생각합니다. 사용할 때 혹은 사용한 다음이라도 여러분이 사용한 라이브러리의 동작 방식과 원리를 찾아보고 공부하는 것이 좋습니다.

다음 장에서는 이번 장에서 만든 채팅 애플리케이션을 실제로 배포하는 방법에 대해 알아보겠습니다.

애플 개발자 계정 생성

애플 앱 스토어에 애플리케이션을 배포하는 과정 중 까다로운 애플의 심사만큼 애플 개발자 계정을 만드는 과정에도 어려움이 많습니다.

특히 이용 약관에 동의하고 진행하면 결제 페이지로 이동하지 않고 오류 페이지로 이동하는 문제가 최근 많이 발생하고 있습니다. 오류 페이지에는 "Your enrollment could not be completed"라는 메시지가 나타나는데 같은 문제를 겪은 전 세계 사람들을 애플 개발자 포럼에서 확인할 수 있습니다.

- **애플 개발자 포럼**: https://developer.apple.com/forums/thread/126314

문제를 겪은 사람마다 원인은 모두 다르겠지만, 오류 페이지에서 이유를 알려주지 않기 때문에 정확한 원인을 알 방법이 없습니다. 애플의 상담 직원과 메일 혹은 전화로 상담해도 원인을 알 수 없다는 답변과 함께 네트워크, 기기 등을 포함해 새로운 환경을 준비하고 새로운 아이디로 재시도하라는 답변만 듣게 됩니다.

개발자 프로그램 등록에서 정보를 입력할 때 애플 계정의 국가와 본인의 거주 국가 및 주소가 모두 일치해야 하며, 주소를 입력할 때도 애플에서 올바르다고 판단하는 주소 체계를 입력하지 않으면 문제가 되니 주의하기 바랍니다. 이름과 주소는 반드시 정확하게 입력해야 하고, 정보 입력 페이지로 다시 돌아갈 수 있는 방법이 없으므로 잘 확인하고 진행하기 바랍니다.

특히 하나의 애플 기기에서 너무 많은 애플 계정을 생성하고 연결하는 작업을 반복하면, 경고 메시지와 함께 새로운 애플 계정을 생성할 수 없게 되므로 같은 방법으로 애플 계정만 변경하는 일은 삼가하는 것이 좋습니다.

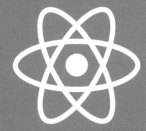

10장 배포하기 I

이번 장에서는 9장에서 만든 채팅 애플리케이션을 애플 앱 스토어와 구글 플레이 스토어에 배포하는 방법에 대해 알아보겠습니다.

모바일 애플리케이션을 배포하는 과정은 복잡하며 각 플랫폼에 대한 사전 지식과 신경 써야 하는 부분이 많습니다. 하지만 우리가 이용하는 Expo 프로젝트는 이 중 많은 부분을 대신 처리해주므로 모바일 플랫폼에 대한 경험이나 이해가 부족해도 어렵지 않게 배포를 진행할 수 있습니다.

10.1 프로젝트 빌드

리액트 네이티브 프로젝트를 생성하면 자동으로 만들어지는 app.json 파일에는 프로젝트의 다양한 정보가 담겨 있습니다. 우리는 5장과 9장에서 프로젝트의 아이콘과 로딩 화면으로 사용되는 icon.png 파일과 splash.png 파일의 경로를 app.json 파일에서 관리한다는 것을 알게 되었고, 로딩 화면에서 배경색을 변경해봤습니다. app.json에서는 그 외에 version처럼 프로젝트를 빌드^{build}할 때 필요한 정보도 함께 관리합니다.

10.1.1 app.json 파일 수정

프로젝트를 배포 가능한 상태로 빌드하기 위해서는 app.json에서 추가적으로 입력 혹은 수정해야 하는 값들이 있습니다. 가장 먼저 프로젝트의 폴더 이름과 동일한 name을 사용자에게 보여주고 싶은 이름으로 변경해야 합니다. 필수로 변경해야 하는 값은 아니지만, 프로젝트 폴더 이름과 다른 이름으로 사용자에게 보여주고 싶다면 변경하기 바랍니다.

다음으로 필요한 정보는 iOS의 bundleIdentifier와 안드로이드의 package입니다. 이 값은 애플리케이션을 구분하는 고유한 값으로 다른 애플리케이션과 구분하는 역할을 하기 때문에 유일한 값으로 입력해야 합니다. 일반적으로 중복될 가능성이 없는 회사 이름이나 도메인을 많이 이용하고, 도메인을 사용하는 경우 주소를 반대로 기재한 형태로 사용합니다.

추가로 애플리케이션의 버전을 관리할 값들이 필요합니다. app.json 파일에 있는 version은 iOS와 안드로이드에 모두 적용되는 애플리케이션 버전을 의미하고, 각 플랫폼의 내부 버전 번호를 나타내는 iOS의 buildNumber와 안드로이드의 versionCode가 추가적으로 필요합니다.

마지막으로 안드로이드의 권한을 설정해야 합니다. Expo 프로젝트에서 안드로이드는 기본적으로 모든 권한을 포함하고 있기 때문에 반드시 설정해야 하는 값은 아니지만, 꼭 필요한 권한만 지정하기 위해 안드로이드의 permissions에 원하는 값만 지정하겠습니다.

app.json

```json
{
  "expo": {
    "name": "Simple Chat",
    "version": "1.0.0",
    ...
    "ios": {
      "bundleIdentifier": "com.alchemistk.rnsimplechat",
      "buildNumber": "1.0.0",
      "supportsTablet": false
    },
    "android": {
      "package": "com.alchemistk.rnsimplechat",
      "versionCode": 1,
      "permissions": ["CAMERA"]
    },
    ...
  }
}
```

10.1.2 iOS 권한 요청 메시지

9장에서는 iOS 환경에서 사진에 접근하기 위한 권한 요청을 하지만, 요청 메시지를 수정할 수 있는 방법이 없었습니다. 사진에 접근하는 것을 포함한 모든 권한 요청 메시지는 app.json 파일에서 iOS의 infoPlist를 이용해 수정할 수 있습니다. 단, 개발 단계에서는 확인할 수 없고 빌드를 통해 만들어지는 파일을 이용하여 확인해야 합니다. Expo에서 infoPlist에 지정 가능한 목록은 Expo 깃허브에서 확인할 수 있습니다.

- **Expo info.plist 지원:** http://bit.ly/ios-info-plist

```json
{
  "expo": {
    ...
    "ios": {
      "bundleIdentifier": "com.alchemistk.rnsimplechat",
      "buildNumber": "1.0.0",
      "supportsTablet": false,
      "infoPlist": {
        "NSPhotoLibraryUsageDescription": "The app accesses to photo library to upload your profile photo when you are signing up or updating the profile."
      }
    },
    ...
  }
}
```

애플의 심사 기준에 통과하기 위해서는 반드시 필요한 권한을 요청하고 권한이 필요한 이유를 메시지에 명확하게 포함시켜야 합니다. 만약 이를 지키지 않으면 심사 과정에서 탈락 사유가 되므로 주의해서 작성해야 합니다.

- **권한 요청 가이드:** http://bit.ly/requesting-permission

안드로이드 원형 아이콘

9장에서는 assets 폴더의 icon.png 파일을 변경하여 우리가 원하는 아이콘으로 변경했습니다. 하지만 안드로이드에서는 아이콘의 제약이 없기 때문에 다양한 모양의 아이콘을 사용할 수 있습니다. 이런 자유로움 때문에 다양한 모양의 아이콘이 적용되면서 서로 다른 모양과 크기를 가진 아이콘을 사용함에 따라 정돈되지 않은 모습을 보여주는 것이 단점이었습니다. 이 문제를 해결하기 위해 안드로이드 8버전(API26)부터 적응형 아이콘이 추가되면서 항상 동일한 아이콘 스타일을 가질 수 있도록 변경되었습니다.

- **안드로이드 적응형 아이콘:** http://bit.ly/adaptive-icons

구글 픽셀 런처Pixel Launcher가 동작하는 구글 픽셀3 안드로이드 폰에서는 원형 아이콘만 지원하므로 우리가 적용한 아이콘을 사용하면 원하는 모습으로 나타나지 않습니다. 따라서 안드로이드에서 사용할 원형 아이콘을 준비해 assets 폴더에 android-icon.png 라는 이름으로 저장하고 app.json 파일을 다음과 같이 수정하겠습니다.

app.json

```
{
  "expo": {
    ...
    "android": {
      "package": "com.alchemistk.rnsimplechat",
      "versionCode": 1,
      "permissions": ["CAMERA"],
      "icon": "./assets/android-icon.png",
      "adaptiveIcon": {
        "backgroundColor": "#3679fe",
        "foregroundImage": "./assets/android-icon.png"
      }
    },
    ...
  }
}
```

안드로이드에 icon을 설정하면 안드로이드에서 우선 적용되어 9장에서 설정한 사각 아이콘 대신 안드로이드 icon에 설정한 원형 아이콘이 나타납니다. 추가적으로 적응형 아이콘을 위해 adaptiveIcon을 설정했습니다.

이것은 필수로 요구되는 작업은 아니지만, 사각형 아이콘을 사용할 경우 의도한 디자인과 다른 아이콘이 나타나기 때문에 정확하게 원하는 디자인의 아이콘이 나오게 하고 싶다면 안드로이드 아이콘을 별로도 설정하는 것을 추천합니다.

10.1.3 빌드와 테스트

이제 app.json 파일에 빌드를 위한 정보를 모두 입력했습니다. 이번에는 빌드 후 결과로 생성된 파일을 이용해 기기에서 테스트하는 방법에 대해 알아보겠습니다.

iOS

iOS 빌드를 통해 우리가 만든 채팅 애플리케이션을 테스트하고 권한 요청 메시지가 잘 변경되었는지 확인해보겠습니다. 먼저 다음 명령어를 이용해 터미널에서 Expo에 로그인하겠습니다. 만약 2장에서 Expo에 회원가입을 하지 않았다면 회원가입 이후 진행하기 바랍니다.

- **Expo 회원가입:** https://expo.io/signup

```
expo login
```

회원가입과 로그인이 완료되면 다음 명령어를 통해 iOS 빌드를 진행합니다.

```
expo build:ios
```

명령어를 실행하면 빌드 타입을 선택하는 부분에서 simulator를 선택하고 진행합니다.

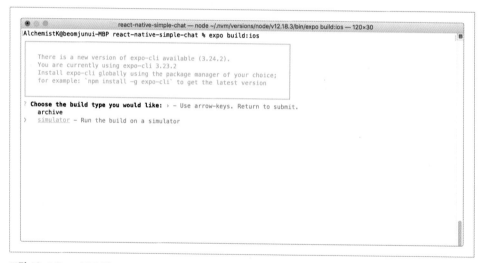

그림 10-1 Expo iOS 빌드

터미널에서 Expo 로그인을 진행하지 않고 빌드 명령어를 실행하면 빌드 타입을 선택하기 전에 로그인 과정이 추가됩니다. expo login 명령어를 이용해 로그인된 상태에서 진행하는 것과 빌드 과정에서 로그인하는 것에는 차이가 없으므로 편한 방법으로 진행하기 바랍니다.

빌드 타입을 결정하고 진행하다 보면 빌드 상태를 확인할 수 있는 주소가 나타납니다.

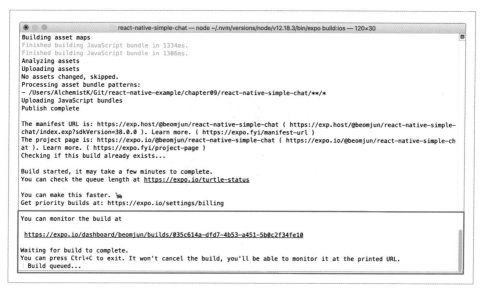

```
● ● ●                react-native-simple-chat — node ~/.nvm/versions/node/v12.18.3/bin/expo build:ios — 120×30
Building asset maps
Finished building JavaScript bundle in 1334ms.
Finished building JavaScript bundle in 1306ms.
Analyzing assets
Uploading assets
No assets changed, skipped.
Processing asset bundle patterns:
- /Users/AlchemistK/Git/react-native-example/chapter09/react-native-simple-chat/**/*
Uploading JavaScript bundles
Publish complete

The manifest URL is: https://exp.host/@beomjun/react-native-simple-chat ( https://exp.host/@beomjun/react-native-simple-
chat/index.exp?sdkVersion=38.0.0 ). Learn more. ( https://expo.fyi/manifest-url )
The project page is: https://expo.io/@beomjun/react-native-simple-chat ( https://expo.io/@beomjun/react-native-simple-ch
at ). Learn more. ( https://expo.fyi/project-page )
Checking if this build already exists...

Build started, it may take a few minutes to complete.
You can check the queue length at https://expo.io/turtle-status

You can make this faster. 🐢
Get priority builds at: https://expo.io/settings/billing

You can monitor the build at

  https://expo.io/dashboard/beomjun/builds/035c614a-dfd7-4b53-a451-5b0c2f34fe10

Waiting for build to complete.
You can press Ctrl+C to exit. It won't cancel the build, you'll be able to monitor it at the printed URL.
  Build queued...
```

그림 10-2 Expo iOS 빌드 터미널

터미널에 나타난 주소는 Expo 대시보드^{dashboard}의 빌드 상세 페이지로, 진행 중인 빌드 상태를 확인할 수 있습니다. Expo 대시보드에서는 여러분의 프로젝트 빌드 상황과 로그를 확인할 수 있을 뿐 아니라, 빌드가 완료되면 생성된 파일을 다운로드받을 수도 있습니다.

그림 10-3 Expo iOS 대시보드

빌드가 완료되면 Expo 대시보드에서 app 파일을 다운로드할 수 있습니다. 다운로드된 app 파일을 iOS 시뮬레이터로 드래그하여 옮기면 설치가 진행됩니다.

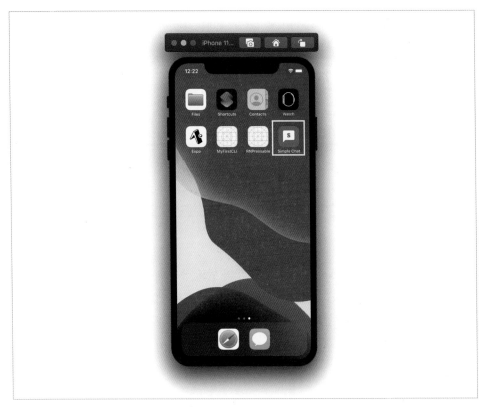

그림 10-4 iOS 기기 테스트

iOS 시뮬레이터에 설치가 완료되면 애플리케이션을 실행해서 정상적으로 동작하는지 확인해 보세요. 특히 우리가 app.json에서 추가한 권한 요청 메시지가 잘 변경되어 나타나는지 확인 해보기 바랍니다.

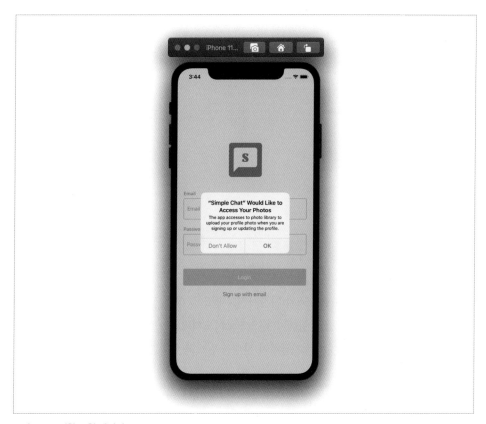

그림 10-5 권한 요청 메시지

안드로이드

이번에는 프로젝트를 안드로이드에서 동작하는 파일이 생성되도록 빌드하고, 안드로이드 기기에서 테스트하는 방법에 대해 알아보겠습니다. 다음 명령어를 이용해 안드로이드 빌드를 진행합니다.

```
expo build:android
```

안드로이드 빌드를 실행하면 iOS와 마찬가지로 빌드 타입을 선택하는 화면이 나타납니다. 이 화면에서 apk를 선택하고 진행하겠습니다.

react-native-simple-chat — node ~/.nvm/versions/node/v12.18.3/bin/expo build:android — 120×30
AlchemistK@beomjunui-MBP react-native-simple-chat % expo build:android
There is a new version of expo-cli available (3.24.2).
You are currently using expo-cli 3.23.2
Install expo-cli globally using the package manager of your choice;
for example: `npm install -g expo-cli` to get the latest version
? Choose the build type you would like: › - Use arrow-keys. Return to submit.
❯ apk - Build a package to deploy to the store or install directly on Android devices
app-bundle

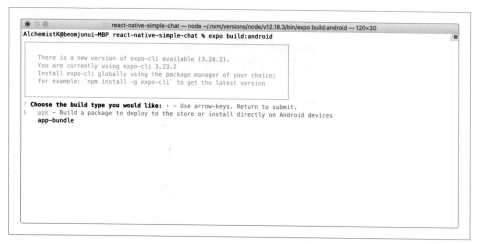

그림 10-6 Expo 안드로이드 빌드

빌드 타입을 선택하고 진행하면 iOS와 마찬가지로 빌드의 상세 정보를 확인할 수 있는 링크와 함께 Expo가 자동으로 빌드를 진행합니다. 안드로이드의 빌드도 Expo 대시보드에서 확인 가능하며, 대시보드 빌드 메뉴에서는 지금까지 진행한 빌드의 상태를 한눈에 볼 수 있습니다.

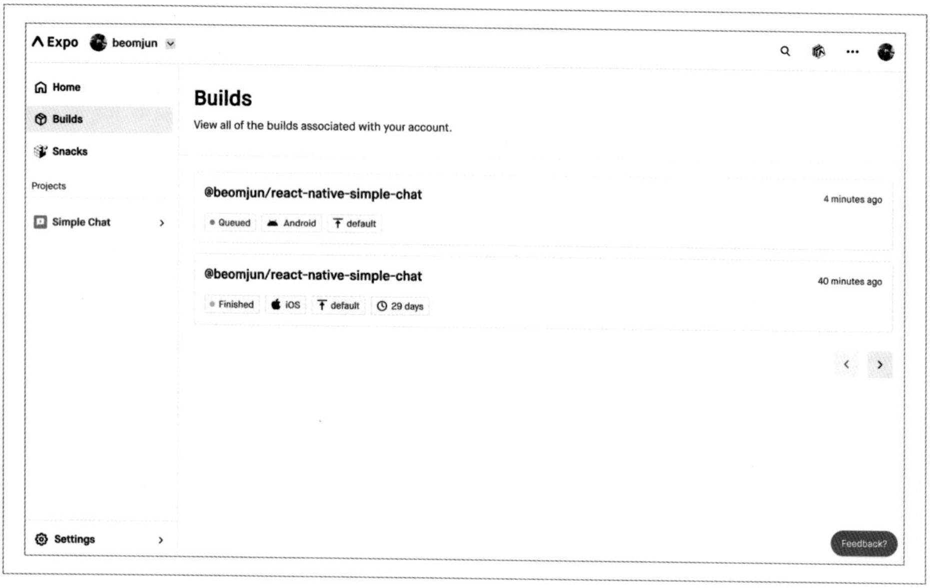

Expo
beomjun
Home
Builds
Snacks
Projects
Simple Chat
Builds
View all of the builds associated with your account.
@beomjun/react-native-simple-chat
4 minutes ago
Queued
Android
default
@beomjun/react-native-simple-chat
40 minutes ago
Finished
iOS
default
29 days
Settings
Feedback?

그림 10-7 Expo 대시보드 빌드

빌드가 완료되면 빌드 상세페이지에서 apk 파일을 다운로드받고, iOS처럼 안드로이드 에뮬레이터에 드래그하면 자동으로 설치가 진행됩니다. 설치가 완료되면 애플리케이션을 실행해서 정상적으로 동작하는지 확인해보세요.

그림 10-8 안드로이드 기기 테스트

어떤가요? 여러분도 빌드와 테스트가 문제없이 잘 진행되나요? 여러분의 프로젝트를 애플 앱 스토어나 구글 플레이 스토어에 배포하기 전에 꼭 빌드를 통해서 테스트를 진행해보세요.

10.2 iOS 배포

이번에는 프로젝트를 애플 앱 스토어에 배포하는 방법에 대해 알아보겠습니다. 애플의 정책은 매우 까다롭지만 몇 가지 중요한 부분만 주의하면 어렵지 않게 진행할 수 있습니다.

> **NOTE_**
> 현재 작성된 내용은 2020년 8월 기준이며, 이후 애플의 정책 변경 등으로 화면 및 요구 사항 등에 변경이 있을 수 있습니다.

10.2.1 애플 개발자 등록

먼저 애플 앱 스토어에 프로젝트를 배포하기 위해서는 연간 99달러의 비용을 지불하는 애플 개발자 프로그램^{Apple Developer Program}에 등록해야 합니다. 애플 개발자 프로그램은 애플 계정을 이용해서 등록하므로 애플 계정이 준비되어야 합니다.

- **애플 계정:** https://appleid.apple.com

애플 계정은 여러분의 애플 기기에서 사용하는 애플 계정을 사용해도 되고, 개발용 애플 계정을 새로 생성해도 됩니다. 단, 개발자 프로그램에 등록할 애플 계정은 반드시 애플 기기를 통해 이중 인증이 켜져 있고 사용자 정보에 여러분의 이름과 주소가 정확히 입력되어 있어야 합니다.

- **애플 개발자 사이트:** https://developer.apple.com/

애플 계정이 준비되면 애플 기기의 사파리^{Safari} 브라우저를 이용해 애플 개발자 사이트로 이동합니다. 개발자 등록 프로그램은 사파리 브라우저에 최적화되어 있기 때문에 크롬^{Chrome} 등의 다른 브라우저에서는 개발자 등록이 진행되는 과정에서 정상적으로 동작하지 않을 수 있습니다.

그림 10-9 애플 개발자 사이트

애플 개발자 사이트의 우측 상단에 있는 Account 메뉴로 이동하면 로그인 화면이 나타납니다. 로그인에 성공하면 사용자 페이지가 나타나는데 Welcome 메뉴 화면에서 아래 "Join the

Apple Developer Program"을 클릭하면 애플 개발자 프로그램 등록 페이지로 이동할 수 있습니다.

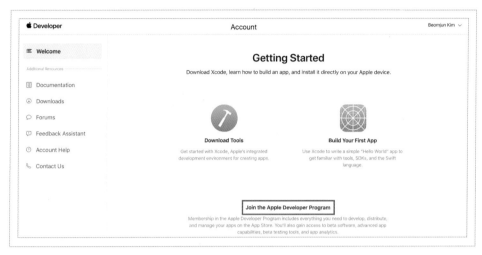

그림 10-10 Join the Apple Developer Program

"Join the Apple Developer Program" 영역을 클릭하는 방법 외에도 다음 주소를 이용하면 직접 애플 개발자 프로그램 페이지로 이동할 수 있습니다.

- **애플 개발자 프로그램 페이지:** https://developer.apple.com/programs/

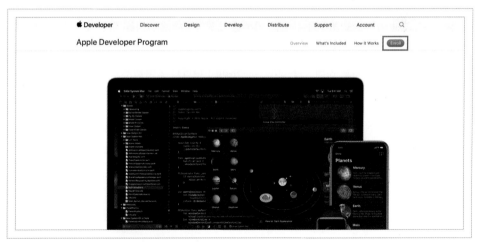

그림 10-11 애플 개발자 프로그램 페이지

애플 개발자 프로그램 페이지에서 우측 상단의 Enroll 버튼을 클릭하면 등록 과정에서 필요한 정보를 안내하는 페이지로 이동합니다. 개인으로 등록하는 경우 앞에서 설명한 이중 인증이 켜져 있는 애플 계정으로 로그인한 상태면 됩니다. 준비가 완료되면 가장 아래에 있는 "Start Your Enrollment" 버튼을 클릭해서 애플 개발자 프로그램 등록을 시작합니다.

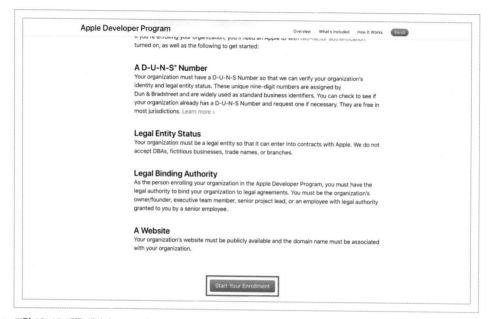

그림 10-12 애플 개발자 프로그램 등록

등록이 시작되면 여러분의 이름과 주소를 비롯해 개인정보를 입력하는 화면이 나타납니다. 이 화면에서 개인정보들을 정확하게 입력하지 않으면 애플은 개발자 프로그램 등록을 받아주지 않습니다. 정보를 입력하는 화면으로 되돌아갈 방법이 없으므로 진행하기 전에 꼭 정확한 정보를 입력했는지 확인하기 바랍니다.

정보를 모두 입력하고 계속 진행하면 개발자 유형을 선택하는 화면이 나타납니다. 개인 개발자 계정으로 등록하기 위해 Individual/Solo Proprietor를 선택하고 진행합니다.

> NOTE_
>
> 회사 및 다른 타입으로 진행할 경우 애플 개발자 프로그램 등록 방법에 차이가 있습니다. 이 책에서는 개인 개발자 등록만 다루겠습니다.

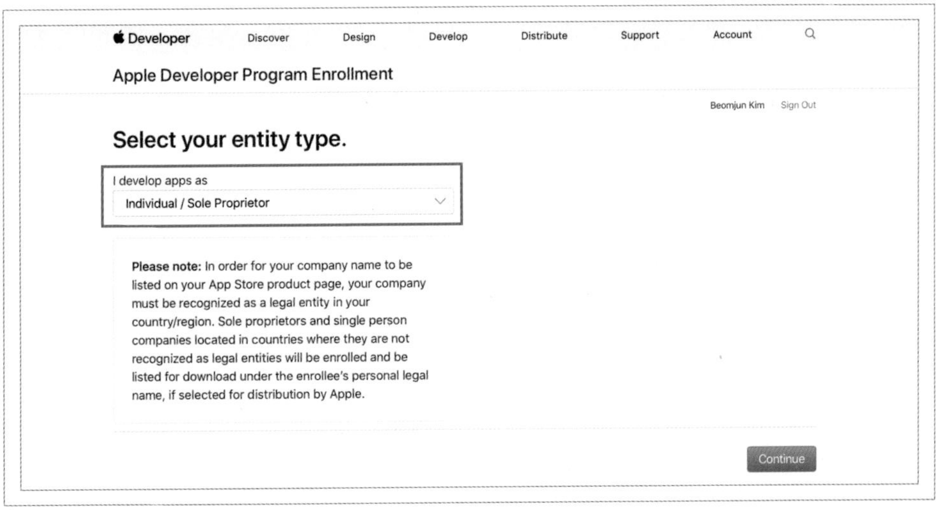

그림 10-13 개발자 유형 선택

개발자 유형을 선택하고 진행하면 이용 약관 페이지로 이동하고, 이용 약관 동의 후 계속 진행하면 결제 페이지로 이동합니다. 결제 페이지에서 애플 개발자 프로그램 등록 결제가 완료되면 48시간 안에 승인이 완료되었다는 메일과 함께 여러분의 Account 페이지가 다음과 같이 변경됩니다.

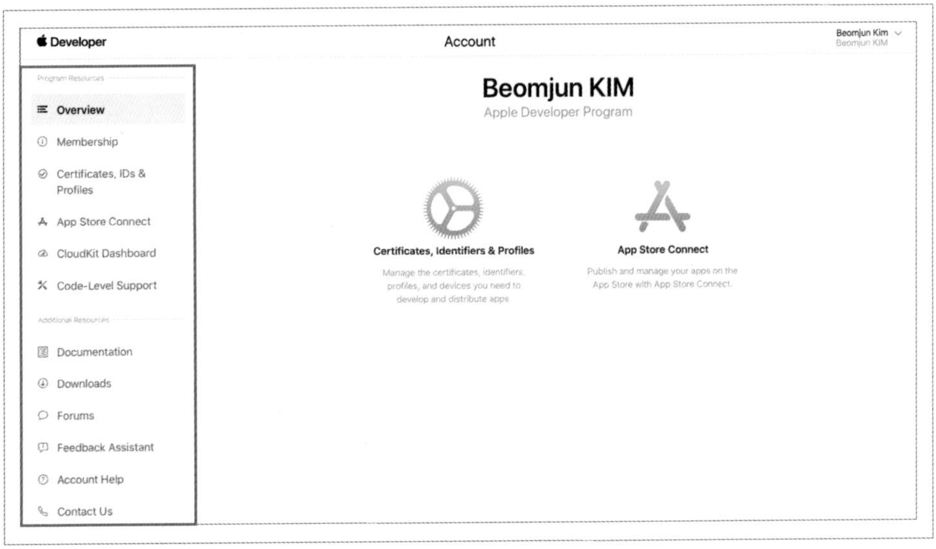

그림 10-14 애플 개발자 계정

어떤가요? 여러분도 애플 개발자 프로그램 등록이 잘 진행되었나요? 등록에 실패했다면 애플 개발자 사이트의 Support 메뉴를 통해 상담 직원에게 문의해보세요.

10.2.2 애플 앱 스토어

이번에는 애플 개발자 프로그램 등록이 완료된 계정을 이용해서 애플 앱 스토어에 애플리케이션을 배포하는 방법에 대해 알아보겠습니다.

빌드

모바일 프로젝트를 진행하여 애플 앱 스토어에 배포할 경우 인증서 등의 문제로 인해 매우 복잡하고 어렵다고 느낄 수 있습니다. 하지만 Expo에서 제공하는 기능을 활용해 배포를 진행하면 쉽게 진행할 수 있습니다. 먼저 다음 명령어를 이용해 배포를 위한 iOS 빌드를 진행합니다.

```
expo build:ios
```

빌드 타입을 선택하는 화면에서 simulator가 아닌 archive를 선택하고 진행합니다. archive를 선택하면 빌드를 통해 애플 앱 스토어에 배포할 수 있는 ipa 파일이 만들어지고 Expo 대시보드를 통해 다운로드를 받아 이용할 수 있습니다.

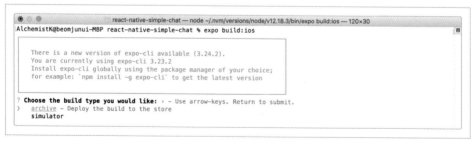

그림 10-15 iOS 배포 빌드

archive를 선택하고 진행하면 사용자의 애플 개발자 계정에 대한 정보를 입력하게 됩니다. 이때 입력하는 계정 정보는 앞에서 개발자 프로그램에 등록한 애플 계정의 정보입니다.

애플 개발자 계정에 대한 정보 입력이 완료되면 배포에 필요한 키 생성을 Expo에게 위임할지,

아니면 사용자가 직접 업로드할지 선택하는 화면이 나타납니다. 이 선택은 앱을 배포하는 개발자 인증서^{Distribution Certificate}, 푸시 알림 키^{Push Notification Key}, iOS 기기와 애플 인증서를 연결하는 역할을 하는 프로비저닝 프로파일^{Provisioning Profile}에 대한 것인데 우리는 Expo에 모든 것을 맡기기 위해 "Let Expo handle the process"를 선택하고 진행하겠습니다.

> NOTE_
>
> Expo에 위임하면 입력된 애플 계정을 이용하여 모두 새로 만들어서 등록을 진행합니다. 만약 기존 인증서를 사용해야 하는 상황이라면 직접 인증서를 업로드하는 방법으로 진행해야 합니다. 이 책에서는 직접 인증서를 생성하고 관리하는 방법에 대해 따로 다루지 않습니다.

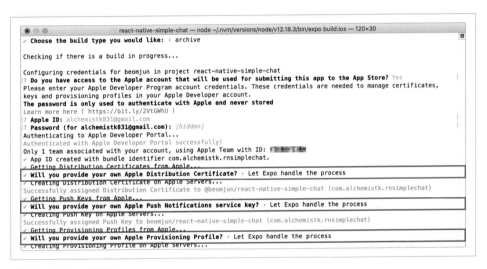

그림 10-16 Expo에 위임

앱 스토어 커넥트

빌드가 완료되면 Expo 대시보드에서 ipa 파일을 다운로드받을 수 있습니다. 빌드 과정에서 Expo에 위임한 인증서 생성은 애플 개발자 페이지의 "Certificates, IDs & Profiles" 메뉴에서 확인할 수 있습니다.

이제 애플 앱 스토어에 배포하는 애플리케이션을 관리하는 앱 스토어 커넥트^{App Store Connect}에 접속하겠습니다. 다음 주소로 이동하거나 애플 개발자 페이지에서 "App Store Connect" 메뉴를 클릭합니다.

- **앱 스토어 커넥트:** https://appstoreconnect.apple.com

그림 10-17 앱 스토어 커넥트

애플 개발자 계정으로 앱 스토어 커넥트에 로그인하고 나의 앱 메뉴로 이동하면 상단의 + 버튼을 통해 신규 앱을 추가할 수 있습니다.

그림 10-18 신규 앱 추가

플랫폼은 iOS를 선택하고 다른 애플리케이션과 겹치지 않는 이름을 입력해야 합니다. 기본 언어는 한국어로 지정하고 번들 ID는 드롭다운 메뉴에서 앞에서 빌드한 항목을 선택하겠습니다. 고유한 값이 입력되어야 하는 SKU에는 app.json에서 입력했던 bundleIdentifier를 이용해 입력했습니다.

앱 버전 정보

그림 10-19 정보 입력

신규 앱을 생성하면 심사를 위해 반드시 필요한 여러 애플리케이션 정보들을 입력해야 합니다.

가장 먼저 필요한 정보는 6.5형 디스플레이(1242 × 2688) 스크린샷과 5.5형 디스플레이 (1242 × 2208) 스크린샷입니다. 스크린샷은 시뮬레이터를 이용하면 해당 크기의 이미지를 쉽게 준비할 수 있으므로 실제 동작하는 화면을 준비해서 업로드하겠습니다.

지원 URL에는 애플리케이션 지원 정보를 확인할 수 있는 URL을 입력해야 하고, 보통 서비스의 모든 정보가 들어 있는 홈페이지 주소를 입력합니다. 홈페이지를 제작해서 URL을 입력하는 방법도 있지만, 깃허브에 공개 리포지터리를 만들고 마크다운markdown 파일을 생성해 지원 정보를 입력하고 사용해도 문제 없습니다.

앱 심사 정보에는 연락받을 수 있는 연락처 정보와 함께, 애플리케이션을 테스트할 수 있는 로그인 정보를 입력해야 합니다. 입력한 로그인 정보로 애플리케이션을 로그인할 수 없거나 애플리케이션의 모든 기능을 다 사용할 수 없는 경우 심사 탈락 사유가 되므로 모든 기능을 사용할 수 있는 사용자 로그인 정보를 입력해야 합니다.

그 외에도 다양한 값들을 입력해야 합니다. 특히 버전 출시는 "자동으로 버전 출시"가 선택되어 있는데, 만약 심사 통과 시 자동 출시되는 것을 원하지 않으면 다른 선택지를 선택해서 저장해야 합니다. 애플리케이션의 등급 지정도 필요한데, 제시된 항목에 적절하게 답변하면 자동으로 등급이 등록되니 잘 읽어보고 알맞게 답변하면 됩니다.

그림 10-20 등급 선택

앱 정보

애플리케이션의 정보 입력이 완료되면 왼쪽 메뉴에서 일반 정보 내용도 입력합니다. 먼저 앱 정보 메뉴로 이동해서 이름과 개인정보 처리방침 URL을 입력하고 카테고리를 선택하면 됩니다.

개인정보 처리방침 URL은 지원 URL처럼 서비스하는 애플리케이션의 개인정보 처리방침에 대한 내용이 있는 URL을 입력해야 합니다. 홈페이지가 있다면 개인정보 처리방침에 대한 안내가 있는 URL을 입력하면 되고, 홈페이지가 없을 경우 깃허브 공개 리포지터리에 마크다운 파일을 생성한 후 내용을 입력해서 사용해도 심사에 문제되지 않습니다.

그림 10-21 앱 정보 메뉴

가격 및 국가

앱 정보 메뉴에서 필요한 정보 입력을 완료하면 가격 및 사용 가능 여부 메뉴로 이동하여 앱 스토어에서 애플리케이션의 판매 가격과 판매할 국가를 선택해야 합니다. 우리는 무료로 배포할 예정이므로 가격을 0원으로 선택하겠습니다.

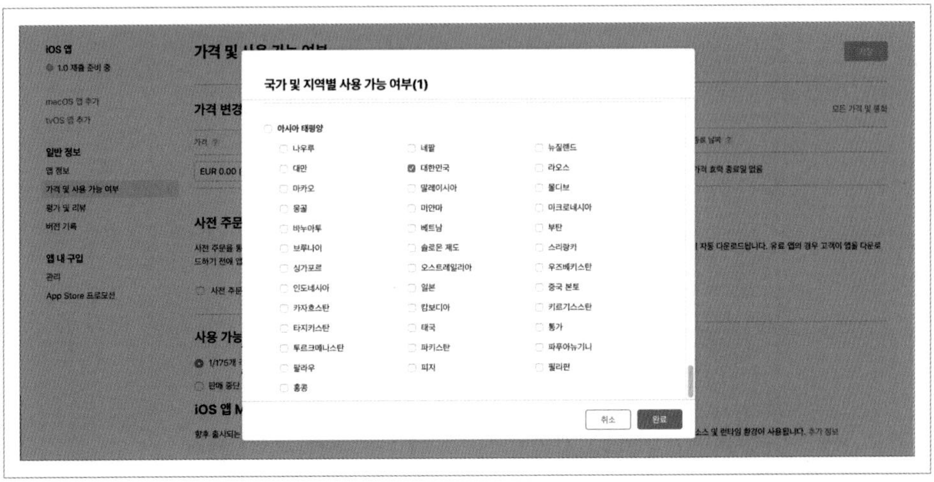

그림 10-22 가격 결정

국가는 175개국이 선택되어 있기 때문에 특정 국가에만 배포하고 싶다면 편집을 통해 원하는 국가만 선택할 수도 있습니다. 우리는 대한민국에서만 애플리케이션을 다운로드받을 수 있도록 사용 가능 국가를 변경하겠습니다.

파일 업로드

가격과 사용 가능 국가 선택까지 모두 완료했다면 앞에서 빌드를 통해 생성한 ipa 파일을 업로드해야 합니다. 하지만 브라우저상에서 업로드하는 기능이 없으므로 Transpoter 애플리케이션을 이용해 ipa 파일을 업로드하겠습니다.

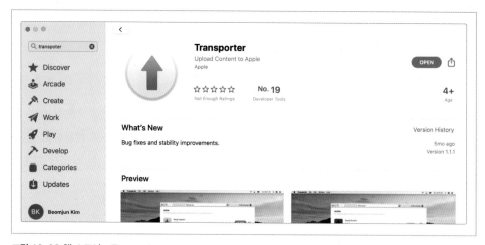

그림 10-23 앱 스토어 – Transpoter

앱 스토어에서 Transpoter 애플리케이션을 다운로드받고, 우리가 다운로드받은 ipa 파일을 추가하면 앱 스토어 커넥트로 ipa 파일을 업로드할 수 있습니다. 업로드 완료 후 시간이 약간 지나면 빌드에서 업로드한 파일을 선택할 수 있습니다. 업로드한 ipa 파일의 정보를 선택하면 배포를 위한 모든 준비가 마무리됩니다.

> **NOTE_**
> Transpoter 애플리케이션에서 이전에 업로드한 버전과 동일한 버전을 업로드하려고 하면 업로드되지 않으므로, 내용을 수정하여 다시 빌드할 때는 app.json에서 ios의 buildNumber를 변경한 후 빌드하세요.

그림 10-24 빌드 선택

심사 제출

모든 정보가 입력되었으면 심사를 위한 제출 버튼을 클릭해서 심사를 진행하면 됩니다. 미처 입력하지 못하고 지나친 부분이 있다면 제출이 안 되며, 제출 후에도 애플 심사 규정에 따라 문제가 있을 경우 심사에서 탈락하게 됩니다. 애플 심사에서 탈락하더라도 탈락 사유를 확인하고 알맞게 수정해서 다시 제출하면 통과되므로, 탈락했다면 탈락 사유를 잘 읽어보기 바랍니다.

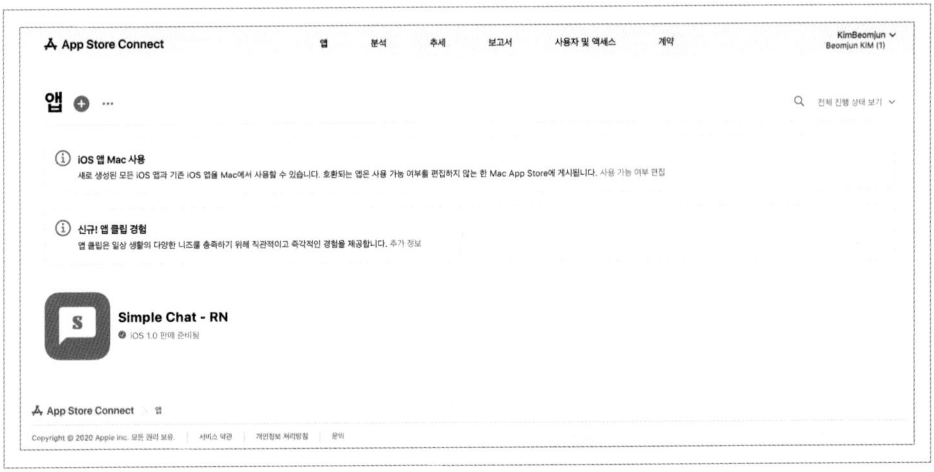

그림 10-25 심사 완료

심사 제출이 되면 "심사 대기 중"이라는 메시지가 나타나지만, 심사가 완료되고 통과되면 "판매 준비됨" 상태로 변경됩니다. 만약 앞에서 "자동으로 버전 출시"를 선택한 상태로 진행했다면 선택한 국가의 앱 스토어에서 애플리케이션을 설치할 수 있습니다.

그림 10-26 앱 스토어

10.3 안드로이드 배포

이번에는 Expo로 제작된 리액트 네이티브 프로젝트를 구글 플레이 스토어에 배포하는 방법에 대해 알아보겠습니다.

10.3.1 안드로이드 개발자 등록

구글 플레이 스토어에 배포하기 위해서는 25달러의 비용이 드는 구글 플레이 개발자 등록이 필요합니다. 애플 개발자 프로그램과 달리 한 번만 결제하면 되기 때문에 상대적으로 부담이 적게 시작할 수 있습니다.

- **구글 플레이 개발자 등록:** https://play.google.com/apps/publish/signup/

구글 플레이 개발자 등록을 위해서는 구글 계정이 필요하므로 여러분이 평소에 사용하는 구글 계정을 사용하거나 새로운 구글 계정을 생성해서 로그인하면 됩니다.

그림 10-27 구글 플레이 개발자 등록

로그인 후 하단의 이용 약관에 동의하고 결제 페이지로 이동 버튼을 클릭해서 25달러를 결제하면 마무리됩니다. 결제가 완료되면 개발자 프로필 등록 화면에서 여러분의 정보를 입력하는 것으로 모든 과정이 마무리됩니다.

그림 10-28 개발자 정보 입력

어떤가요? 애플 개발자 프로그램 등록에 비해 굉장히 간단하지 않나요?

10.3.2 구글 플레이 스토어

이번에는 구글 플레이 스토어에 애플리케이션을 배포하는 방법을 알아보겠습니다.

빌드

앞에서 빌드한 apk 파일을 사용하거나 다음 명령어를 이용하여 새로 프로젝트를 빌드해 Expo 대시보드에서 apk 파일을 다운로드받겠습니다.

```
expo build:android
```

구글 플레이 콘솔

배포에 사용할 apk 파일 준비가 완료되면 구글 플레이 콘솔에서 배포를 진행해보겠습니다.

- **구글 플레이 콘솔:** https://play.google.com/apps/publish

그림 10-29 구글 플레이 콘솔

구글 플레이 콘솔은 애플의 앱 스토어 커넥트와 동일한 역할을 합니다. 여기서는 "GOOGLE PLAY에 ANDROID 앱을 출시"를 선택합니다.

그림 10-30 애플리케이션 만들기

애플리케이션 만들기에서 기본 언어와 제목을 입력하고 진행하면 출시할 애플리케이션의 정보를 입력해야 하는 페이지로 이동합니다. 애플리케이션을 배포하려면 왼쪽 메뉴에서 회색 체크버튼이 있는 앱 버전, 스토어 등록정보, 콘텐츠 등급, 앱 콘텐츠, 그리고 가격 및 배포 메뉴에서 필수 입력 항목을 채워야 합니다.

앱 버전

먼저 앱 버전 메뉴부터 입력하겠습니다.

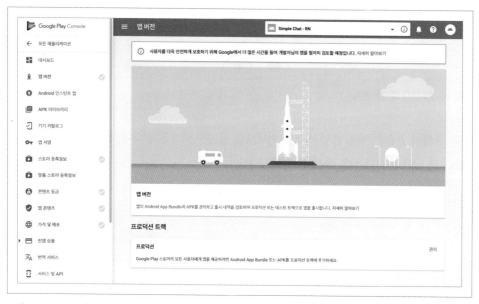

그림 10-31 앱 버전 메뉴

앱 버전 메뉴 화면에서 프로덕션 관리 버튼을 클릭해 이동한 화면에서 새 버전 출시하기 버튼을 클릭하면 출시 준비를 위해 추가할 apk를 선택하는 화면이 나타납니다. 출시 준비 화면에서 가장 먼저 앱 서명 키를 관리할 방법을 선택해야 하는데, 여기서는 기본값으로 지정된 "Google에서 내 앱 서명 키를 만들고 관리합니다(권장)."을 선택하고 진행하겠습니다.

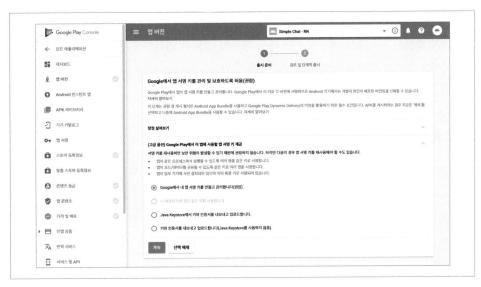

그림 10-32 서명 키 관리

서명 키 관리 방법을 선택하고 준비된 apk 파일을 업로드하면 업로드한 apk 파일의 버전에 맞춰 출시명이 입력됩니다. 마지막으로 이번 버전의 새로운 기능에 간단한 설명을 입력하고 저장 버튼을 누르면 앱 버전 메뉴에서 작성해야 하는 내용이 모두 마무리됩니다.

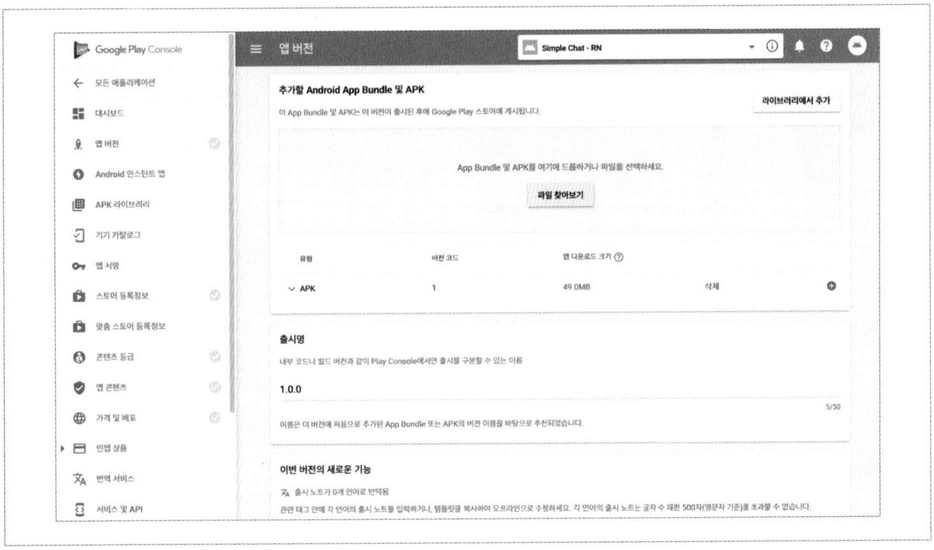

그림 10-33 apk 파일 업로드

스토어 등록정보

이번에는 스토어 등록정보 메뉴로 이동해서 필요한 정보를 입력하겠습니다. 스토어 등록정보 메뉴에서는 추가로 준비해야 하는 파일이 있습니다.

- **고해상도 아이콘:** 512 × 512 크기의 아이콘
- **스크린샷:** 애플리케이션의 스크린샷
- **그래픽 이미지:** 1024 × 500 크기의 이미지

고해상도 아이콘은 앞에서 빌드하는 과정에서 추가했던 안드로이드용 아이콘인 android-icon.png 파일을 사용하고, 스크린샷은 안드로이드 에뮬레이터를 이용해 실제로 동작하는 모습을 촬영하겠습니다. 그래픽 이미지는 애플리케이션을 소개할 수 있는 것으로 준비하면 되는데 저는 간단한 이미지를 준비해서 사용하겠습니다.

그림 10-34 스토어 등록정보

준비한 파일들을 알맞은 항목에 등록하고 애플리케이션의 이름과 카테고리를 포함한 필요 항목들을 모두 입력하면 마무리됩니다.

콘텐츠 등급

이번에는 콘텐츠 등급 메뉴에서 콘텐츠 등급을 설정하겠습니다. iOS의 앱 스토어 커넥트처럼 구글 플레이 스토어에서도 콘텐츠 등급은 질문에 답변하는 것으로 설정할 수 있습니다. 하지만 iOS와 달리 카테고리를 선택하는 부분이 있는데 각 항목을 잘 읽어보고 적절한 카테고리를 선택하면 됩니다.

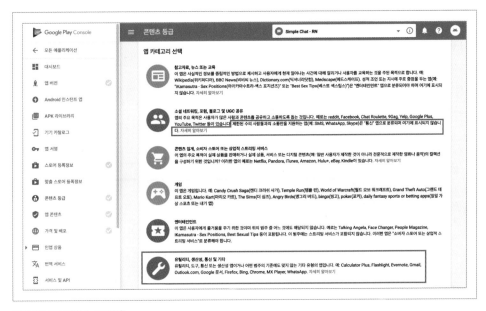

그림 10-35 콘텐츠 등급 메뉴

우리가 만든 채팅 애플리케이션은 "소셜 네트워킹" 카테고리가 아닌 "유틸리티, 생산성, 통신 및 기타" 카테고리로 분류되므로 "유틸리티, 생산성, 통신 및 기타"를 선택하고 진행합니다. 카테고리를 선택했을 때 나타나는 질문에 적절하게 답변하면 자동으로 애플리케이션 등급을 결정해줍니다.

그림 10-36 콘텐츠 등급 설문

생성된 등급을 적용하면 스토어 등록정보 메뉴에서도 콘텐츠 등급이 적용되어 있는 것을 확인할 수 있습니다.

그림 10-37 콘텐츠 등급 설정

앱 콘텐츠

이번에는 앱 콘텐츠 메뉴에서 개인정보 처리방침, 광고, 앱 엑세스 권한 및 타깃 층에 대한 정보를 입력하겠습니다.

그림 10-38 앱 콘텐츠 메뉴

개인정보 처리방침은 iOS를 배포할 때 사용한 URL을 동일하게 사용하고, 광고와 앱 엑세스 권한에 대한 정보를 입력합니다. 마지막으로 타깃 층은 13세부터 만 18세 이상으로 설정하고 진행합니다.

> **NOTE_ iOS 개인정보 처리방침 URL 내용 요약**
>
> 개인정보 처리방침은 서비스하는 애플리케이션의 개인정보 처리방침에 대한 내용이 있는 웹 페이지를 생성하고 해당 URL을 입력하면 됩니다. 특별히 생성된 웹 페이지가 없다면 깃허브에 공개 리포지터리를 생성하고 마크다운 파일로 내용을 작성해서 입력해도 문제되지 않습니다.

대상 연령을 선택하고 진행하면 어린이의 관심을 끌 만한 내용이 있는지 확인하는 과정 등을 거친 후 앱 콘텐츠 설정이 마무리됩니다.

그림 10-39 대상 연령

가격 및 배포

마지막으로 입력해야 하는 가격 및 배포 메뉴에서는 애플리케이션의 가격과 배포할 국가를 선택할 수 있습니다.

그림 10-40 가격 선택

가격은 무료를 선택하고 국가는 대한민국으로 한정해서 배포하도록 설정하겠습니다. 마지막으로 "콘텐츠 가이드라인"과 "미국 수출 법규"에 대한 내용에 동의하고 저장하면 가격 및 배포 메뉴에서 입력해야 하는 내용이 완료됩니다.

그림 10-41 국가 선택

심사 제출

애플리케이션 배포를 위해 필요한 정보를 모두 입력하면 왼쪽 메뉴에서 각 메뉴에 녹색 체크 아이콘이 나타나는 것을 볼 수 있습니다. 모든 체크 아이콘이 녹색으로 되어 출시 준비가 완료되었다는 것을 확인하면 앱 버전 메뉴로 이동해 앞에서 저장한 프로덕션 관리 페이지로 이동합니다.

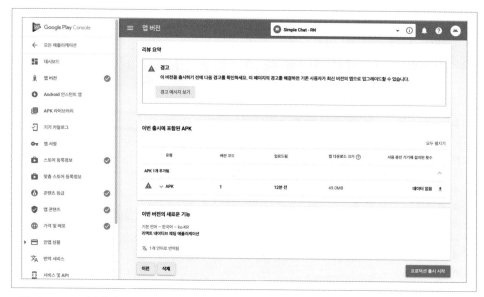

그림 10-42 프로덕션 출시 시작

입력된 내용에 문제가 없고 필요한 항목을 모두 입력했다면 프로덕션 출시 시작 버튼을 클릭해 준비된 애플리케이션을 출시할 수 있습니다. 필요한 정보가 부족하면 오류 메시지와 함께 더 이상 진행되지 않으며, 모든 조건이 충족되었다면 출시에 성공합니다.

그림 10-43 애플리케이션 출시

출시가 되면 구글 플레이 스토어도 애플 앱 스토어처럼 검토 과정을 거치는데, 짧으면 몇 시간이고 상황에 따라 조금 오래 걸릴 수도 있습니다. 출시 상황은 대시보드에서 확인 가능하며, 검토가 완료되고 문제가 없으면 "출시됨" 상태로 변경되어 구글 플레이 스토어에서 애플리케이션을 다운로드할 수 있게 됩니다.

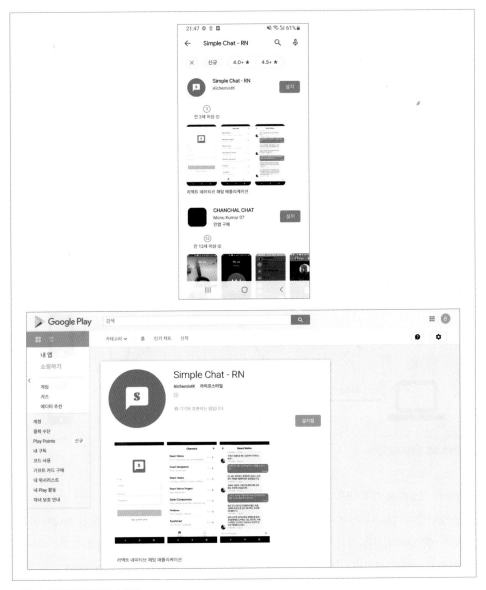

그림 10-44 구글 플레이 스토어

10.4 버전 업그레이드

모바일 애플리케이션을 성공적으로 배포하면 지속적으로 업데이트를 진행합니다. 아이콘을 변경할 수도 있고 헤더의 타이틀을 변경하는 경우도 있겠지만, 일반적으로는 버전을 변경하고 빌드를 통해 만들어진 파일을 업로드하는 방법으로 업데이트를 진행합니다. 애플리케이션 사용자는 애플 앱 스토어나 구글 플레이 스토어에 새로운 버전이 올라오면 설정에 따라 자동으로 업데이트되거나 직접 업데이트를 진행해야 합니다.

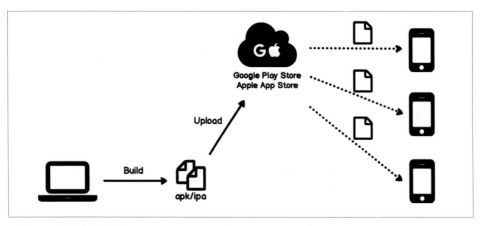

그림 10-45 일반적인 업데이트

Expo를 이용해서 배포하면 자바스크립트를 변경하는 업데이트에 한해서는 이런 번거로운 과정을 생략할 수 있습니다. 자바스크립트를 수정하고 Expo 서버에 변경된 내용을 전달하면, 사용자가 애플리케이션을 재시작할 때 자동으로 Expo 서버에서 변경된 내용을 다운로드받아 적용합니다. 이렇게 변경된 내용을 확인하고 자동으로 기기로 다운로드받아 업데이트하는 기술을 OTA ^{over-the-air} 프로그래밍이라고 합니다.

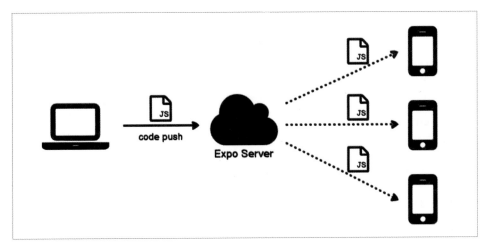

그림 10-46 Expo OTA

이번에는 자바스크립트 파일을 변경해서 빌드 과정 없이 애플리케이션이 업데이트되는 모습을 확인해보겠습니다. 채널 목록 화면의 헤더에 있는 채널 생성 버튼을 다음과 같이 수정합니다.

src/navigations/MainTab.js

```
...
const MainTab = ({ navigation, route }) => {
  const theme = useContext(ThemeContext);

  useEffect(() => {
    const titles = route.state?.routeNames || ['Channels'];
    const index = route.state?.index || 0;
    navigation.setOptions({
      headerTitle: titles[index],
      headerRight: () =>
        index === 0 && (
          <MaterialIcons
            name="create"
            size={26}
            style={{ margin: 10 }}
            onPress={() => navigation.navigate('Channel Creation')}
          />
        ),
    });
  }, [route]);
  ...
```

```
};
...
```

MaterialIcons 컴포넌트의 name 속성을 create로 변경해서 다른 아이콘이 렌더링되도록 수정했습니다. 이제 프로젝트 폴더로 이동해서 다음 명령어를 이용해 변경된 내용을 Expo 서버로 전송합니다.

```
expo publish
```

명령어 실행이 완료된 후 애플 앱 스토어 혹은 구글 플레이 스토어에서 다운로드받은 애플리케이션을 재시작하면 채널 생성 버튼이 변경된 것을 확인할 수 있습니다.

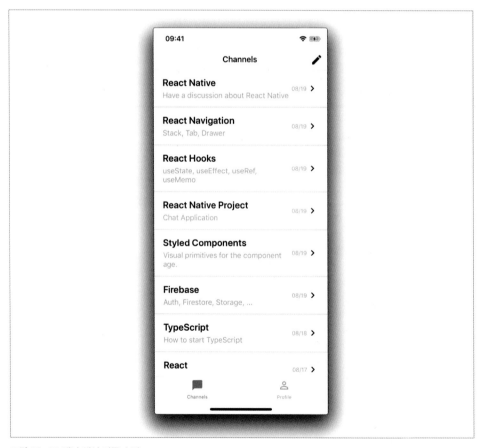

그림 10-47 채널 생성 버튼 수정

자바스크립트 파일이 아닌 아이콘 변경 등은 일반적인 방법과 동일하게 빌드를 통해 파일을 업로드해야 하지만, 자바스크립트 수정은 이렇게 간단한 명령어를 이용하여 업데이트할 수 있습니다. 여러분은 어떻게 생각하나요? 정말 쉽고 편하죠?

10.5 마치며

축하합니다. 이제 여러분의 첫 번째 리액트 네이티브 애플리케이션이 배포되었습니다.

모바일 프로그래밍 혹은 애플리케이션 배포 경험이 없는 상태에서 Expo의 도움을 받지 않는다면 애플의 인증서 생성을 비롯해 배포 과정에서 많은 어려움을 겪을 수 있습니다. 하지만 Expo의 도움을 받으면 빌드 단계부터 배포된 애플리케이션의 업데이트에 이르기까지 매우 쉽고 간단하게 진행할 수 있습니다.

빌드된 파일을 제출한 후 심사 과정에서 거절되더라도 너무 낙심하지 말고 요구사항을 충족시키기 위해 노력하기 바랍니다. 특히 애플의 심사가 많이 까다롭지만, 말도 안 되는 이유로 탈락시키는 경우는 없으며 심사 탈락 사유를 명확하게 알려주므로 지시에 따라 요구 사항을 충족시키면 어렵지 않게 통과할 수 있습니다.

이제 지금까지 경험한 리액트 네이티브의 내용을 이용해서 여러분의 애플리케이션을 만들어보세요. 여러분의 리액트 네이티브 애플리케이션을 응원하겠습니다.

이 책 이후에

이 책을 통해 리액트 네이티브와 관련된 모든 것을 알려드리고 싶지만, 책 한 권으로 방대한 양의 내용을 모두 설명한다는 것은 현실적으로 어렵습니다. 그래서 리액트 네이티브를 처음 시작할 때 알아야 할 핵심 내용을 중심으로 작성했습니다.

앞으로 여러분은 책에서 미처 다루지 못한 다양한 컴포넌트와 각 컴포넌트의 특성에 맞는 많은 속성들에 대해 하나씩 경험하며 공부해야 합니다. 모든 컴포넌트가 다 필요한 것은 아니지만, 적어도 어떤 컴포넌트가 있는지 정도는 알고 있어야 필요한 상황에서 사용할 수 있습니다. 그 외에도 테스트 코드 작성과 최적화에 대해 조금 더 깊게 공부하고 적용해볼 것을 추천합니다.

제가 생각하는 가장 좋은 공부 방법은 직접 프로젝트를 진행하는 것입니다. 사람마다 뭔가를 습득하는 방법과 과정에는 차이가 있지만, 직접 해보는 것보다 좋은 것은 없다고 생각합니다. 특히 본인에게 필요한 내용을 학습할 때가 가장 효율이 좋다고 생각하므로, 여러분이 그동안 만들어보고 싶었던 모바일 애플리케이션 프로젝트를 진행하는 것을 추천합니다.

앞으로도 항상 즐겁게 개발하기를 바라며, 여러분이 만들어갈 리액트 네이티브 프로젝트를 응원합니다.

Index

Index

Index

Index